KB028132

슬기로운
공무원
생활

슬기로운 공무원 생활

생각보다 방대하고
의외로 전문적인
공직 라이프

김철원 지음

마인드
빌딩

주사보(主事補)
일반직 7급 공무원의 직급. 주사의 아래, 서기의 위이다.

서기(書記)
일반직 8급 공무원의 직급. 주사보의 아래, 서기보의 위이다.

서기보(書記補)
일반직 9급 공무원의 직급. 서기의 아래이다.

국립국어원 표준국어대사전.

책
머
리
에

고용 불안의 시대입니다. 그래서 21세기 초엽의 한국 사회에서 '공무원'이라는 직업에 대한 사람들의 관심은 무척 특별합니다. 본인이 원하는 직업 1위, 부모가 바라는 자녀의 직업 1위, 예비 배우자가 가졌으면 하는 직업 1위가 모두 공무원입니다. 2020년 국가공무원 9급 공채에서 가장 많은 지원자가 몰리는 일반행정직의 경쟁률은 126 대 1이었습니다.

청년 구직자들은 직업을 선택할 때 어떤 요소를 고려할까요. 자신의 적성과 능력, 일의 재미와 의미, 소득과 미래 전망…… 이 정도가 아닐까요. 하지만 이 시대 한국 사회에 있어 직업 선택의

가장 중요한 요소는 '고용 안정성'임에 틀림없습니다. 그렇지 않고
서는 이 시대 구직자들의 공무원 선호와 쏠림 현상을 설명할 길이
없습니다.

정시 퇴근해서 저녁 있는 삶을 누릴 수 있을 것이라는 기대, 노
동 강도가 민간기업보다 강하지는 않을 것이라는 인식, 화려하게
꽃을 피우지는 못하겠지만 가늘고 길게 갈 수 있으리라는 생각, 실
적에 미쳐 무한 경쟁에 돌입하는 것보다는 시민에게 좋은 서비스
를 제공하는 것이 사회적으로 의미 있는 일이 될 것이라는 생각.

이 정도가 공공 분야로 진로를 잡은 청년 구직자가 일반적으로
하는 생각이 아닐까 짐작해 봅니다. 걱정되는 것이 있다면 수십 대
일, 백 대 일이 넘는 치열한 경쟁을 뚫고 내가 과연 합격할 수 있을
까, 하는 불안함이겠죠. 게다가 합격하지 못하면 공무원 시험을 준
비했던 시간은 여러분의 이력서에 그 어떤 경력도 남겨 주지 않습
니다. 이 생각에 이르게 되면 상당히 두렵죠. 다른 사람이 아닌 제
가 그랬습니다.

공무원 시험 준비를 결정했을 그 당시, 그 길 외에는 다른 선
택지가 없어 보였습니다. 외모, 성격, 능력…… 모든 것이 평범했
고, 스펙은 운전면허증이 전부였습니다. 나름 열심히 취업 준비해
서 민간기업에 입사했지만, 월급이 제때 들어오지 않았습니다. 재
직 경력은 있었지만, 경력의 퀄리티가 낮아서였는지 다른 회사로
부터 경력을 인정받지 못했습니다. 심각한 고민 끝에 공무원을 미
래의 직업으로 결정했고, 다행히 시험 준비를 시작한 지 2년 만에
9급 공무원 공채 시험에 최종 합격할 수 있었습니다.

'다시 군대에 왔다고 생각하자.' 시작할 때부터 나름 각오를 다졌음에도 불구하고 정부 조직에 적응하는 일이 쉽지만은 않았습니다. 그만큼 9급 공채생을 둘러싼 환경은 만만치 않습니다. 갑갑한 조직문화, 시민들의 날카로운 시선, 끝없이 밀려드는 업무 지시, 나에게 많은 것을 요구하는 사람들, 내 말과 태도에 서운해하는 사람들……. 좋은 점은 절대 밀리지 않는 월급, 하나뿐인 것 같았습니다(물론 이 점은 제게 너무나 큰 메리트였습니다).

지금이라고 해서 정부 조직에 완벽하게 적응한 것은 아닙니다. 다만, 수직적이고 경직적인 조직인 만큼, 신참 공채생도 몇 년을 버티다 보면 이 완고한 조직의 수혜자가 됩니다. 그래서 지금은 신참 공채생이라면 어떤 일에 힘써야 하는지, 어떤 것을 조심해야 하는지 정도는 알 수 있는 경력에 이르게 되었습니다.

공시생은 시험 준비를 하는 중에 이따금 합격자의 합격 수기를 읽어 봅니다. 유용한 정보를 얻을 수 있기 때문이죠. 이 수기들은 온라인 커뮤니티에 많이 올라와 있습니다. 하지만 청년 구직자와 신참 9급 공채생이 궁금해하는, 실제 정부 조직에서 정부 일을 하는 현직 공무원의 수기는 많이 공개되어 있지 않습니다.

공무원 지망생과 신입 공무원이 궁금해하는 정보가 부족했기 때문일까요. 공무원 입직 후 3년을 채우지 못하고 퇴사하는 이들의 숫자가 늘어 가고 있습니다. 퇴사를 넘어 극단적인 선택을 하는 공무원의 숫자 역시 매년 증가 추세를 보이고 있습니다. 현시점에서 신참 9급 공채생은 정부 조직의 직장문화에도 일에도 쉽사리 적응하지 못하고 있는 것이 사실입니다.

그래서 이 책은 직업으로서 9급 공무원의 인기가 최고조에 달해 있는 21세기 초엽의 한국에서, 예비 공직자들이 궁금해하는 정보를 낱낱이 제공하는 것을 우선적인 목표로 합니다. 월급과 연금, 고참과 좋은 관계를 유지할 수 있는 방법, 회식 도중 조용히 사라져서 집에 갈 수 있는 방법, 강경 민원에 효과적으로 대응하는 방법처럼 아주 구체적이고 실용적인 것입니다.

그다음으로는 정부 조직의 직장문화 적응에 도움이 될 만한 처세술과 마음가짐을 알려 드리고, 업무 적응하는 데 도움이 될 만한 실용 지식을 알려 드리려 합니다. 이 과정에서 공직자가 갖춰야 할, 보다 높은 차원의 덕목에 대해서도 자연스럽게 이야기하게 될 것입니다. 고용 불안의 시대에 9급 공무원을 직업으로 고려하는 취준생, 9급 공시생, 그리고 신참 9급 공채생 모두에게 유용한 정보가 될 것이라 생각합니다.

이 책에는 공무원이라는 직업의 차가운 현실과 포근한 현실이 모두 수록되어 있습니다. 선택은 여러분의 몫입니다. 그럼에도 불구하고 이 책은 취준생, 공시생, 신입 공무원이 '좋은 공무원'이 될 수 있기를 바라는 마음에 무게가 실려 있습니다. 이 직업에 차가운 현실만이 존재한다면 저부터 이 일을 그만뒀을 것입니다. 기왕에 이 직업을 미래의 직업으로 생각했다면 사람, 직장문화, 업무 모두에 슬기롭게 잘 적응해서 정부 조직의 소중한 인재가 되기를 바랍니다.

부족한 원고가 책으로 만들어지기까지 많은 분들의 도움을 받았습니다. 지금까지도 저를 뒷바라지해 주시고, 나보다 나를 더 사랑해 주시는 부모님께 감사드립니다. 부족한 남편을 만나 고생 많은 아내와 성격 좋은 아들에게 감사의 마음을 전합니다. 부족한 원고를 받아들여 책으로 출간해 주신 마인드빌딩 서재필 대표님과 박우주 편집자님께 감사의 마음을 전합니다. 마지막으로 이 책을 쓰는 데 꼭 필요한 조언을 해 준 공직사회의 스승들과 9급 공채생 후배들에게 특별한 감사의 마음을 전합니다.

2020년 9월
여러분과 마찬가지로, 9급 공채생 김철원

2부   9급이 마주하게 될 조직과 조직원

최
서
기
보

그날은 최 서기의 공직 생활에 일생일대 사건이 발생한 날이었다. 출근길에 저편 횡단보도에서 급브레이크를 밟는 소리와 함께 큰 충돌음이 들려 왔다. 교통사고였다. 어린아이가 차에 치여 횡단보도에 쓰러졌다. 사고에 놀란 사람들이 비명을 질렀다.

횡단보도 건너편에 있었던 최 서기는 사고를 당한 아이에게 곧장 뛰어갔다. 초등학교 2~3학년 정도 되어 보이는 남자아이였다. 아이는 비명을 질렀고 울면서 크게 고통스러워했다. 하지만 다행스럽게도 생명에는 지장이 없어 보였다.

위기 상황에서는 침착하게 대응한다. 민방위 교육 강사가 민방위대원들에게 늘 해 왔던 말이고, 민방위 교육을 진행하는 민방위 팀원으로서 항상 들어 왔던 말이다. 들었던 대로 침착하게 119에 신고하려 했지만, 핸드폰을 잡은 손은 파르르 떨렸다. 마음을 다그쳐 단단하게 정신을 잡으려 애썼다.

119 신고, 112 신고를 마치고, 구급대가 도착할 때까지 현장을 지켰다. 놀라고 당황한 사람들 사이에서 백면서생 타입의 최 서기만이 사고를 수습하기 위한 조치를 이어 나갔다. 빨리 와야 할 텐데. 구급차가 오는 시간이 더디게 느껴졌다.

마침내 구급대가 도착해서 다친 학생을 병원으로 옮겼다. 이제 최 서기가 해야 할 일은 끝났다. 그제서야 안도의 한숨을 쉴 수 있었다.

시간은 어느덧 아홉 시 출근 시각을 넘어서 있었다. 그날은 훈련소에서 군사 훈련을 마친 사회복무요원들이 구청에 배치되는 날이었다. 사회복무요원 업무를 맡고 있는 최 서기는 동료 직원에게 전화를 걸어 사회복무요원들을 잠시 통솔해 줄 것을 부탁했다.

전화를 끊고 최 서기는 눈을 감았다. 이제 남은 문제는, 통솔해야 할 병력을 놔두고 교통사고를 수습한 것을 팀장이 어떻게 받아들일까, 하는 것이었다. 박 팀장이라면 좋은 말을 하지는 않을 것 같다는 생각이 들었다. 어두운 표정으로 최 서기는 구청 청사로 들어섰다. 그날은 최 서기가 공무원이 된 지 3년이 다 되어 가던 어느 날이었다.

***

　스물아홉 살, 마침내 최 서기보는 공직에 입문했다. 튀지 않는 성격, 조용한 말씨, 무채색의 옷을 즐겨 입는 패션 감각. 공무원이 되기 전부터 공무원 같다는 말을 들었던 그였다. 동 주민센터에서 첫 근무를 시작했다. 자치회관 업무를 맡았고, 하는 일은 크게 두 가지였다.

　하나는 노래교실, 요가교실, 댄스교실 같은 프로그램을 관리하는 일이었다. 수강료를 받고, 강사에게 월급을 주고, 이따금 제기되는 수강생의 요구를 들어주는 일이었다. 강사, 수강생 모두 대체로 무난했다. 다만 인간 사회라는 게 참 묘한 것이어서 열 명이 채 안 되는 수강생들 사이에서도 파벌이 형성되곤 했다. 두 파벌 사이에서 발생하는 사적인 논란이 이따금 공식적인 민원으로 제기되기도 했다. 이 갈등을 도대체 누가, 무슨 수로 해결할 수 있을까.

　다른 하나는 주민자치위원회를 관리하는 일이었다. 매달 위원회 회의가 있다. 회의가 끝나면 위원들, 동장, 팀장과 함께 술을 마신다. 주민자치위원회의 이름으로 특별한 사업을 하게 되면 이를 회의 안건으로 상정해서 논의한다. 특별한 사업이라 함은 신생아에게 책을 선물하는 북스타트 운동, 초등학생을 대상으로 하는 내 고장 탐방 프로그램, 장학금 전달과 같은 공익사업을 말하는 것이다. 대부분의 회의 안건은 원안 통과된다. 이때 역시 회의가 끝나면 위원들, 동장, 팀장과 함께 술을 마신다.

　선 팀장은 최 서기보가 처음 만난 팀장이었다. 그는 업무 욕심이 있었고, 승진 의욕이 있었다. 기왕에 일하는 것이라면 성과를 거두자는 것이 그의 생각이었다. 업무 평가를 받게 되면 평가 기관이 제시한 평가 기준을 면밀하게 분석했다. 그리고 그 기준을 충실하게 이행해서 높은 점수를 얻을 수 있도록 일을 처리했다.

주민자치위원회가 결정한 사업이라 해도 사업을 구체적으로 집행하는 일은 모두 최 서기보의 일이었다. 선 팀장은 공직에 갓 입문한 최 서기보로 하여금 사업을 시작하기 전에는 계획서를, 사업이 끝난 후에는 결과 보고서를 쓰게 했다. 사업을 시행하는 행사 당일에는 의전과 사진을 강조했다. 사회자가 행사를 진행하면서 "국기에 대한 경례"라고 말했는데, 앞에 태극기가 없었던, 그야말로 전설적인 실수를 예시로 들면서 최 서기보의 긴장감을 높이기도 했다.

행사가 끝나면 도움을 준 사람들에게 감사의 마음을 표하는 문자를 보내게 했다. 주민자치위원회의 사업을 알리는 보도자료 역시 잊지 않고 지역 언론사에 보내도록 했다. 기사화된 보도 실적은 모두 스크랩하고 보관하게끔 했다. 실로 전략적이고 효율적인 업무 처리였고, 물샐틈없는 꼼꼼함이었다. 사업이 잘되어 좋은 평가를 받은 일은 모두 주민자치위원들에게 공을 돌렸다.

이 모든 일을 완수하기 위해 최 서기보는 초과근무를 하지 않을 수 없었다. 순하고 무던한 성격에, 제대한 지 얼마 되지 않아 아직 군기가 몸에 남아 있던 최 서기보였다. 선 팀장의 업무 지시를 놓치지 않고 모두 처리했다. 선 팀장은 그를 총애했다. 업무 외적으로도 선 팀장은 최 서기보에게 호의를 가졌다. 최 서기보 입장에서는 상사와 좋은 인간관계를 맺게 된 것이었다.

마침내 최 서기보가 소속된 동 주민센터는 구청으로부터 '자치회관 업무 최우수 동'이라는 평가 결과를 받게 되었다.

"최 서기보, 고생 많았다."

"모두 팀장님 덕분입니다."

팀장의 겸손한 자세를 배운 것이었을까. 최 서기보 역시 팀장, 동장, 주민자치위원들에게 모든 공을 돌렸다. 최 서기보는 자신의 관운官運이 나쁘지 않다고 생각했다. 입직 후 2년 반이 지나 승진했고, 최 서기보는 최 서기가 되었다. 승진과 동시에 새로운 근무지로 인사 발령을 받았다. 구청 민방위팀이었다.

인생지사 새옹지마다. 안타깝게도 그의 새로운 팀장은 구청에서 악명이 높은 사람이었다. 선 팀장과는 달리, 새로운 팀장인 박 팀장은 업무 지시가 체계적이지 않았다. 이제 와 돌이켜 보건대 박 팀장은 업무를 완벽하게 꿰차고 있지 못했고, 성격이 급했다. 그래서 부하 직원에게 폭언이 잦았다. 팀원들은 언제나 그의 심기를 살피며 노심초사했다. 최 서기 역시 마찬가지였다. 최 서기는 민방위팀에서 사회복무요원 업무를 맡았다. 우리가 '공익'이라 부르는 그들 말이다.

사회복무요원 업무 중에서 가장 무겁게, 규정대로 처리해야 할 일이 복무이탈에 관한 것이다. 8일 이상 복무이탈, 즉 무단결근한 사회복무요원에 대해서는 그를 경찰에 고발해야 한다. 이후 그는 경찰서에서 수사를 받고, 법원에서 판결을 받게 된다. 보통은 6~8

개월 정도의 징역형 또는 집행유예 판결을 받는다. 이걸로 끝이 아니다. 집행유예 판결을 받거나 징역형을 다 치르면 다시 근무지로 복귀해서 남아 있는 복무기간을 마쳐야 한다.

최 서기가 소속된 구청에는 복무이탈로 법원 판결을 받은 이후 재복무에 응하지 않은 사회복무요원이 다섯 명 있었다. 사회복무요원으로 근무했을 때에는 20대 청년이었지만, 이곳저곳 주소지를 옮겨 숨어 살면서 어느덧 나이가 마흔이 다 되어 가는 사람들이었다(훗날 그중 한 명을 찾아간 적이 있었는데, 그는 노숙자 쉼터에 기거하고 있었다). 최 서기는 구청 사회복무요원 담당자로서 이들이 다시금 근무지로 돌아와서 사회복무요원으로 복무하게끔 해야 했다. 그러나 최 서기는 그렇게 하지 못했다. 업무를 충분히 숙지하지 못했기 때문이다.

재복무하게끔 강제해야 하는 사회복무요원 다섯 명의 관리가 전혀 이루어지지 않았다는 이유로 최 서기가 소속된 구청은 병무청으로부터 '기관 경고'를 받았다. 자치회관 최우수 동이라는 성과를 올리며 우쭐했던 마음도, 관운이 나쁘지 않다던 생각도 모두 사라졌다. 민방위팀으로 자리를 옮긴 지 석 달 만에 일어난 일이었다.

팀장의 심기를 살피며 하루하루 불안하게 일했기 때문일까. 팀장이 제시하는 업무 방향이 그때그때 달라서 혼란스러웠기 때문일까. 그렇게 합리화할 수도 있겠지만 핑계일 뿐이라고, 최 서기는 생각했다. 그런 것과는 관계없이 병역법, 병역법 시행령, 병역법 시행규칙, 사회복무요원 복무관리 규정에 따라 자신의 일을 해야 했다. 게다가 병무청은 점검에 앞서, '복무이탈로 법원 판결을 받은 후의 사회복무요원 재복무 처리'를 중점적으로 점검하겠다고 공문도 보냈었다.

'경고'를 받았는데, 팀장의 심기가 유쾌할 리 없다. 팀 전체의 분위기가 나빠졌다. 나빠진 팀 분위기가 자신으로부터 비롯된 것이라는 자책감은 이따금 업무 실수로 이어졌다. 최 서기는 위축되기 시작했다.

***

그가 나날이 시들어 가던 그 즈음의 어느 날, 최 서기의 공직 생활에 일생일대 사건이 일어났다. 교통사고를 당한 초등학생의 병원 이송을 도왔던 일이 그 시작이었다. 미담으로 그쳤어야 좋았을, 바로 그 일 말이다. 튀지 않는 성격, 조용한 말씨, 무채색의 옷을 즐겨 입는 패션 감각을 가진 그였지만, 공직자로서, 민방위팀원으로서 이 일을 그냥 지나칠 수 없었다.

사고를 당한 학생을 살폈던 최 서기는 출근 시각을 지키지 못했다. 하지만 동료 직원에게 사회복무요원 통솔을 부탁해 두었고, 금세 복귀한 최 서기가 이어서 통솔하는 조치가 이루어졌다. 최 서기의 공백은 15분이었고, 그 공백도 이미 동료 직원이 메웠다. 그런데도 역시나, 팀장은 화를 냈다.

출근길에 사고를 당한 학생을 돕는 일은 너의 본연의 업무가 아니라는 것, 너의 본연의 업무는 사회복무요원을 통솔하는 것이라는 논리였다. 그 논리를 온전히 받아들이기 어려웠다. 그 논리위에 더해진 난폭한 말과 태도는 더더욱 받아들이기 힘들었다. 서른한 살의 청년 공무원은 그랬다. 그럼 어린아이가 다친 것을 보고서도 공직자가 출근하던 길을 마저 가는 것이 바람직한 일입니까. 게다가 재난과 위기를 관리해야 할 민방위팀원이.

마침내 폭발했다. 평소 스스로의 화를 억누르고 사는 사람들이 일시에 폭주할 때가 있다. 그날의 최 서기가 그랬다. 화를 내는 팀장에게 같이 화를 냈다. 평소 팀장의 위세에 억눌려 왔던 불만이 함께 폭발했을 것이다. 언제나 소심한 남자가 대형 사고를 친다. 왜 화를 내십니까. 내가 뭘 그렇게 잘못했습니까. 목소리를 높이고 앞을 막아서며 따지는 최 서기의 가슴팍을 박 팀장은 강하게 떠밀었다. 사무실은 그야말로 난장판이었다. 놀란 마음에 우는 여직원도 있었다. 억울했다. 최 서기는 사무실에서, 그리고 박 팀장이 보는 앞에서 112에 신고했다. 직장 상사가 나를 때렸다고. 그날의 두 번째 112 신고였다.

반복되는 일상에 지루함을 느끼는 조직원들에게 이 사건은 그야말로 생기와 활력을 주는 빅 이벤트였다. 자신이 겪지 않은 남의 일이다. 얼마나 흥미진진한 이야깃거리인가. 얼마나 평론하기 좋은 이슈인가. 서른한 살 청년 공무원의 좌절과는 관계없이, 이날의 일은 구청 직원들에게 박진감 넘치는 가십gossip으로 널리 유통되고 소비됐다.

억울한 마음을 주체하지 못했던 최 서기는 며칠 후 이 모든 사연을 편지로 써서 구청장에게 보냈다. 백면서생 타입의 최 서기가 이렇게 스케일 있게 일을 벌일 것이라 누가 상상했으랴. 편지를 읽은 구청장은 감사과장에게 조사를 지시했다.

박 팀장과 최 서기는 번갈아 가면서 감사과에서 조사를 받았다. 공무원 조직은 이럴 때 보통 양측 모두에게 징계를 준다. 두 사람 모두 같은 징계를 받았다. 최 서기는 박 팀장과 같은 수위의 징계를 받은 것을 받아들이기 힘들었지만, 여기서 한 발 더 나가고 싶은 마음도 없었다. 지쳤다. 박 팀장과 맞서는 일도, 감사과 조사를 받는 일도, 조직원들이 자신을 어떻게 생각할지 걱정하는 일도 3년 차 공채생으로서는 감당하기 어려운 일이었다. 마침 인사이동 시즌이었다. 총무과에 인사고충 심사를 청구했다. 인사고충 심사 청구란 '내가 많은 어려움을 겪고 있으니 부서를 옮겨 주세요'라고 조직에 요청하는 공식 절차다.

심사 결과가 어떻게 나올지는 알 수 없지만, 인사이동이 한 달 가량 남은 시점에서 최 서기는 민방위팀을 떠나기 전에 미진했던 모든 일을 깔끔하게 처리하고 싶었다. 출퇴근 시 팀장에게 예의를 다해 인사했고, 점심도 함께 먹었다. 이럴 때 업무 실수가 벌어지면 스스로에게 이익이 되지 않을 것이라 생각했다. 아침 일찍 출근해서 최선을 다해 업무에 집중하고 정시에 퇴근했다. 팀장 심기를 맞추려는 생각에서 벗어나니, 오로지 업무에만 집중할 수 있었다. 좋은 경험이었다. 이 한 달은 그야말로 최 서기와 박 팀장의 '차가운 전쟁'이었다. 기세등등했던 박 팀장도 최 서기를 어려워했다.

'기관 경고'의 가장 큰 원인이 되었던 복무 중단자 다섯 명을 만나 '남은 복무기간의 복무 통지서'를 전달했다. '귀하께서는 사회복무요원으로 복무해야 할 날이 남아 있습니다. 구청으로 복귀해서 다시 사회복무요원으로서 병역의 의무를 다해야 해요'라고 알린 것이다. 조회한 주소에 살고 있지 않아서 재복무 통지를 할 수 없는 이들에 대해서는 해당 주소의 동 주민센터에 '거주불명등록 직권조치'를 요청했다. '이 사람은 이 주소에 살고 있지 않으니, 거주지를 알 수 없는 사람으로 분류해 주세요'라고 요구한 것이다.

이 모든 일은 병역법 제89조의 2, 병역법 시행령 제66조, 사회복무요원 복무관리 규정 제29조·제32조 규정에 따라 처리한 것이다. 담당자가 해야 할 모든 일이 법 규정에 다 친절하게 안내되어 있었는데, 이 규정을 익혀 규정대로 하는 일이 왜 그다지도 어려웠을까.

마침내 그의 인사고충이 받아들여졌다. 구청 전체의 인사이동에 맞춰 최 서기는 민방위팀을 떠나 동 주민센터로 인사 발령을 받았다. 구청에 온 지 6개월 만이었다.

입직 후 세 번째 근무지로 자리를 옮긴 최 서기는 달라져 있었다. 원래부터 튀지 않는 성격, 조용한 말씨, 무채색의 옷을 즐겨 입는 패션 감각의 그였다. 그는 나이보다 더 노련해져 있었다. 상관의 스타일에 맞춰 일할 필요는 있겠지만, 법정法定 사무는 그와는 관계없이 법률, 시행령, 시행규칙에 따라 엄격하게 일해야 함을 알게 되었다. 그것이 공무원 본연의 업무이기도 하거니와 그렇게 하는 것이 자신에게 이익이 된다. 만에 하나 상관이 이를 흔들지라도 자신이 확실한 중심을 잡고 일하면 그만이다. 담당자보다 규정을 더 많이 알고 있는 관리자는 없다. 상관이 규정을 잘 몰라서 담당자를 흔드는 것이라면 내가 그 규정을 '완벽하게 이해해서' 잘 설명해 주면 된다. 구청에서 가장 악명 높은 팀장과도 맞섰는데, 이제 무엇이 더 두려우랴.

하극상을 벌였다는 소문이 그에게 꼬리표로 붙게 되었다. 연공서열을 중시하는 이 보수적인 조직에서 이런 꼬리표는 사실 치명적인 것이다. 관리자, 고참은 말할 것도 없고, 심지어 입사 동기들 가운데에서도 최 서기가 했던 행동이 적절하지 못했다고 말하는 이들이 많았다. 어쩔 수 없다고 생각했다. 자신이 거칠었던 것도 사실이다.

한편으로 감사과에서 조사를 받을 때 조사 담당자로부터 자신의 평판이 좋음을 알게 되었는데, 이는 최 서기에게 용기를 주었다. 모든 사람들을 다 만족시켜 줄 수는 없으니, 지금까지 한 것처럼 최선을 다하면 그뿐이라고 생각했다. 내가 다룰 수 없는 문제─나는 최선을 다했는데 상대방이 알아주지 않는 일─까지 전전긍긍할 필요는 없을 것 같다는 생각이 들었다.

그로부터 3년 정도 시간이 흐른 사이, 최 서기보의 첫 팀장이었던 선 팀장은 과장으로 승진했고, 선 과장은 자신이 과장으로 있는 구청 감사과로 최 서기를 불러올렸다. 최 서기는 다시 선 과장 휘하에서 일하게 되었다. 최 서기와 선 과장은 여전히 업무 호흡이 잘 맞았다. 감사과에서도 두 사람은 많은 문서를 생산해 냈고, 많은 행사를 치렀다. 이따금 자신이 조사를 받았던 방을 오갈 때가 있었다. 그럴 때면 그 시절 그 자리에 앉아 조사를 받았던, 초라했던 자신의 모습을 바라보게 된다. 물론 상상 속의 모습이다.

　그즈음에 박 팀장의 모친상 소식을 듣게 되었다. 맞서 싸운 것은 사실이지만, 옛 상관의 어머니께서 돌아가셨는데, 가서 조의를 표하는 것이 예의가 아닐까. 박 팀장이 자신을 불편해할 텐데, 가지 않는 게 그분의 부담을 덜어 드리는 게 아닐까. 고민하다가 박 팀장의 팀원에게 조의금 전달을 부탁했다.
　조의금을 전달해 준 팀원이 박 팀장의 말을 전해 주었다. 박 팀장이 감사의 인사를 전했다고 한다. 그놈이 의리가 있는 놈이네, 라는 말과 함께. 며칠 후 박 팀장으로부터 모친상에 와 줘서 고맙다는 내용의 문자를 받았다. 전형적인 단체 문자 중 하나였지만, 최 서기는 자신의 마음이 편안해짐을 느꼈다. 이럴 줄 알았으면 상가에 직접 가서 조의를 표하고 손을 잡아 드릴 것을. 새로운 사실을 알게 되었다. 다 그런 것은 아니겠지만, 장례식장은 인간관계에서 화해를 제공하는 장소로 기능할 수도 있다는 것이다.

　그 이후로 최 서기가 박 팀장과 만난 일은 없다. 하지만 최 서기의 마음에서 박 팀장에 대한 악감정은 사라졌다. 누군가는 거짓말이라고 말할지도 모르겠지만, 그는 정말로 악감정이 사라졌다고 생각한다. 아픔이 없는 것은 아니었지만, 특별한 경험은 스스로를 더욱 강하고 노련한 공직자로 단련시켜 줄 것이다. 그리고 내가 상대방을 미워하지만 않는다면 인간관계에서 영원한 적은 없다. 이제는 서른넷이 된 9급 공채 출신의 최 서기는, 그렇게 생각했다.

1부

9급이
마주하게 될
현실

만만치 않은 일들이
여러분을 기다리고 있다.

생각보다
힘들어요

저성장이 새로운 일상이 된 '뉴 노멀new normal' 시대에 공무원이라는 직업은 '좋은 일자리'임에 틀림없다. 기업의 활력은 침체되어 있고, 고용은 불안정한 시점이다. 공무원의 보수가 고연봉이라고 단언할 수는 없지만, 기본급에 여러 종류의 수당을 다 추가해서 집계한다면 보수가 낮다고 보기도 어렵다. 게다가 호봉을 거듭할수록 기본급이 높아지고, 그에 따라 연동되는 수당도 함께 높아진다. 만 60세까지 정년이 보장되는 신분과 공무원연금은 높은 고용 안정성의 꽃과도 같다.

정규직이 아닌, 1년 이하 단기 계약직으로 일자리를 시작한 청년의 비중은 2006년 9%에서 2018년 22%로 크게 상승했다. 대졸 이상 청년 중 구직 단념자로 간주되는, 이른바 NEETNot in Education, Employment, Training족은 2018년 48만 명에 달했다. 2008년보다 10만 명 정도 증가한 수치다. 추가 취업 희망자, 구직 단념자, 취업 준비자 등을 합친 청년층의 잠재 실업률은 23%에 달한다. 청년 네 명 가운데 한 명이 실질적인 실업 상태에 놓여 있는 것이다.[1]

여러 사회 현상과 수치를 제시할 필요도 없다. 여러분이 공무원 시험을 준비하고 있다면 시험 합격 전까지는 실업자 또는 취업 준비생의 신분이 아닌가. 막연한 앞날, 불안한 미래, 불확실한 진로. 한 치 앞이 보이지 않는 현시점의 물질적·심리적 불안정은 여러분이 더 잘 알 것이다.

'오륙도', '사오정'이라는 말을 익히 들어 봤을 것이다. '56세까지 회사 다니면 도둑놈', '45세 정년'이라는 뜻이다. 통계청 자료에 따르면, 실제로 한국의 노동자가 생애 주된 일자리에서 퇴직하는 연령은 49세다.[2]

이처럼 고용 안정성이 위태로운 이 시점에 공무원은 많은 이들이 부러워할 만한 직업이다. 사기업보다 낮다고 인식되는 업무 강도와 업무량, 공식적으로 규정되어 있는 휴가 제도와 휴직 제도, 절대로 밀리지 않는 월급, 초과근무수당, 자기계발 지원제도, 법률로 보장된 정년, 그리고 노후를 대비할 수 있는 연금까지. 국민을 위해 일한다는 보람, 공익에 기여한다는 자부심도 중요한 요인이 되겠지만, 짐작하건대 직업 안정성 역시 이 진로를 고려하는 데 있어 결정적인 요인으로 작용하고 있을 것이다.

　그럼에도 불구하고 공무원 입직 후 3년을 채우지 못하고 퇴사하는 이들의 숫자가 해를 거듭할수록 증가하고 있다. 한국일보가 서울특별시 25개 자치구에 정보 공개를 청구해서 확보한 자료에 따르면, 임용 3년 이내에 퇴직하는 공무원의 수는 2013년 32명, 2014년 54명, 2015년 81명, 2016년 138명, 2017년 127명이었다. 5년 사이에 4배가량 증가했다. 기사는 엄격한 상하관계, 경직되고 후진적인 조직문화, 의외로 센 업무 강도, 그로 인한 야근과 휴일 근무, 강경하고 집요하고 감정적인 민원, 낮은 기본급을 그 주된 원인으로 분석했다.[3] 현직 공무원으로서 판단해 볼 때, 한국일보 기사의 분석은 매우 타당한 것으로 보인다.

　퇴직을 넘어, 안타깝게도 극단적인 선택에까지 이르는 공무원도 많다. 경찰청 자료에 따르면 우리나라 전체 공무원 중 자살자 수가 2013년 73명, 2014년 87명, 2015년 92명으로 늘었다. 반면, 같은 기간 일반 시민의 자살자 수는 감소 추세를 보였다.[4]

　2017년 9월에는 서울특별시 7급 공채 공무원이 28세라는 젊은 나이에 유명을 달리했다. 입직한 지 3년이 채 되지 않은 시기였다. 그가 예산과 발령을 받은 뒤 그의 아버지는 아들로부터 '힘들다'는 말을 처음 들었다고 한다. 서울특별시 각 부서의 다음 해 예산을 편성하는 8월부터는 자정 무렵까지 야근을 하는 생활이 한 달 넘게 이어졌다. 새벽 두세 시에 퇴근하는 날에도 정시 출근을 했다고 한다. 마침내 유서도 남기지 않은 채 '출근한다'며 현관을 열고 나가 아파트에서 뛰어내려 스스로 삶을 마감했다.[5] 안타깝다. 무엇이 28세 젊은 공직자를 극단적인 선택으로 몰고 갔을까. 업무가 많다는 이유가 전부였을까.

공직 업무는 앞으로 점점 더 힘들어질 것이다. 국민, 사회, 언론, 정치권 등 모든 환경이 정부기관의 투명함을 원하고 있고, 특히 현재 한국 사회는 무한 책임, 무한 친절, 무한 서비스를 정부와 공무원에게 요구하고 있다. 각종 수당은 그 수와 금액이 차차 줄어들 것이고, 공무원연금은 다시금 개혁 대상이 될 것이다. 또한 세대 갈등이 심화되어 신참이 고참으로부터 실용적인 조언과 따뜻한 위로를 얻기도 힘든 상황이다.

꽃길은 없다

'힘들게 공부해서 공무원이 됐으니, 이제 정시 퇴근하고 퇴근 후 여가를 즐기면서 꽃길만 걸어야지.'

오랜 수험 생활을 이어 온 수험생이 합격 후 이런 생각을 갖게 되는 것은 무척 자연스럽고 인간적인 일이다. 하지만 사람의 심리는 묘하다. 일할 때 '거의 다 했다' 싶었는데, 알고 보니 아직도 일이 한참 남았다면 괴롭다. '아직 한참 남았지' 싶었는데, 알고 보니 일이 얼마 안 남았다면 기쁘다. 그래서 나는 여러분이 진짜 꽃길을 걸을 수 있도록 도움을 주기 위해, 여러분에게 이렇게 말해 주고 싶다.

꽃길은 없다.

사방이 지뢰밭이다.

처음 공무원이라는 직업에 대해 마음 자세를 잡는 데 있어 의외로 굳은 각오가 필요하다. 군대 다녀온 남자라면 군대에 다시 입대했다고 생각하는 것이 좋고, 아직 결혼하지 않은 여자라면 시댁 생활을 미리 겪는다고 생각하는 것이 좋겠다. 실제로 정부 조직 내부에서 나쁜 고참, 때리는 시어미, 말리는 시누이를 다 만나 볼 수 있을 것이다. 현실이 이러한데, 꽃길을 생각하면 나만 힘들어진다. 좋은 사람들도 많지만, 기본적으로 지나치게 수직적이고 경직적인 조직문화여서 비효율적이고 비합리적인 일이 수시로 일어나는 조직이라고 생각하는 것이 스스로의 정신 건강에 이익이 될 것이다.

게다가 여러분이 서비스를 제공해야 할 일부 시민들은 막무가
내로 거칠고 무례하며, 치밀하고 집요하다. 2013년 국정감사에서
보건복지부가 이언주 국회의원에게 제출한 〈복지 담당 공무원 피
해 상황〉 보고서에는 사회복지 담당 공무원이 당한 폭언·폭행 피
해 사례가 총 3,379건 수집되어 있다. 이 가운데, 민원인이 계획적
으로 흉기를 준비해 사회복지 담당 공무원에게 위협을 준 사례가
202건이다. 2012년 5월부터 2013년 3월까지 11개월을 기준으로
할 때 피해 사례는 하루 평균 여섯 건이었다. 이렇게 속수무책으로
폭언과 폭행을 당하지만, 고발 조치는 3,379건 가운데 191건(5.7%)
에 불과하다.[6]

　2019년 7월에는 소방서 앞 소방차 전용구역에 자신의 승용차
를 주차했다가 과태료가 부과되자 소방대원을 폭행한 50대 시민
이 집행유예를 선고받은 사건도 있었다(적반하장도 유분수지).[7] 일반
공무원보다 위험한 업무에 투입되는 경찰 공무원과 소방 공무원이
업무 중에 접하게 되는 위험은 더 말할 것도 없다.

　2012년 서울의 어느 구청에서 발행한 자료[8]에는 악성 민원인의
구체적인 언행으로 107건의 사례가 수집되어 있다. 여기에 일부 소
개한다.

　뺨 때리기, 뜨거운 커피 얼굴에 뿌리기, 등·초본 명패로 때릴
듯 위협, 만취 상태로 방문하여 욕설·협박, 자신이 성폭력 범죄 출
소자임을 강조하며 협박, 여직원에게 뽀뽀 요구, 핸드백으로 얼굴
가격, 생계비 더 안 주면 자살하겠다고 협박, 너 때문에 자살한다
고 유서에 써 놓겠다고 협박, 서류를 무료로 발급해 달라며 욕설,

지문 확인을 요구하자 내가 나인데 이런 게 왜 필요하냐며 욕설, 비 오는 날 가끔 전화해서 3~4분간 내용 없이 욕만 하다 전화 끊기, 서류 발급에 위임장이 필요하다고 하자 구청장과 잘 아는 사이라며 무조건 발급 요구, "이사하게 남자 두 명만 보내라", "담뱃불로 지져 버리겠다", "조폭 아들한테 말해서 칼로 쑤셔 버리겠다", "접수할 때 전화 받았던 그 계집년을 바꿔".

책임져야 할 일은 너무 많다

게다가 공직은 기본적으로 매우 높은 책임성을 요구한다. 책임, 이 얼마나 무거운 말인가. 책임성을 크게 계급제적 책임성, 법적 책임성, 전문가적 책임성, 정치적 책임성 등 네 가지로 나눈 분류가 있다.[9]

이에 따르면, 첫째, 계급제적 책임성. 공무원에게는 상사의 지시에 복종해야 할 책임이 있다. 둘째, 법적 책임성. 법과 규정을 위반하지 않고, 법과 규정에 근거해서 일해야 할 책임이 있다. 셋째, 전문가적 책임성. 전문가적 경험과 지식에 따라 소신을 갖고 일해야 할 책임이 있다. 넷째, 정치적 책임성. 헌법의 가치를 수호하고, 국민의 요구에 민감하게 반응하며, 국민 모두에게 봉사해야 할 책임이 있다. 이 모든 의무에 최선을 다해야 하고, 그 결과에 하자가 있다면 제재를 받게 된다.

그뿐만 아니라 위에서 제시한 책임성이 서로 충돌할 경우에는 일정한 선택을 해야 한다. 그리고 그 선택에도 역시나 책임을 져야 한다. 나는 거짓으로 타인의 서명을 위조하고 싶지 않은데, 상사가 서명 위조를 지시한다면? 직무 경험상, 시행령이나 조례 같은 규정을 새롭게 만드는 일이 비효율적이라고 판단하는데, 상사가 입법 절차를 밟을 것을 지시한다면? 영세 상인들의 법 위반 광고물은 모두 남김없이 철거해야 하는가, 아니면 먹고살기 어려운 영세 상인들의 마음을 헤아려 느슨하게 단속해야 하는가? 교통사고를 당한 초등학생의 병원 이송을 돕기 위해 출근 시각을 지키지 못하고 사회복무요원 통솔 임무를 15분 저버린 최 서기의 행동을, 여러분은 어떻게 판단하는가?

이따금 '내가 다 책임질 테니, 내 말대로 하라'고 말하는 상사가 있다. 여러분의 마음을 편하게 해 주기 위해 휴머니즘으로 하는 말일 수도 있지만, 전적으로 믿지는 않기를 권한다. 좀 더 냉정하게 조언한다면, 그냥 그 말은 믿지 마라. 여러분이 충분히 고민하고 검토해서 내린 결정이 상사의 지시와 일치한다면, 그때는 상사 말대로 해도 되겠지만, '내 상식에는 맞지 않는데, 팀장님이 하라고 하니까 괜찮겠지' 하는 생각으로 일을 쉽게 하는 것은 위험하다.

내가 맡은 업무에 잘못이 있을 때 나 대신 그 문제를 책임져 줄 사람은 없다! 인터넷도 없었고, 전자문서도 없었고, 공권력이 위력을 발휘했던 권위주의 정부 시절에는 고참이나 상사가 비공식적으로 실무자를 도울 수 있었다. 하지만 인터넷이 있고, 전자문서가 있고, 공권력이 땅에 떨어진 현시점에서는 불가능한 일이다. 사고가 발생하기 전에 적절한 의사결정을 내리는 데 도움을 주거나, 심리적으로 위로를 주거나, 비공식적으로 문제를 해결하는 데 일정 부분 도움을 줄 수는 있겠지만, 여러분의 잘못을 공식적으로 치유해 줄 수 있는 고참이나 상사는 없다. 문제 해결을 위해 고참과 상사, 동료와 가족의 지혜를 듣는다 해도 최종 결정은 나 자신이 고독하게 내려야 하고, 그 결과는 나 자신이 온전히 짊어져야 한다. 모든 일에 있어 '후회하지 않을 결정'을 내려야 한다.

9급 공채생을 위로해 주는 사람은 없다

보고 들은 것이 많지 않아서 그럴 수도 있겠지만, 청년의 고통에 공감하는 사람들은 있어도 신입 9급 공채생의 고통에 공감해 주는 사람들은 많지 않은 것 같다. 국민들은 '등·초본 발급하는 공무원 일이 뭐가 어렵냐'고 말하고, 20년, 30년 공무원 일을 한 재직자들은 '공직 업무를 만만하게 보지 마라'고 말하면서도 결국은 '이 모든 것을 다 극복해야 한다'고 말한다.

'등·초본 발급하는 일이 뭐가 어렵냐'고 말하는 시민이라 해도, 어느 날 자신의 주민등록표에 기재된 성명과 가족관계증명서에 기재된 성명이 다르다는 것을 알게 된다면, "이게 도대체 어떻게 된 일이냐. 제대로 정확하게 일치시켜 놔라" 강경하게 요구할 것이다. 그 일은 등·초본 발급보다는 많이 복잡한 일이고, 처리하는 데 절차가 있으며, 시간도 오래 걸린다.

등·초본 같은 서류 발급 업무는 공무원 업무의 극히 일부일 뿐이다. 대한민국 국민 한 사람의 출생과 사망을 행정 처리하는 일이 가벼운 일인가? 경제적 형편이 어려운 국민의 최소 생계를 지원하는 데 앞서 신청인이 제출한 서류와 그의 재산 상황을 검토하는 일이 가벼운 일인가? 기초생활보장 수급자의 소득에 변화가 생겨서 수급자의 수급 자격을 박탈하는 일이 가벼운 일인가?

단언하건대, '신입 9급 공채생이 하는 일은, 고등학교 졸업한 사람이면 누구나 할 수 있는 단순 업무'라는 말은 거짓말이다(업무 수행 능력의 기준을 단순하게 학력으로 삼은 것 자체만으로도 어폐가 있다. 대학원을 졸업한 사람이라 할지라도 능력이 없고 마음 자세가 갖춰져 있지 않으면 9급 공채생 일은 못하는 것이다). 그 분야에 있어서만큼은 높은 수준의 법률 지식과 업무 능력을 갖춰야 하고, 고객 응대와 감정 노동에도 능해야 한다.

공직 업무가 만만하지 않다고 말하는 20년, 30년 재직자들은 창구에서 민원인과 말싸움을 하다가 민원대를 뛰어넘어 몸싸움을 벌였던, 아련한 추억을 갖고 있는 이들이다. 호랑이 담배 피우던 시절 고참들의 무용담은 2020년의 신입 9급 공채생에게 실질적인 도움이 되지 않는다. 그들도 힘든 여건에서 최선을 다해 일했겠지만, 그들이 일했던 시대의 근무 여건과 현시대의 근무 여건은 크게 다르다. 여러분이 처한 어려운 상황을 여러분 스스로가 극복해야 하는 것은 맞지만, 공직 업무의 어떤 점이 힘든지에 대해 공감해 주는 사람들도 없고, 어떻게 극복해야 하는지 구체적인 솔루션

'압니다.
민원인과 멱살 잡고 싸우고
통장님 댁에서 낮잠 자도
되던 시절이었죠.'

"나 때는 말일세……"

을 알려 주는 사람도 없다.

다시 한 번 말하지만, 이 시대 신입 9급 공채생을 위로해 주는 사람은 없다. "9급 일이 생각보다 많이 힘듭니다." 어느 날 이 마음을 가족과 친구들에게 털어놓는다고 생각해 보라. 공감해 주는 이가 많지 않을 것이다.

"그 편한 공무원 일이 힘들면 다른 일은 어떻게 하냐?"

자애로운 어머니가 해 주신 말씀이다.

"당신 직업은 모든 이들이 갖고 싶어 하는 직업이야(그러니 딴마음 먹지 말고 몸이 부서져라 일해)."

사랑하는 아내가 해 줬던 말이다.

"공무원 하고 싶어 하는 사람들이 줄을 섰어."

"회사가 전쟁터라고? 밀어낼 때까지 그만두지 마라. 밖은 지옥이다."[10]

왜 9급 일이 생각보다 힘이 들까? 왜 9급 일이 힘들다고 어려움을 토로할 때 공감해 주는 이가 없을까? 결론부터 말하자면, 가장 큰 이유는 오늘날의 시대가 고용 불안의 시대이기 때문이다. 여러분이 9급 공무원을 여러분의 직업으로 고려하게 된, 바로 그 이유 말이다. 2장과 3장에서 이를 살펴보도록 하겠다.

NEWS

철밥통 깨고 나오는 청춘, 그들은 왜…

2.44%(2018년 국가직 9급 공채 합격률).

바늘구멍과 다름없는 합격률을 뚫고 공무원증을 목에 건 청년들이 퇴사를 꿈꾼다. 20만 명이 넘는 공무원 시험 응시자들이 갈망하는 '신의 직장'에 입사한 기쁨도 잠시, '고생 끝에 낙이 없다'는 현실을 마주하고는 고개를 돌리는 것이다.

그저 가슴에 사표를 품고 입버릇처럼 하는 말이 아니다. 입사 후 3년 이내 퇴사한 서울시 공무원들이 수백 명에 달한다는 통계가 이를 뒷받침한다. 한국일보가 서울시 25개 구에 정보공개를 청구해 입수한 '2013~2017년 일반행정직군 공무원 퇴사현황'에 따르면, 최근 5년간 임용 3년 이내 퇴사한 서울시 공무원은 모두 432명에 달했다.

전체 인원에 비하면 미미한 비율이지만 젊은 퇴사자 수가 해마다 눈에 띄게 상승하는 사실은 간과하기 힘들다. 임용 3년내 퇴사자는 2013년 32명에서 2014년 54명, 2015년 81명, 2016년 138명, 2017년 127명으로 5년 새 4배나 증가했다.

전문가들은 공무원의 장점으로 꼽히는 안정성과 복지 등을 상쇄할 만한 여러 이유가 청년 공무원들을 퇴사로 이끈다고 내다본다. 조경호 국민대 행정학과 교수는 "공직사회는 위계질서에 따라 움직이고 상하관계가 엄격하다"라며 "다양성이 존중되는 배경에서 자란 젊은 세대는 변하지 않은 문화와 가치관에 벽을 느끼는 일이 많다"고 말했다.

그렇다면 퇴사자와 퇴준생이 말하는 진짜 퇴사 이유는 무엇일까? '이러려고' 유형과 '이러다간' 유형, '이럴 줄은' 유형으로 나뉜다.

'이러려고' 유형

공무원이 되면 샐러리맨보다 보람 있고 인간관계 피로는 사기업보다 덜할 것이라 믿었다. 작은 일을 하더라도 회사의 이윤 창출 대신 공직을 수행한다는 자부심을 느끼고 동료들과는 적정한 거리를 유지하며 프라이버시를 존중받을 것으로 생각했다. 유진영(32·가명) 씨는 여러 공공기관 공고를 빠짐없이 체크하고 시험에 응시하며 수년간 그렇게 믿었다. 그가 수도권 소재 한 공공기관에서 마주한 현실은 전혀 달랐다. 조직문화는 그야말로 '후진적'이었다고 유 씨는 말한다.

직원 여럿이 지방 출장을 다녀온 다음 날, 유 씨는 상사가 건넨 아침 인사를 듣고 귀를 의심했다. 상사는 나란히 들어온 남자 직원과 유 씨를 향해 "같이 자고 왔냐"며 안부를 물었다. 너무 놀라 "네?" 하고 큰 소리로 반응하고 말았다.

'이러다간' 유형

불법주정차 단속 업무를 하는 9급 행정직 공무원 최지현(가명) 씨는 스스로 민원 대상이 된 지 오래다. '고소하겠다'는 협박은 익숙할 정도다. "내 뒤의 차량에는 벌금을 부과하지 않고 나에게만 벌금을 부과한 이유가 무엇이냐"며 고성과 욕설을 내뱉으면서 따지는 민원인을 하루에도 수십 명씩 마주한다. "자살하겠다"고 소동을 벌이거나 "인근 동굴 입구를 막아 달라"는 기상천외한 민원을 접수할 때는 어떻게 대응할지 머릿속이 복잡하다.

낮은 연봉을 감수하고 공무원의 길을 택하는 사람들은 사기업에 비해 업무 강도가 낮은 점에 큰 비중을 둔다. 정시 퇴근이 가능하다면 퇴근 후 '내 삶'을 능동적으로 꾸려 나갈 수 있다는 기대가 깔려 있다. 그러나 적지 않은 신입 공무원들은 "휴일 근무와 이어지는 야근 탓에 낮은 급여를 감수한 이유를 도통 못 찾겠다"고 토로한다.

최 씨처럼 생활밀착형 업무를 맡는 사회복지직군이나 일반행정직군 종사자들은 때때로 자연재해 대비·복구 작업에 동원되기도 한다. 박철호(가명) 씨는 "생각지도 못했던 일을 하느라 휴일 없이 지내는 일이 많다"고 말한다. 폭우나 태풍, 산불에 대비한 비상근무를 하고 늦은 밤거리 눈을 치우다 보면 월평균 초과근무시간은 70시간에 육박한다. '이러다간 곧 심리 상담을 받겠다'거나 '어딘가 병이 나고 말겠다'는 우려가 출근길을 막아서면 그동안의 근무일 수를 세어 본다. 이들이 더 이상 안 되겠다고 다짐하고 퇴사를 준비하는 데에는 그리 오랜 기간이 걸리지 않는다.

'이럴 줄은' 유형

박봉이라고 각오는 하고 있었지만 초과근무 없이 일한 뒤 140만 원을 손에 쥔 신입 공무원은 "정말 이게 다예요?"라고 소리 내 묻는다. 2019년 1월 개정된 공무원 보수규정에 따르면 일반직 공무원 9급 봉급은 159만 2,400원(1호봉). 급여수준을 알았더라도 그 월급으로 영위하는 생활이 어떨지 상상하지 못한 이들도 허다하다.

정소윤 한국행정연구원 공직생활실태조사 연구책임자는 "사기업 정도의 처우는 될 것이라 기대하고 시험을 봤는데 현실에서 느끼는 괴리가 큰 것으로 보인다"며 "조직을 바꿀 수는 없으니 비효율이 지속되면 결국 사람이 떠나는 것"이라고 분석했다.

퇴사 열풍은 연령이나 직급에 따라 편차가 있다. 한국행정연구원이 발표한 '2017년 공직생활실태조사'에 따르면 젊을수록 이직 의향이 높은 것으로 나타났다. 전국 공공부문에 종사하는 직원 1,500명(중앙정부 500명, 지방자치단체 500명, 공공기관 500명)을 대상으로 한 이 조사에서 '기회가 된다면 이직할 의향이 있는지'를 묻는 질문에 "이직 의향이 있다('그렇다' 또는 '매우 그렇다')"고 답한 응답자는 20대 35.7%, 30대 35.0%, 40대 26.3%, 50대 이상 20.4%로 나타났다.

직급에 따른 차이도 큰 것으로 나타났다. 이직 의향을 밝힌 응답자('그렇다' 또는 '매우 그렇다')는 8~9급이 30.8%, 6~7급 29.3%, 5급 25.4%, 1~4급 21.2%로 직급이 낮을수록 퇴사를 희망하는 사람이 많았다.

박지연 기자, 김가현 인턴기자. 한국일보. 2019. 2. 23.

고용 불안 시대에
선 청춘

　고용 불안정. 공무원이라는 직업의 인기를 최고 수준으로 올려놓은 주인공이다. 여러분은 1997년 IMF 외환위기를 어떻게 기억하고 있는가. 태어나기 전에 있었던 일일 수도 있겠고, 어린 시절이어서 기억이 나지 않는 사람도 있을 것이고, 부모님이나 삼촌에게 그 시절 이야기를 들었던 사람도 있을 것이다.

　우리가 익히 알고 있던 대기업과 중견기업, 은행과 증권회사가 하루아침에 줄줄이 도산했다. 한 가정의 가계 경제를 책임져 왔던 가장들이 일순간에 직장을 잃었다. 실직 사실을 차마 가족들에게 말할 수 없어서 양복을 입고 산에 올라 시간을 보내다가 퇴근 시각에 맞춰 집으로 돌아오는, 이른바 '등산 출근'하는 가장들의 안타까운 이야기가 전해지기도 했다.[11] 좌절감에 극단적인 선택에 이른 이들도 있었다.

안정적인 일자리,
전 세계 노동자가 바라는 그것

공무원이라는 직업에 대한 시민들의 인식은 이 IMF 외환위기 이후 전혀 다른 양상을 보이게 된다. 박봉이라는 이유로 거들떠보지 않았던 이 직업의 장점이 갑자기 두드러지게 된 것이다. 쉽게 말해서, 돈을 많이 못 받더라도 월급이 정기적으로 이상 없이 들어오고, 잘리지 않고 정년까지 오래 일할 수 있는 이 직업의 매력을, 국민들이 새롭게 그리고 절실하게 받아들이게 되었다는 말이다.

이 책은 9급 공무원을 직업으로 고려하는 취준생, 9급 공시생, 신참 9급 공채생을 주된 독자로 한다. 여러분이 마음으로 정녕 바라고 원하는 소원은 무엇인가? 통일? 사랑? 명예? 자아실현? 타인과의 소통과 공존? 세계 평화와 인류 공영? 영원의 세계? 이런 고차원적인 소원을 마음에 품고 하루하루 소중하게 자신의 삶을 가꿔 나가는 이들이 분명 있을 것이다. 하지만 많지는 않을 것이다. 현시점의 대다수 청년에게 가장 필요하고 중요한 것은, 작지만 확실한 행복과 저녁이 있는 삶, 이 정도가 아닐까.

이를 위해서는 생계유지를 가능하게 해 줄 기본적인 경제적 수준이 필요하고, '직업'이 필요하다. '일자리'라고도 표현한다. 고용 불안정의 시대에 청년 구직자가 가장 간절하게 원하는 것은 '안정적인 일자리', 바로 그것이다.

《영혼이라도 팔아 취직하고 싶다: 한국 실업의 역사》[12]라는 책에는 절실한 마음으로 일자리를 갖기 위해 노력해 온 우리 한국인의 모습이 다소 처절하게 묘사되어 있다. 8·15 이후 해방 정국에서 우익 청년 단체가 엄청나게 많이 생겨난 이유는 이념 때문이 아니라 당시의 심각한 경제난과 대규모 실업 때문이었다는 것이 저자의 주장이다. 청년단의 폭력 행사는 겉으로는 이데올로기 투쟁의 양상을 띠었지만, 그 실상은 배고픔을 해결하기 위한 방편이었다는 것이다. 이는 저자의 통찰력에 대한 감탄을 넘어 충격으로 다가온다. 결국 '품과 의리'에 목숨을 걸며 '형님과 조직'에 충성하는 조직 폭력원조차 알고 보면 '절실하게 일자리를 찾았던 애틋한 구직자'였다는 것인데, 놀랍지 않은가?

이 논리를 받아들인다면 국회의원, 지방자치단체장, 교육감, 지방의원 등 한국 사회에서 높은 지위로 인식되는 선출직 공무원 역시 알고 보면 '일자리를 찾는 애틋한 구직자'였구나, 하는 생각에 이르는 것이 논리적으로 가능하다. 보다 높은 수준의 정신세계를 갖고 있지 않다면, 청년 구직자도, 폭력 조직원도, 정치가도, 결국 원하는 것은 안정적인 일자리다. 한국을 넘어서 전 세계 노동자들이 이를 원하고 있다.

창업을 하거나 발명을 하거나 특허로 수익을 내거나 유튜버가 되는 것이 아니라면, 취업은 제로섬zero sum 게임이다. 누군가가 취업했다는 것은 누군가가 내 일자리를 나 대신 차지하고 있다는 말이다. 자영업이라 해도 마찬가지다. 경쟁업체보다 뛰어난 경쟁력과 시장성을 갖고 있지 않다면, 편의점, 치킨, 대만 카스텔라 같은 프랜차이즈 창업 역시 제로섬 게임이 되기 쉽다.

한국은 1997년 IMF 외환위기와 2008년 글로벌 금융위기를 겪었다. 2009년에는 신종 플루, 2015년에는 메르스라는 감염병 위기를 겪었다. 국가 차원의 큰 위기 상황이 올 때마다 서민 노동자와 자영업자들은 어마어마한 타격을 받았다. 기업과 자영업자는 급격한 매출 하락을 겪게 되고, 노동자는 실직 위기에 직접적으로 노출된다.

한국 구직자들의 공무원 선호 현상은 이처럼 IMF 외환위기 이후 굵직한 외부 충격과 여러 가지 사연으로 인해 축적된, 분명한 이유가 있는 구조적인 현상이라 보는 것이 타당할 것이다. 여러 가지 사연이라 함은 경기 침체와 저성장의 일상화, 그로 인한 취업의 어려움, 비정규직으로 대표되는 고용 불안정, 양극화 현상과 취업 과정 공정성에 대한 의구심, 사축社畜으로 살고 싶지 않은 마음 같은, 사회 현상과 사회 인식을 말한다.

공무원 직업의 인기에 고용 불안정이 가장 큰 원인으로 자리 잡고 있다고 길게 설명하긴 했지만, 멀리서 볼 필요도 없이, 이 책을 읽고 있는 여러분이 이런 사연을 갖고 있지 않을까 싶다. 여러분이 공무원을 미래의 직업으로 고려한 이유는 무엇인가? 자긍심, 봉사심, 자아실현 같은 높은 차원의 동기도 있겠지만, 안정적인 직업을 갖고 싶어 하는 마음이 적지 않았을 것이다. 안정적인 직업을 바라는 마음은 고용 불안정 시대에 사는 경제주체가 갖게 되는, 너무나 자연스러운 마음가짐이다.

문과생의 첫 직장

바야흐로 2020년이다. 공상과학 소설에서나 볼 법했던 연도의 시대가 오고 말았다. 산업화 시대와 지식정보 시대를 넘어 4차 산업혁명 시대를 맞이하고 있다. 그래서일까. R을 능숙하게 다뤄서 빅데이터를 분석할 수 있거나, 파이선Python을 자유자재로 다뤄서 사무 자동화 시스템을 만들 수 있거나, 숙련된 고급 기술을 보유한 고급 인재가 아니라면, 평범한 구직자가 취업하기란 참 힘든 세상이 됐다.

모두가 힘들다고 하소연한다. 경기가 침체되어 있다. 불황이다. 우리가 힘들지 않았던 시기는 없었지만, 항상 지금이 최악의 상황인 것 같다. 힘든 시절이었지만 지금과 비교해 보면 상대적으로 포근했던, 구직자 시절의 내 얘기를 해 보겠다.

대학에서 국어국문학을 전공했다. 국문과는 '굶는 과'라는 슬픈 우스갯소리가 있을 정도로 전통적으로 취업에 약한 학과다. 많은 졸업생들이 전공을 살리지 못했다. 자랑은 아니지만, 졸업할 때 최종 학점으로 4.5 만점에 2.55를 받았다. 그나마 제대하고 복학한 뒤에 나름 끌어올린 학점이었다. 어려서부터 국어 교사가 되고 싶었다. 정말이지 어림없고 가망 없는 학점이었다. 어려서부터 생각해 왔던 꿈인 것에 비해 꿈을 이룰 실행력과 사전 정보력은 너무나 부실했다.

자연스럽게 진로를 수정했다. 출판사에서 편집자 일을 해 보고 싶었다. 콘텐츠를 생산하는 일에 관심이 있었다. 책 읽는 것을 싫어하지 않았고, 그림 그리는 것을 좋아했다. 하지만 우리가 익히 들어 왔던 이름 있는 출판사에 들어가기 위해서는 학벌이 좋고 학점이 높아야 한다는 이야기를 들었다(사실 여부는 모르겠다. 구직자 시절에 우연히 들었던, 확인되지 않은 정보다). 학점이 낮은 나로서는 참으로 높은 진입 장벽이 아닐 수 없었다.

역시나 자연스럽게 진로를 수정했다. 출판사에서 편집 디자이너 일을 해 보고 싶었다. 책 표지와 본문을 디자인하는 일 말이다. 이 일을 하기 위해서는 포토샵Photoshop이라는 이미지 편집 프로그램, 일러스트레이터Illustrator라는 드로잉 프로그램, 쿼크 엑스프레스Quark Xpress라는 출판 편집 프로그램을 다룰 줄 알아야 했다. 컴퓨터 학원을 등록해서 몇 달 동안 배웠다. 재미를 느끼면서 나름 열심히 했다. 기본적인 것은 다룰 줄 알게 되었다.

대학 4학년 2학기 재학 중에 서울 충무로에 있는 '상록문화사'에서 사람을 뽑는다는 공고를 보게 되었다. 이력서를 넣었고 면접을 봤다. 합격이었다. 다음 주부터 출근하라는 말을 들었다. 취업하기 힘든 이 시절에 졸업하기도 전에 취직을 하다니 참 장한 일을 했구나, 스스로를 대견하게 여겼다. 회사도 좋았고, 보수도 좋았으며, 일하는 분들도 모두 좋은 분들이었다. 심지어 기말시험 볼 때에는 일주일 동안 회사에 나오지 말고 학업에 전념하라는, 지금으로서는 도저히 믿어지지 않을 만한 따뜻한 배려도 받았다('상록문화사'의 이 의사결정에, 나는 지금도 감사하는 마음을 갖고 있다. 누구라도 이런 포근한 대우를 받는다면 나와 같은 마음을 가질 것이라 생각한다).

문제가 하나 있다면 이곳이 출판사가 아니라는 사실이었다. 상호에 '문화사'가 있으니 당연히 출판사일 것이라 생각했고, 마침내 이력서를 넣고 면접을 본 것인데, 출판사가 아니었던 것이다. 그럼 이곳은 어떤 일을 하는 '문화사'였나. 인쇄 공정 가운데 필름을 출력하는 회사였다. 지금은 살짝 다르지만, 그 당시의 책 제작 공정은 다음과 같았다. ①작가의 저술과 편집자의 원고 작업 ②편집 디자이너의 디자인 작업 ③디자인한 데이터로 필름 출력 ④출력한 필름으로 판 굽기 ⑤구운 판으로 종이에 인쇄 ⑥인쇄한 종이를 접고 접은 종이를 제본.

나는 '상록문화사'가 ①번과 ②번 작업을 하는 출판사인 줄 알고 입사했는데, 입사하고 보니 ③번 작업을 하는 출력실이었던 것이다. 취직하려는 회사가 어떤 일을 하는지 모르는 채로도 취업할 수 있다니, 참 낭만적인 시대였다. 직업 탐색에 있어 나의 사전 정보력은 이처럼 하염없이 허술한 것이었다.

6개월 동안 근무한 뒤 원래 가고자 했던 출판사에 취직하기 위해 고마웠던 회사에 정중하게 퇴직을 고했다. 지금 생각해 보면 참 대책 없는 행동이었다. 아무리 원래 하고자 했던 일과 달랐다 해도 열심히 배웠던 전자출판 기술을 실무에서 활용하면서 개발할 수 있었고, 출판사에서도 능히 참고할 수 있는 출력·인쇄·제본 공정을 배울 수 있는 좋은 조건이었는데, 이렇게 빠르게 퇴사를 결행하다니. 지금도 젊지만, 그때는 지금보다 더 젊어서 그렇게 천진난만하게 행동할 수 있었던 것 같다.

밀리는 월급과 헝클어진 마음

좀 더 실력을 쌓고자 편집학원에서 편집자 과정 수업을 들었다. 국비 지원을 받으며 직업훈련을 받을 수 있는 사설 편집학원이었다. 오전에는 신문 기사를 분석하면서 텍스트를 다루는 수업을 들었고, 오후에는 전자출판 소프트웨어를 다루는 수업을 들었다. 6개월 과정이었던 것으로 기억하는데, 나는 이마저도 도중하차를 했다. 학원에서 직업훈련을 받기보다 직접 실무를 보면서 일을 배우는 게 좋을 것이라는 제안을 어느 출판사로부터 받게 되었기 때문이다. 편집학원에 일이 이렇게 되었음을 역시나 정중하게 고하고, 역시나 천진난만하게 학원 문을 나섰다. 이제부터 무슨 일이 펼쳐질지 전혀 알지 못한 채.

마침내 내가 일하고 싶은 직장에 출근하게 되었다. 원고를 읽고 텍스트를 다루고 어떤 책을 만들지 회의하고 책을 디자인하고 만드는 출판사에 말이다. 월급은 많지 않았다. 충무로 출력실보다 낮은 월급이었다. 공무원 보수로 따진다면 그 시절의 9급 1호봉 기본급보다는 아마도 높았을 것이고(9급 1호봉 기본급이 처음으로 백만 원을 넘었던 때가 2011년이다. 웬만해선 9급 1호봉 기본급보다 월급이 낮기 어렵다), 각종 수당을 합친 월급보다는 아마도 적었을 것이다. 그런데 몇 달 후부터 그 많지 않은 월급이 지급되지 않았다. 회사가 어려워서 월급을 주기 힘든 상황이라고 했다. 이해했다. 어차피 실무를 배우려는 마음으로 시작한 일이다. 노동 생산성이 높지 않은데 회사 입장에서 월급을 다 주기는 어렵지 않겠는가. 참 넓고도 겸손한 마음가짐이었다.

하지만 월급이 밀리는 일은 그 한 달에 국한돼서 일어나지 않았다. 여러 달이 밀리기 시작했고, 이번에 받은 월급이 이번 달 월급인지, 지난달에 밀린 월급인지, 지지난달에 밀린 월급인지 헷갈리는 상황이 벌어졌다. 넓고도 겸손했던 마음은 회사에 대한 의구심, 직업능력이 부족한 스스로를 향한 자책감을 거쳐 점차 날카로워지기 시작했다.

지금 생각해 보면, 이 출판사는 조직과 업무에 체계가 잡혀 있지 않았다. 학교 가서 기말시험을 보라고 일주일 휴가를 준 고마운 회사를 6개월 다녔던 내가, 아이러니하게도 이 회사는 1년 반을 다녔다. 도중하차를 하더라도 언제나 정중하게 헤어졌던 내가, 이곳 출판사 대표와는 험악한 사이로 헤어지고 말았다.

고용노동부에 임금 체불 신고를 하고 실업급여를 신청했다. 그리고 밀린 월급을 받기 위해 민사 소송을 제기했다. 이때 나는 20대 후반이었다. 1년 반의 출판사 경력, 6개월의 총무로 출력실 경력은 아마도 애매한 경력이었던 모양이다. 구직 활동을 계속했지만 면접을 보러 오라는 회사는 없었다. 그 가운데 다행히 어느 출판사와 연결이 되어 프리랜서로 본문 디자인 일을 할 수 있었고, 어느 스포츠신문사에서 공모한 명예 칼럼니스트에 뽑혀서 노랫말에 대한 글을 연재했다. 이 불규칙한 일의 보수와 실업급여를 합친 금액이 많지는 않지만, 먹고사는 데 큰 지장은 없었다.

하지만 한참 일을 배우고 익히며 성장해야 할 이 중요한 시기에 언제 끊길지 알 수 없는 프리랜서 일을 계속 하는 것이 바람직한 것인지, 판단이 서지 않았다. 김광석 씨의 노래 〈서른 즈음에〉를 들으면서, 실무 경력을 풍성하게 쌓아야 할 젊은 날과 매일 이별하며 살고 있는 이 시절에 불안함을 느꼈다.

마침내 서른이 되었다. 인생이 잘 풀리는 것 같은 느낌이 도통 들지 않았던 이때, 나는 어이없게도 교통사고를 당했다.

파란 불에 횡단보도를 걷다가 음주운전자의 차에 치였다. 다행히 심각한 부상을 당하지는 않았지만 한 달 넘게 병원에 입원했다. 남들이 좋은 직업으로 인정해 주지 않는 프리랜서라는 사실 때문이었을까, 아니면 그 사실에 대한 내 자격지심 때문이었을까. 음주운전자가 가입한 보험회사 직원이 나를 우습게 여기는 것만 같았다. 보험회사의 손해보상금 책정이 적절하지 않다고 판단한 나는 보험회사에 적절한 위자료와 보상금을 청구하는 민사 소송을 제기했다.

팔자에 없다고 생각했던 두 건의 소송을 제기해서 밀린 월급, 그리고 교통사고 위자료와 보상금을 받을 수 있었다. 하지만 몸은 지쳐 있었고, 마음은 크게 헝클어져 있었다. 이제 출판사 직장은 갖고 싶지 않았고, 편집 일도 하고 싶지 않았다. 하지만 서른의 나이에 내가 갖고 있는 것은 낮은 학점, 문과 대학 졸업장, 4년가량의 편집 경력, 애매한 직업능력, 그리고 운전면허증이 전부였다.

계절은
다시 돌아오지만
떠나간
내 사랑은 어디에
……

"광석이 형 미안해.
'사랑'이라는 노랫말에 자꾸
'경력'이라는 말을 넣게 되네."

9급 공채, 모두에게 열려 있는 길

온종일 진지하게 생각해 볼 수밖에 없었다. 외모, 성격, 능력, 모든 것이 평범 이하인 내가 편집 일 말고 다른 분야에서, 월급이 밀리지 않고, 교통사고 당한 것도 서러운데 보험회사 직원에게 무시당하지 않으면서, 입사할 때 외모, 경력, 스펙을 따지지 않는, 그런 직장이 어디에 있을까. 그 당시 서른이었던 나는 한국에서 그런 직업은 공무원밖에 없다는 결론을 내렸다.

생산성 없이 민간기업에서 일하는 것보다는 정부 조직에서 시민을 대상으로 서비스를 수행하는 일이 더 의미 있는 일이 될 것이라는 생각도 함께였다. 비교적 일을 꼼꼼하게 하는 성격이 공무원 일을 하는 데 잘 맞을 것이라는 생각도 했다. 실제로 대학 졸업하기 전부터 공무원이라는 직업을 생각해 본 적이 있었다. 하지만 합격선이 90점 이상에 심지어는 100점을 넘기도 하는 기이한 현상을 보면서 이내 포기했던 진로였다. 하지만 이제는 선택의 여지가 없었다.

서른한 살, 서른두 살. 2년 동안 공시생으로 살았다. 친구들이 대리, 과장 직함을 달고서 한참 열심히 일하고, 멋지게 돈을 벌고 돈을 쓰고 연애하던, 가장 빛났던 시절에 나는 내 인생에서 가장 초라한 시절을 보냈다. 다행히 서른셋의 나이에 9급 공채에 최종 합격했다. 합격 통지를 받던 날, 현관에서 우편물을 받고 방에서 봉투를 뜯어 합격 공문을 확인했을 때, 나는 주책없게도 울음을 터트리고 말았다. 한국에서 가장 낮은 직급의 공무원이 되는 시험에 통과했을 뿐인데. 이런 작은 시험에 붙고서 울면 안 되는데. 어렵게 붙은 시험의 가치를 억지로 깎아내리면서 울음을 멈춰 보려 했지만 눈물이 쉽게 멈추지 않았다.

방황이 청춘의 특권이라고 말하는 사람이 있다. 하지만 이 고용 불안정의 시대에 대책 없는 잠깐의 방황은 정말 순수한 방황으로 끝나기 쉽다. 직업 경력을 잘 쌓지 못하면 돌아갈 곳이 없다. 방황하고 돌아온 뒤 딱히 큰 통찰력을 얻지 못했을 때, 면접관이 그동안 뭘 했느냐고 물으면 뭐라고 대답할 것인가. "방황은 청춘의 특권이라고 생각합니다." 이렇게 대답할 것인가.

고등학교와 대학 시절 열심히 공부하지 않았고, 제대 이후 학원을 다녀서 기초적인 직업능력을 갖게 되었다. 4년 동안 출판계 직업 전선에서 나름 최선을 다해 일했다. 하지만 좋은 커리어를 쌓지 못했다. 적어도 사회에 나온 이후로는 시간을 허투루 쓴 것 같지 않은데, 잠깐 발을 헛디딘 것만으로도 경력의 골든 타임을 놓쳐버렸다.

여러분은 아마도 '요즘 젊은것들은 편한 일만 찾으려 하고, 패기가 없다'는 비판에 익숙해져 있을 것이다. 하지만 나는 공무원이라는 직업에 큰 관심을 갖는 여러분의 마음을 이해할 수 있다. 열악한 근무 조건을 가진 회사를 첫 직장으로 삼지 않으려 하는 청춘들의 마음에 공감할 수 있다. 천진난만하게, 낭만적으로 진로와 직장을 결정할 때 닥쳐올 수 있는 고통을, 이 시대 청춘들은 나와는 달리 잘 알고 있는 것 같다. 그래서 마침내 패기가 없다는 비판을 기꺼이 감수하면서, 공무원 시험에 뛰어들게 되는 것이다. 1990년대생을 관찰하고 분석한 책, 《90년생이 온다》[13]에서 저자는, 상시 구조조정의 공포와 향후의 불확실성을 피하기 위해 연공서열과 정년이 보장되는 공직을 희망하는 이들의 선택은, 합리적인 것이라고 말한다.

사막에서 오아시스를 찾겠다는 이를 누가 비난할 수 있을까. 정말 오아시스를 찾을 수 있을까? 힘들게 오아시스를 찾았는데 새로운 오아시스를 찾아 또 다른 모험을 떠나도 괜찮은 걸까? 이 질문에 나는 자신 있게 대답하지 못하겠다. 그때도 지금도 마찬가지다. 이 시대 청춘들 역시 비슷한 마음이 아닐까. 과거의 사막과 지금의 사막이 크게 다르다는 것을 절감하면서 말이다.

고용 불안 시대에
공무원이 된다는 것

　여러분은 고용 불안 시대에 공무원의 길을 모색하고 있다. 그냥 공무원도 아니고 우리나라에서 가장 낮은 직급의 공무원을 자신의 직업으로 고려하고 있다. 이 진로 결정에 대해 '참으로 야심차고 장쾌한 계획'이라 평할 사람은 아무도 없을 것이다.

　그런데 그런 공무원이 '기득권 세력'이라고 주장하는 이가 있다면 여러분은 이 주장에 동의하겠는가? 9급 공무원 본인과 9급 공무원 가족들은 이 직업을 기득권 직업으로 보지 않는다. 여러분이 공무원 시험을 준비할 때 가장 마음 졸이며 함께 수험 생활을 해나갈 이들이 여러분의 가족이다. 얼마나 힘들게 시험을 준비하고 얼마나 어렵게 합격했는지 가장 잘 아는 사람들 역시 가족이다. 그런 이들이 여러분을 기득권이라는 차가운 세력으로 판단할 리 만무하다. 대기업 총수 일가, 정치인, 판·검사, 의사처럼 한국 사회에서 고위 인사로 인식되는 직업 계층 역시 하급 공무원을 기득권 세력으로 보지 않는다.

9급 일이 힘든 이유 #1
고용 불안 시대에 안정적인 직업을 가졌다는 점

하지만 일반 시민들과 서민 노동자들은 9급 공채에 합격한 공무원을 기득권 세력으로 인식한다. 이 주장이 과격해 보이는가? 신문·잡지 기사 제목 몇 개만 봐도 이 주장에 큰 무리가 없음을 알 수 있다.

- 왜 공무원 시험에 몰리나? 따져 보면 볼수록 공무원이 최고
- 공무원은 박봉? 대기업 뺨치네!
- 연금의 배신…공무원 '금수저' 국민은 '흙수저'
- "육아휴직 생각도 못해"…교사·공무원 출산율만 고공 행진
- 세종시의 출산율 1위가 탐탁지 않은 이유

기사에 대해 조목조목 반박하고 싶은 마음이 들지도 모르겠다.

하지만 의미가 없다. 이미 일반 시민들과 서민 노동자들은 그렇게 여기기 때문이다.

공직은 법률에서 그 신분을 보장한다.* 그에 따라 높은 고용 안정성을 갖고 있다. 따라서 국민들은 공무원을, '이 험한 시기에 철밥통을 끌어안은 사람들'로 여긴다. 정시에 퇴근하는 직업이라는 인식, 박봉이라 말하기 어려운 보수, 국민연금보다 훨씬 높은 수준의 연금 지급액,** 민간기업보다 상대적으로 걸림돌이 없는 초과근무수당, 출산휴가, 육아휴직 제도, 유리한 은행 대출 조건 등 국민들이 박탈감을 느낄 만한 현상이 현실에서 상당히 많이 일어나고 있다.

여러분은 첫 월급을 받고서 '아니, 월급이 이게 다란 말인가'라고 생각할 수도 있다. 그러나 공직 바깥세상은 여러분이 생각하는 것보다 더 춥고 가혹하다. 이미 그 가혹함을 맛보고 공직으로 발걸음을 옮겨 들어온 이들도 많다. 여러분이 이 직업을 고려하고 선택하게 된 이유를 떠올려 보자. 민간기업보다는 정부 조직이 포근할 것이라는 기대와 종합적인 판단이 있지 않았는가.

---

* 국가공무원법 제68조(의사에 반한 신분 조치) 공무원은 형의 선고, 징계처분 또는 이 법에서 정하는 사유에 따르지 아니하고는 본인의 의사에 반하여 휴직·강임 또는 면직을 당하지 아니한다.

** 공무원연금은 국민연금보다 기여율이 더 높고, 가입 기간도 길다. 매달 더 많은 보험료를, 더 오랜 기간 동안 봉급에서 떼어 내고 있다는 뜻이다. 따라서 퇴직 후 65세부터 받게 되는 공무원연금 수급액과 국민연금 수급액을 단순 비교하는 일은 논리적이지 않다. 또한 하위 공채생의 연금 수령액은 평균 수령액보다 더 낮다. 게다가 앞으로 공무원연금 개혁이 이루어짐으로써 공무원연금 퇴직연금 수령액은 더 낮아질 것이다. 그러나 일반적인 경제주체라면 국민연금보다 공무원연금이 노후에 더 유리하다고 인식할 것이다.

공무원 시험에 최종 합격하면, 여러분은 인사이더insider가 된다. 노동시장에서 '내부자'가 된다는 말이다. '이중 노동시장dual labor market'[14]이라는 노동경제학 이론에서는, 임금·안정성·근무 조건이 양호한 노동시장에 소속된 노동자를 '내부자'로, 그렇지 않은 노동자를 '외부자'로 표현한다. 내부자의 예로는 대기업 정규직과 공무원을 들 수 있고, 외부자의 예로는 비정규직, 여성, 소수 인종, 어린 노동자, 도시 빈민층, 고령자를 들 수 있다. 내부 노동시장에 안착한 내부자들은 강력한 응집력과 교섭력으로 기존 시스템을 고수하려 하는데, 그 결과는—내부자가 의도했든, 의도하지 않았든—구조적 실업과 외부자의 고용 여건 악화로 이어진다.[15]

열심히 공부하고 면접 준비 잘하고 공정한 절차를 거쳐 정부 조직의 일원이 된 공채생이 움츠러들 이유는 없다. 하지만 고용 불안정의 시대에 공직자가 응대해야 할 시민들 가운데 외부자가 적지 않음을 기억하고 그들의 마음을 헤아려 본다면 좋을 것 같다. 노동시장에서 외부자인 시민들은 내부자로서의 여러분의 지위에 대해 어떤 마음을 갖게 될까? 고용 불안정이 극심한 이 시기에, 국민들이 공무원에게 어떤 마음을 갖게 될지 여러분이 한 번쯤 깊이 생각해 보길 바란다. 개인으로서, 공동체의 일원으로서, 그리고 공직자로서, 국민들의 그러한 마음을 헤아려야 한다. 고용 안정을 원하는 여러분의 갈망이 큰 만큼, 고용 불안에 처한 서민들의 마음도 그에 비례해서 날카로워질 수 있음을 감안하기 바란다.

국민들의 고용 안정성이 전반적으로 높으면서 민간기업의 보수가 공무원의 보수보다 한참 높았던 시절에는, 공무원에 대해 높은 기대를 갖는 국민들이 많지 않았다. 하지만 시대가 변했다. 시대가 변했는데, 과거의 행태를 고집하는 것은 바람직하지 않다. 자신만 힘들어질 뿐이다. 국민들은 이 험한 시기에, 이 험한 세상에서 많이 지쳐 있고, 마음이 많이 날카로워 있다. 어떤 메리트가 있어서 이 직업을 선택했다면, 이 직업을 있게 해 준 국민들의 마음을 헤아려 서비스를 제공하는 것이 바람직하다. 메리트만 취하고, 국민의 요구는 외면하고, 이렇게 할 수는 없다. 둘 다 버리든지, 둘 다 취하든지 해야 한다.

일하다 보면, 참 별의별 일이 다 있을 것이다. 나쁜 민원인의

"이 일, 생각보다 힘들어요.
월급도 적고, 퇴근도 늦게 하고,
상사들은 바라는 거 많고,
손님들은 예민하고."

"괜찮으니까
그 밥솥 버릴 거면 나한테 넘겨."

"그냥 말이 그렇다는 거죠."

"야 이 @#$%^&*야!"

폭언, 폭행, 범죄를 수용할 수는 없다. 좋은 직업을 갖고 있다는 시민들의 인식만으로 9급 공채생의 아픔이 당연시되어서는 안 된다. 다만, 시민들이, 민원인들이, 이 시대 공직자들에게 기대하는 서비스 수준이 어느 정도인지, 그리고 왜 그 정도의 수준에까지 정부 서비스를 기대하게 되었는지 헤아려 보기를 권하는 것이다. 공직을 고려하고 공직을 시작하는 이 시점에, 이에 대한 마음의 각오를 충분히 한다면, 여러분의 공직 생활이 좀 더 평화로워질 것이다. 조금 거칠게 말한다면 여러분은 결혼시장 외에 환영받을 만한 곳이 별로 없다.

9급 일이 힘든 이유 #2
시민들의 눈높이가 높다는 점

오늘날 공무원 일이 힘든, 전통적인 이유가 하나 더 있다. 국민들이 바라는 공무원의 이상형이 왕조 시대의 선비형 리더에 가깝다는 점이다. 쉽게 말해 세종대왕과 이순신 장군 정도 수준의 공직자가 한국인이 기대하는 이상적인 공직자상이다. 세종대왕과 이순신 장군은 인간이긴 하지만, 한국인이 사랑하는, 대한민국 역사의 최강 히어로다. 그 최강의 히어로를, 이 시대의 국민들은 원하고 있는 것이다.

청렴하고, 자신에게 엄격하고, 국민에게는 봄바람처럼 따뜻하면서 부당한 일에는 서릿발처럼 차갑고 단호한 사람. 나라를 이끌어 갈 지도자, 백성을 자녀처럼 사랑하는 덕망 높은 지도자, 멸사봉공滅私奉公의 꼿꼿한 선비. 쉽게 말해, 한국이나 중국의 고전에서 등장할 법한 청백리清白吏. 이것이 국민들이 여러분에게 원하는 공직자상이다.

한편으로는, '공무원은 공복公僕·public servant이니까, 공무원이라면 그 주인인 시민, 즉 내 명령에 따라야 한다'는 생각도 갖고 있다. 절대 왕정 국가가 아닌, 민주주의 사회에서 공무원은 국민의 심부름꾼임에 틀림없다. 공무원의 월급은 국민의 세금을 재원으로 지급되는 것 역시 틀림없는 사실이다.

시민들이 기대하는 공무원은 이렇게 동양적 개념의 이상적인 공직자와 서양적 개념의 정형적인 사무원이 약간은 혼재되어 있다. 이 혼재된 이상형을 정리하면 다음과 같다.

'청렴하고, 자신에게 엄격하고, 국민에게는 봄바람처럼 따뜻하면서 부당한 일에는 서릿발처럼 차갑고 단호한 인물. 자신이 맡은 분야에서 최고의 전문성과 최고의 지식을 갖추고 있는 스페셜리스트. 맡은 바 그 임무를 완수하기 위해 야근과 철야를 마다하지 않는 헌신적인 사람. 그리고 국민 한 사람 한 사람의 의견에 귀 기울여 주고, 공감해 주며, 행정 절차에 사소한 장애가 있어도 재량을 발휘해서 결국 민원을 원만하게 해결해 주는 사람.'

이 정도 수준의 인격이라면 성인, 군자라 일컬어져도 이상할 게 없다. 국민의 기대는 하늘 끝에 닿아 있다. 대부분의 신참 9급 공채생들은 이와 같은 이상적인 공직자상에 대해 생각해 본 적이 많지 않을 것이다.

"대한민국 공무원에게는 기대할 게 없다. 모범은 기대하지도 않는다. 그저 주어진 임무에만 성실하게 임하고, 뇌물 받지 않고, 이상한 일이나 벌이지 않았으면 좋겠다"고 말하는 국민들도 있을 것이다. 사실 이 정도 수준도 탁월한 수준이다. 그리고 이 의견은 소수다. 현대 사회는 복잡하고 불확실하며, 많은 국민들이 정부의 전방위적인 역할을 요구하고 있다. 적지 않은 사회 현상은 구조적인 측면을 갖고 있고, 이 구조적인 문제 해결을 위해 정부와 공무원은 더 많은 역할을 요구받게 될 것이다.

직업으로서 공무원의 인기가 본격적으로 높아지기 시작한 시기는 1997년 IMF 외환위기 이후라고 말했다. 공무원의 인기가 높아지면서 공무원에 대한 국민들의 비판도 함께 높아졌다. 개인적으로 느끼기에 정부에 대한 국민들의 비판이 가장 격렬했던 시기는 2014년 4월 16일 세월호 사고 시기였다.

한국인의 독특한 심리를 분석한 《어쩌다 한국인》이라는 책에서 저자는 한국인의 특성 중 하나로 '가족 확장성'을 제시한다. 한국인은 타인을 칭할 때에도 할아버지, 할머니, 아버님, 어머님, 아저씨, 아주머니, 형, 오빠, 언니, 아우 등 가족이나 친척에게 사용되는 호칭을 쓴다. 아빠의 친구는 삼촌, 엄마의 친구는 이모라고 부른다. '가족 확장적인 한국인에게 있어 대통령은 어버이와 같은 존재처럼 여겨진다'는 것이 저자의 주장이다. 정치 지도자를 국민이 선택하는 민주주의 정치체제라 할지라도 군사부일체의 의미가 아직도 한국인의 마음속에는 존재한다는 것이다.

따라서 저자는, '대통령에게 세월호 사고의 원인과 책임이 객관적으로 크지 않다'고 누군가가 주장할지라도 '그런 계산은 의미가 없다'고 말한다. 그런 주장을 내세운다면 그런 사람은 한국인과 한국 문화를 전혀 이해하지 못하는 사람이라고 말한다.[16] 매우 설득력 있는 의견이라 생각하고, 저자의 주장에 동의한다.

이를 토대로 생각해 본다면, '공무원도 다른 노동자들과 마찬가지로 노동을 제공하고 샐러리를 받는 월급쟁이일 뿐'이라는 심플한 생각은 앞의 사례와 마찬가지로 한국인과 한국 문화를 전혀 이해하지 못하는 일이 될 수 있다. 국민들은 공무원이 민간기업의 샐러리맨과는 달라야 한다고 생각한다. 민간기업의 노동자보다 훨씬 높은 수준의 봉사심, 청렴성, 사명감을 갖춰야 한다고 생각하고 있다. 국민들의 눈높이가 부담스러울 수 있겠지만, 이 직업을 가졌다면 국민들이 공무원이라는 직업을 현재 어떤 시각으로 바라보고 있는지 인식해야 한다.

현실은 이조차 넘어서 있다. 일부 시민들은 자신의 주장만이 옳고, 공무원은 이에 따라야 한다는 인식을 갖고 있다. 그 주장에 동의하지 않으면 서운함을 느끼기도 하고 분노를 표출하기도 한다.

동 주민센터에서 인감 담당을 맡을 때였다. 어떤 숙녀가 인감을 등록하기 위해 내 앞에 섰다. 고무인이었다. 인영印影·도장 찍은 흔적이 변하기 쉬운 도장은 인감 신고를 받지 않는데, 인감증명법 시행령 제10조에는 고무와 동판으로 만든 도장이 그러한 예시로 명확하게 기재되어 있다. 이러한 규정이 있음을 안내하고, 인감 신고가 되지 않음을 최대한 정중하게 말씀드렸다. 나는 그렇게 했다고 생각했다. 하지만 그녀의 표정은 순간 샤프하게 바뀌었다.

"그렇게 세세한 규정을 우리가 어떻게 알아요? 동사무소에 저런 큰 포스터를 붙일 게 아니라 그런 규정을 붙여 놔야 하는 거 아니에요?"

"……아, 네, 죄송합니다."

내가 특별히 잘못한 것은 없는 것 같았지만, 늘 그래 왔듯이 사과를 드렸다. 짧고 굵게 쏘아붙이고 돌아서는 그녀의 뒷모습을 보면서 생각했다.

'그러려면 동 주민센터 벽을 모두 규정집으로 도배해야 할 텐데…….'

다른 에피소드 하나 더. 동 주민센터는 초등학교 입학을 앞둔 아이들을 대상으로 취학 통지서를 배부한다. 통장님들이 직접 가정을 일일이 방문하며 취학 통지서를 돌리는데, 그즈음의 어느 날 할머니가 동 주민센터에 전화를 걸어 왔다. 통장이 집 앞의 초인종도 누르지 않고 허락도 없이 집에 무단으로 들어와서 손주에게 말을 걸었고 나가라고 했는데도 나가지를 않았다는 것이었다. 할머니가 원하는 대답은 대략 이런 것이었으리라.

"어우, 할머니, 놀라셨겠네요. 저희가 통장 교육을 잘 시켜서 다시는 그런 일이 생기지 않도록 할게요. 죄송합니다. 아니, 어떻게 그런 일이……."

하지만 그날 나는 할머님이 원하시는 대답을 드리지 못하고 너무나 사무적으로 반응하고 말았다. 그 이유는 첫째, 통장님들은 이 험한 시대에 시민들이 사생활 침해에 매우 민감하다는 사실을 그 누구보다 잘 알고 있다. 전입신고 후 실제 거주 여부 확인, 민방위 교육훈련 통지서 전달처럼 집집마다 문을 두드려 시민과 실제로 접하는 일을 많이 하는 통장님들인 만큼, 현대인들이 자신들을 반갑게 맞이하지 않는다는 것을 너무나 잘 알고 있다. 따라서 할머니의 주장이 사실이 아닐 가능성이 무척 높았다. 둘째, 그날 나의 몸과 마음의 컨디션이 좋지 못해서 할머님이 듣고 싶어 하는 답을 하기에는 다소 힘이 부쳤다.

"글쎄요. 주신 말씀이 사실이라면 문제가 있을 것 같습니다."

말해 놓고서는 아차, 싶었다. '글쎄요'라는 말이 귀에 거슬렸겠다는 생각이 들었다. 역시나 할머님은 문제의 '글쎄요'라는 단어를 콕 짚으시면서 목소리를 높이셨다. 할머님 입장에서는 마음에 상처를 받은 것이다.

"글쎄요라뇨? 들어오라는 소리도 안 했는데, 밤늦은 시간에 집에 들어오는 게 정상입니까?"

위기를 모면하기 위해 통장을 관리하는 담당자에게 전화를 돌렸다. 할머니는 한참 동안 항의하신 뒤 전화를 끊으셨다.

나중에 문제의 통장님께 듣게 된 이야기는 대략 다음과 같았다. 취학 통지서를 돌리러 집 앞에 갔더니 문에 초인종을 누르지 말라는 메모가 붙어 있었다고 한다. 조심스럽게 문을 두드렸더니 안에 있던 어린아이가 들어오라고 했다는 것이다. 역시나 조심스럽게 집에 들어가서 어른이 계시면 이 종이를 전해 드려다오, 라고 말하려 했는데, 방에 있던 아이 엄마가 거실로 나오면서 당신은 누구냐, 왜 허락도 없이 집에 들어오느냐고 화를 냈다고 한다. 자초지종을 설명하고 아이와 아이 엄마에게 인사를 하고 나가셨다는 것이 통장님의 설명이었다. 전화를 거신 할머님은 아마도 아이의 외할머니가 아니었을까, 짐작해 본다.

할머니의 주장과 통장님의 주장이 엇갈리는 만큼 누구의 말이 사실인지는 알 수 없다. 할머니의 주장이 사실과 다르지 않다면 누가 판단하더라도 통장님이 잘못한 것이 확실하다. 다만, 또 다른 당사자인 통장님의 말씀을 듣지 않은 상황에서 판단을 내리는 것은 공정하지 못하다.

그럼에도 불구하고 일부 시민들은 공무원이 이성적인 판단을 내리기에 앞서, 자신의 주장에 적극적인 공감을 표출해 주기를 바라고 있다. 자신이 기대했던 반응이 나타나지 않으면 직업의식이 제대로 갖춰져 있지 않은 사람으로 판단하기도 한다. 판단을 보류하는 '글쎄요'라는 말에도 상처를 받는다. 우리에게 주어진 환경이 대략 이러하다는 것이다. 항의가 강할지라도 그 항의를 손주가 걱정되는 할머니의 마음으로 헤아리는 것이 현명하다. '요즘 세상이 워낙에 험하니, 놀라서 그러셨겠지.'

9급 일이 힘든 이유 #3
지금은 과도기 시대: 4차 산업혁명 시대의 농경문화

지금까지 한국의 현시점에서 공무원 일이 왜 힘든지 두 가지를 말했다. 하나는 이 시대가 고용 불안정의 시대라는 것, 그래서 이로써 파생되는 시민들의 부정적인 시선도 감내해야 한다는 것. 다른 하나는 국민들의 기대가 너무나 높다는 것. 마지막으로 한 가지를 더 추가한다면 현재 한국이 과도기 시대를 겪고 있다는 것이다.

'아노미 현상anomie phenomenon'이라는 사회과학 용어가 있다. 급격한 사회 변동의 과정에서 과거의 규범이 약화되고 새로운 규범의 체계가 확립되지 않아서, 규범이 혼란한 상태 또는 규범이 없는 상태를 말한다.[17]

여러분은 21세기 한국 사회의 지배적인 규범이 무엇이라고 생각하는가? 유학 같은 전통사상인가 A.I.나 로봇 같은 과학기술인가? 명분인가 실리인가? 의무론인가 목적론인가? 공동체주의인가 자유주의인가? 정부의 통제인가 민간의 창의인가? 모든 것이 균형을 이룬다면 좋겠지만, 현재 한국 사회는 지독한 혼란을 겪고 있다고 봐도 큰 무리가 없을 것 같다.

21세기 한국 정부 조직에서 세대 분포의 현실을 보자. 산업화시대를 겪은 1차 베이비 붐 세대가 사무실을 떠나고 있고, 민주화시대의 주역 586 세대가 부서장, 팀장이 되어 의사결정권을 행사하고 있다. 디지털 기기에 익숙한 80~90년대생 밀레니얼 세대 젊은 담당자가 실무를 맡고 있다. X 세대에서 '낀낀 세대'로 재탄생한

70년대생이 이 두 세력 사이에 위치해서 역시나 실무를 보고 있다.

과거는 산업화 시대였지만, 지금은 지식정보 시대를 넘어선 4차 산업혁명 시대다. 과거 시대에는 PC와 전산이 없었다. 모든 문서를 손으로 썼다. 하지만 지금은 모든 공문서가 전자문서를 원칙으로 한다. 어떤 담당자가, 몇 시 몇 분 몇 초에 어떤 일을 처리했는지 시스템에 모두 기록된다. 민원대에서 큰소리가 날 때 "그냥해 줘"라고 편하게 말하는 과거 세대 관리자가 있다. 하지만 자신의 아이디로 로그인하면 자신의 모든 업무 처리 내용이 기록으로 남는 것을 아는 젊은 실무자는 그렇게 일을 처리할 수 없다. 그로 인해 발생하는 문제는 모두 자신이 떠안아야 한다. 법적 책임성을 져야 한다는 말이다.

과거 시대는 권위주의 정부 시절이었지만, 지금은 민주주의 사회다. 청사에서 소란을 피우는 민원인을 건물 뒤로 끌고 가서 방위병과 함께 때렸다는 말도 안 되는 이야기, 통 담당 공무원이 관할통에 나가 현장을 시찰하면 통장이 공무원을 수행했다는 비현실적인 이야기, 담당자들이 통장님 댁에서 종종 낮잠을 자다가 사무실로 복귀하곤 했다는 초현실적인 스토리······ 모두 호랑이 담배 피우던 시절 이야기다.

지금은 공무원에게 무한 책임, 무한 친절, 무한 서비스를 요구하는 시대다. 정부를 불신하고 공무원의 실력을 한심스럽게 여기면서도 사회 문제가 생길 때에는 이 모든 일을 정부가 해결해야 한다고 말하는, 다소 모순되는 인식도 이 과도기 사회에는 존재하고 있다.

조직원 개인의 생각도 많이 바뀌었다. 과거의 직장인들은 승진, 보수, 전체를 위한 희생, 끈끈한 인간관계를 중시했지만, 현시대 조직 구성원들은 정시 퇴근, 개인의 행복, 그리고 공적 영역과 사적 영역의 명확한 분리를 원하고 있다.

결국 현재 떠오르고 있는 규범이 과거의 규범을 누르고 주류 질서로 자리 잡게 될 것이다. 직장문화가 구시대적이라 해도 정부 조직은 현재의 질서를 모두 명확한 텍스트와 공식적인 제도로 규정하고 있기 때문이다. 전산, 사내 인트라넷, 스마트폰, 녹음 앱, 카카오톡 같은 새로운 기술과 워라밸, 페미니즘, 미투 같은 사회운동은 구시대 질서를 보다 신속하게 과거로 밀어내고 있다.

공식 제도, 첨단 기술, 새로운 사회 인식이 결과적으로 과거의 질서를 누르고 새로운 질서를 세우게 되리라는 것이지, 지금 상황이 그렇다는 것은 아니다. 21세기 초엽의 한국 정부 조직의 현실은 공식적인 제도와 비공식적인 조직문화가 충돌하고 있는 혼돈의 카오스 양상을 보이고 있다.

이 글에 '4차 산업혁명 시대의 농경문화'라는 소제목을 붙였지만, 이제는 농사도 디지털 기기와 데이터가 중요한 역할을 하는 스마트 팜smart farm 시대다. 그럼에도 불구하고 정부 조직을 지배하고 있는 규범은 그 옛날 과거의 규범, 그대로다.

효율적으로 일하는 것이 중요하다고 말하지만, 그냥 하는 말이다. 실제로는 상사와 함께 저녁을 먹고, 밤늦게까지 남아 일하는 사람을 더 좋아한다. 시민을 위해 봉사하라고 말하지만, 서류 발급과 생활 민원을 처리하는 동 주민센터 담당자보다는 최고 의사결정권자의 관심을 받을 만한 페이퍼를 잘 만들어 내는 담당자가 더 주목을 받는다. 젊은 직원들에게 기탄없이 아이디어를 내 보라고 하지만, 막상 의견을 내면 현실과 동떨어진 영글지 않은 의견이라며 비판을 가할 것이다!

지금이 아노미 시절이라는 것을 받아들인다면 공무원 일을 하는 데 도움이 될 것이다. 독일이나 싱가포르에서 공무원 일을 한다면 공식 제도만 신경 쓰면 된다. 하지만 이곳은 한국이다. 공식 제도와 법률, 시행령, 시행규칙 등 각종 규정에 어긋남이 없도록 일하는 데 힘쓰는 동시에 가급적 비공식적인 문화에도 소홀함이 없도록 하자. 과도기 시대에는 과거와 현재 질서 양쪽 모두에 충실하거나 어정쩡한 스탠스를 취할 수밖에 없다. 그것이 과도기 시대를 살아가는 사람들의 숙명이다.

여기에서 유의해야 할 점이 있다. 공식 제도를 중시하든 비공식 문화를 중시하든 상사와 동료와 모든 조직 구성원을 소중한 인격체로 존중해야 한다. 공식 제도를 중시하는 것이 사람에게 예의 없게 행동하는 것과 같은 것이라고 오해하는 독자가 없기를 바란다.

지금까지 공무원 일이 시민들의 인식과는 달리 만만치 않은 구석이 있다는 점, 그리고 이 시대 한국에서 공무원 일이 왜 쉽지만은 않은지 살펴봤다. 고용 불안 시대에 마침내 9급 공채 시험에 최종 합격했다고, 행복한 상상을 해 보자. 여러분은 자신들이 노력해서 합격생이 되었다고 생각할 것이다. 맞는 말이다. 하지만 시민들은 여러분이 공무원 시험을 준비하게 된 사연과 시험에 합격하기 위해 기울인 노력을 살펴볼 여력이 없다. '이 험한 시대에 철밥통을 끌어안은 사람'으로 인식하고, 숭고한 사명감, 높은 전문지식, 충만한 서비스 마인드로 직무에 임해야 한다고 생각한다. 그리고 과도기 시대의 조직은 무척이나 혼란스럽고 갑갑하다. 4차 산업혁명 시대와 거리가 있어 보이는 조직문화가 정부 조직에는 여전히 주류 문화로 생생하게 작동하고 있다.

대다수 신입 공채생들이 이 부분에 대한 사전 정보가 전무한 채로 정부 조직에 입문한다. 나는 이를 무척 안타깝게 생각한다. 현실적으로는 공무원 시험을 치르기로 결정했을 때 했던 마음가짐에 못지않은, 그야말로 새로운 각오가 필요한데 이에 대한 대비가 없기 때문이다(이렇게 말하는 나라고 해서 충분한 준비가 된 상태로 입직했을까. 그렇지 않다). 다시 한 번 말하지만, 공무원을 준비하거나 이제 막 공무원이 된 여러분에게 꽃길은 없다. 애초에 아무것도 기대하지 마라. 이런 각오로 공직 생활을 시작한다면 흙길 정도는 밟을 수 있을 것이다.

여러분에게 마음의 부담을 줄 수 있는 내용으로 책을 시작했다. 신참 공채생의 기대와 현실 간 차이가 워낙에 크기 때문에 이 부분을 확실하게 전해 주고 싶었다. 다음 장에는 여러분이 정부 조직에 입문하게 되면 하게 될 실무를 소개하도록 하겠다. 지금까지의 내용에 비해 상대적으로 평화로운 내용이 되겠지만, 뭐 꼭 그렇지만도 않을 것이다.

신참 공무원이
하는 일 Ⅰ

공무원은 무슨 일을 할까. 현직 공무원임에도 불구하고, 공무원이 무슨 일을 하는지 모르겠다고 말하는 직원을 본 적이 있다. 당황스러웠지만, 나도 막상 '공무원은 이런 일을 합니다'라고 쉽게 설명하려니 막연했다.

공무원이 하는 일

원론적으로 공무원은 공적인 업무를 수행한다. 특정한 개인이나 특정한 기업의 사익을 위해 일하지 않고 국민과 국가의 공익을 위해 일한다. 그리고 정부의 일을 한다. 중앙정부의 사무는 그 범위가 너무나 방대하고, 다양하다. 이 책에 모두 소개할 수는 없으니 몇 가지 사례만 간략하게 살펴보자.

기획재정부는 경제정책 방향 수립, 국가 발전 전략 수립, 정부 회계, 국가 채무, 거시경제 운용, 조세정책, 예산 편성 등의 업무를 다룬다. 보건복지부는 건강보험, 감염병 예방·관리, 국민의 기초생활보장, 국민연금, 저출산·고령화 대응 등의 업무를 다룬다. 고용노동부는 취업 촉진, 직업능력 개발, 고용보험, 노동자의 복지후생, 노사 협력 증진, 산업안전보건, 산업재해 등의 업무를 다룬다.

업무의 유사함으로 묶은 공직 분류를 살펴보면, 행정직 외에 세무직, 관세직, 통계직, 교정직, 보호직, 검찰직, 마약수사직, 출입국관리직, 공업직, 농업직, 임업직, 시설직, 전산직 등의 직렬이 있다. 행정직은 일반적으로 모든 부처에 근무할 수 있지만, 그 외 직렬의 경우, 세무직은 국세청, 관세직은 관세청, 교정직·보호직·출입국관리직은 법무부, 검찰직·마약수사직은 검찰청과 같이, 어느 정도 정해진 부처에서 일하게 된다.

9급 공채생은 중앙정부에서 어떤 일을 할까. 앞서 예시한 국가의 주요 정책을 결정하는 일에 있어 9급 공채생이 큰 영향력을 발휘하는 일은 거의 없다고 봐도 무방할 것 같다. 국민의 선택을 받아 권한을 위임받은 대통령, 중앙정부 행정기관, 국회가 주요 정책을 공식적으로 결정하고, 공채생은 주로 그 정책을 집행하는 데 업무 역량을 투입하게 된다. 중앙정부 행정기관의 7·9급 공채생은 주로 행정고시 출신 5급 사무관의 업무를 지원하거나 전국 각지에 위치해 있는 해당 부처의 지청支廳이나 일선기관에서 일하는 것으로 알려져 있다.

정책결정에 중대한 영향을 미치지 못한다고 해서 우리 스스로 하급 공채생의 역할을 가볍게 생각해선 안 된다. 정책집행 역시 정책결정 못지않게 중요한 일이다. 정책을 시민에게 최종적으로 전달하는 이는 다름 아닌 일선 하급 공무원이다.

9급 공채생이 지방정부에서 하는 일을 살펴보자.

첫째, 지방정부 공무원은 행정의 일선 중에서도 그야말로 최일선, 쉽게 말해 맨 앞에서 국민의 실생활과 밀접하게 관계되는 업무를 맡게 된다. 주민등록, 쓰레기 수거와 처리, 상·하수도, 도로, 도시계획 업무가 그것이다. 이러한 일은 지방정부가 경비를 전액 부담하는 것을 원칙으로 하는데, 행정학 교과서에서는 이를 '자치사무'라고 표현한다.

둘째, 앞의 '자치사무'와 달리, 중앙정부와 지방정부가 공동으로 경비를 부담하여 행정 서비스를 제공하기도 하는데, 행정학 교과서에서는 이를 '단체위임사무'라고 표현한다. 대표적인 예로는 국민기초생활보장 업무를 들 수 있다. 신입 9급 사회복지직 공채생은 생계가 어려운 주민과 상담하고, 관련 법 규정과 중앙정부 지침에 따라 수혜자를 선정하고, 복지 급여를 지급하는 일을 한다.

기초생활보장 외에 보건소, 감염병 예방, 재해 구호, 하천 유지, 국도 유지·보수 등의 업무가 이에 속한다.

셋째, 중앙정부가 모든 경비를 부담하고, 지방정부는 중앙정부의 일선행정기관처럼 일을 하는 경우가 있다. 행정학 교과서에서는 이를 '기관위임사무'라고 표현한다. 주로 전국적인 사무가 많은데, 대표적인 예로 선거 업무를 들 수 있다. 선거 업무는 선거관리위원회에서 하는 것으로 알고 있는 국민들이 많지만, 국민들이 실제로 투표하는 장소인 투표소에서 일하는 이들은 모두 지방정부 공무원들이다. 선거관리위원회 직원이 아님에도 불구하고 실제 선거 사무와 관련해서는 전국의 지방정부 공무원들이 선거관리위원회 직원처럼 업무를 보게 되는 것이다. 대통령, 국회의원, 지방자치단체장, 지방의회 의원, 교육감 등 모든 공직 선거에 지방정부 공무원이 선거사무원으로서 투표소에 투입된다. 선거 외에 가족관계등록, 여권 발급, 외국인 등록 등의 사무가 그러하다.[18]

'자치사무'든 '단체위임사무'든 '기관위임사무'든 경비 부담 주체가 일부 다르고, 행정학 교과서에서 이들의 개념이 구분되어 있을 뿐, 시민들은 이를 굳이 구분하지 않는다. 따라서 지방정부에서 일하는 9급 공채생은 경비 부담 주체나 비율을 따지지 말고, 앞서 소개한 모든 일들이 지방정부의 고유 업무라고 생각하고 일하는 것이 마땅하다. 실제로 지방공무원 모두가 그런 마음으로 일하고 있다(다만, 시민들과 지방공무원들이 사무를 구분하지 않는다고 해서 중앙정부가 지방정부를 손발처럼 거리낌 없이 부리려 한다면, 이는 지방 분권 시대에 걸맞지 않은 행정문화가 될 것이다).

누구나 할 수 있는 단순 업무? 전혀!

앞에서 신입 9급 공채생이 하는 일은, 고등학교 졸업한 사람이면 누구나 할 수 있는 단순 업무가 아니라고 주장했다. 본인이 본인의 주민등록표 등·초본을 발급받기 위해 자신의 신분증을 지참하고 동 주민센터에 방문한 경우. 이런 경우라면 일이 복잡해질 이유가 없다.

그러나 이러한 업무가 등·초본 업무의 전부가 아니다. 신분증을 가져오지 않은 경우, 가족이 대신 발급받으러 온 경우, 제3자가 대신 발급받으러 온 경우, 나이는 50세가 넘었지만 외국에서 태어나고 평생 외국에서 자라나서 한국인으로서 주민등록번호가 부여되지 않은 경우, 법원 판결을 받은 이후 채권자가 채무자의 주민등록표 초본을 발급받으러 온 경우(실무자들은 이를 '이해관계 업무'라고 표현한다)······. 각각의 경우마다 추가 서류가 필요할 수 있고, 서류 발급을 부탁한 위임자의 신분증, 도장, 서명 같은 것이 필요할 수 있으며, 업무 처리 방법도 다르다. 이를 잘 알고 동 주민센터에 방문해서 일을 보는 민원인은 거의 없다. 이에 대해 잘 모르는 민원인이라면 그러한 사항을 객관적으로든, 친절하게든 잘 설명해 드리는 수밖에 없다. 그게 여러분과 나의 일이다.

문제는 어떤 미비점 때문에 민원을 처리해 줄 수 없다는 여러분의 설명을 민원인들이 쉽게 받아들이지 않는다는 것이다. 정형적이고 단순한 업무라 해도 사람을 상대하다 보면 오해와 갈등이 발생할 수 있는데, 복잡한 사안이라면 그 가능성은 더욱 높아진다.

일단 사안이 복잡해지면, 민원인 입장에서는 그 설명을 듣기가 싫어진다. 원하는 서류 발급을 해 줄 수 없는 이유를 설명하는 것도 행정 서비스지만, 민원인들은 이 서비스를 받고 싶어 하지 않는다!

'안 된다는 이유를 설명해 달라'고 말하는 민원인도 설명을 잘 들으려 하지 않는 것은 마찬가지다. 원래 사람은 듣고 싶은 것만 들으려 하고, 보고 싶은 것만 보려 한다. 나도 여러분도 다 마찬가지다.

충분히 설명을 들었다고 해도 결과적으로 자신의 민원이 거부된다면, 시민들은 마음의 상처를 입는다. 이 마음의 상처는 약간의 겸연쩍음, 쑥스러움, 어색함으로부터 비롯되지만, 그 표현은 짜증, 욕설, 폭력으로 이어질 수 있다. 이때 주로 등장하는 대표적인 대사는 다음과 같다.

"아니, 뭐가 이렇게 복잡해요?"

"다른 동에서는 해 주는데, 왜 여기서는 안 된다고 그래요? 똑같은 대한민국 법 아니야?(말 짧아짐)"

"안 된다는 규정 좀 가져와 봐요!"

따라서 대민 서비스를 수행해야 하는 공직자에게는 두 가지가 필요하다. 첫째, 관련 법 규정을 완벽하게 꿰차고 있는 것이다. 둘째, 이를 근거로 민원인에게 쉽고 자세하게 설명하는 것이다.

중요한 일이어서 한 번 더 강조해서 말하겠다. 대민 서비스를 수행하는 공직자는 관련 법 규정을 완벽하게 꿰차고 있어야 하며, 이를 근거로 민원인에게 쉽고 자세하게 설명할 수 있어야 한다.

어느 정도 말로 설명한 후에는, 말이 아닌 텍스트를 보여 주는 것도 좋은 방법이다. 여기서 말하는 텍스트는 담당자로서 미리 인쇄해 둔 관련 법률, 시행령, 시행규칙, 그리고 중앙정부가 내려보낸 지침과 편람* 같은 것이다. 텍스트를 보여 드린다 해도 민원인은 여전히 불편한 마음을 표시한다. '이래서 해 드릴 수 없어요'라고 말하는 것인데, 민원인 입장에서는 당연히 겸연쩍은 마음이 들지 않겠는가? 하지만 텍스트를 눈으로 확인한 민원인이 그에 대해 더 길게 이야기하는 경우를 아직까지는 본 적이 없다.

관련 법 규정을 제시할 때에는 객관적으로 또는 친절하게 설명해 주는 태도가 필요하다. 민원인이 받아들이기에 절대로 '얄밉게' 설명하면 안 된다! 가장 나쁜 결과가 나오는 민원 응대 방식이다. 우리의 설명이 옳다고 해도 얄밉게 말하는 순간, 민원인은 마음에 상처를 받게 되고, 그 설명을 받아들이려 하지 않게 된다. 얄밉게 말하는 담당자를 어떻게든 공격하려 할 것이다. 자신이 받은 상처만큼 담당자에게 상처를 주기 위해서다. 타인의 마음에 상처를 주는 말은 반드시 나에게 돌아온다. 이렇게 되면 감정싸움이 되고, 민원 응대 시간이 길어지게 된다. 우리에게 이익이 되지 않는다.

앞서 공무원으로부터 민원을 거절당했다고 느끼는 국민들은 겸연쩍음, 쑥스러움, 어색함을 느낀다고 말했다. 여러분이 국민들

---

* 말 그대로 쉽게 볼 수 있게끔 만든 책. 담당자가 해당 업무를 이해하고 처리하는 데 도움을 주기 위해서 제도의 취지, 근거 법령, 구체적인 업무 처리 방법 등을 정리해 둔 책이다. 법령보다는 공식성이 떨어지지만, 공식기관인 중앙정부 주무부처에서 발행하는 문서인 만큼 충분히 공식성을 인정할 수 있다. 법령에서 모호하게 규정된 내용이 지침과 편람을 통해 보다 명확하게 제시되기도 한다.

의 그러한 마음을 이해한다면 보다 부드러운 안내 멘트를 드릴 수 있을 것이다.

텍스트로 제시할 수 있을 만큼 관련 법 규정을 꿰차고 있는 것, 그 규정을 설명하는 데 있어 객관적이거나 친절한 태도. 이 두 가지를 다 갖추게 된다면, 민원을 상대하는 일이 그렇게 어렵지는 않을 것이다. 하지만 말이 쉽지, 이 두 가지 덕목을 갖추는 게 어디 쉬운 일인가? 이 두 가지 중 한 가지를 갖추는 것도 사실은 어려운 일인 것 같다.

사례를 하나 들어 보자. 동 주민센터에서 주민등록 업무를 보고 있을 때였다. 실제로는 ***번지 101호에 거주하는 가족이, 주민등록표 등본상으로는 102호에 거주하는 것으로 되어 있었다. 이것이 잘못되어 있으니 처리해 달라는 민원이 제기되었다. 부부가 왔는데, 매우 격앙되어 있었다. 은행 대출 업무를 보는 중에 발견한 것이었다. 민원인 부부 입장에서는 101호에서 1년 넘게 살았는데, 주민등록 서류상으로는 102호에 1년 넘게 산 것으로 되어 있고, 그로 인해 은행 대출 업무에 지장을 받게 되었으니 얼마나 화가 났겠는가. 부부는 동 주민센터에서 일을 잘못 처리한 것이라 확신하고 있었다.

어떻게 처리하는 것이 적법한 것일까. 상식적으로 생각해 보자. 관공서에서 잘못 처리했다면—즉, 1년 전 부부가 101호로 전입*한다는 내용으로 이상 없이 전입신고서를 제출했는데, 담당자가 실수로 102호로 전입 처리를 했다면—, 1년 전으로 돌아가 소급해서 잘못된 사항을 치유하는 것이 맞을 것이다. 이런 일이 흔하지는 않은 만큼, 주민등록 정정 신고서, 1년 전에 제출된 전입신고서 등 증빙서류를 첨부해서 팀장, 동장이 검토·결재한 내부결재 문서를 생산한 뒤, 이를 근거로 '주민등록 시·군·구 정보 시스템'—실무자들은 이를 '주민망'이라고 말한다—에서 주민등록표를 정정 처리한다면 큰 무리가 없을 것 같다. 역시나 이런 일이 흔하지는 않기 때문에 내부결재 받기 전에 팀장, 동장에게 보고하는 것이 좋겠다. 반면에 부부가 전입신고서에 전입 주소지를 잘못 표기한 것이라면 관공서에서 처리할 일은 아무것도 없다.

---

* 거주지를 이동하는 것. 일상적인 표현으로 '이사'와 같은 말이다. 주민등록법에서는 새로운 주소지로 이사하는 것을 '전입', 새로운 주소지로 이사하기 위해 옛 주소지를 떠나는 것을 '전출'이라고 표현한다.

1년 전에 그 가족이 제출한 전입신고서를 확인했다. 전입신고서에는 전입 주소지가 102호로 기재되어 있었다. 따라서 그 신고서에 따라 102호에 전입을 처리한 담당자에게는 아무런 잘못이 없으며, 관공서에서 처리할 일은 아무것도 없다. 신고서에 기재된 내용이 확실한 만큼, 민원인의 요구대로 주민등록표를 정리하는 것은 해서는 안 될 일이다.

그러나 민원인 입장에서 이를 쉽게 받아들이기가 어려웠던 것 같다. 관공서의 잘못이라고 확신하고 왔는데, 자신들이 착오 기재한 건이었음을 알게 됐으니 마음이 얼마나 불편하셨겠는가(가능성이 높지는 않지만, 자신들이 잘못 신고한 것을 알고 오는 케이스도 있을 수 있다). 남편은 왜 자신들의 요구대로 처리할 수 없는지 '그 규정을 보여 달라'고 요구했다.

당황하지 않을 수 없었다. 아무리 본인의 주소라 할지라도 국민의 요구에 따라 현재의 주민등록 주소지를 과거로 소급해서 자신의 임의대로 자유자재로 변경할 수 있다면, 국회에서 의결되어 정부에서 시행되고 있는 주민등록법의 취지가 올바르게 구현될 수 있을까?

너무나 당연한 내용을 어떻게 설명해야 하나, 당황하고 있던 순간, 옆에 있던 전입 담당자가 《주민등록 사무편람》에 있는 내용을 찾았고, 이를 민원인 부부에게 보여 주었다. 그 내용은 다음과 같다.

> **〈과거 지번의 정정: 현재 거주지에서 정정〉**
>
> ▲ 주민이 과거 지번의 정정을 요구하더라도 주민등록 신고주의 원칙에 의거, 소급 정정은 불가함.
> ▲ 다만, 법원 판결에 의한 경우에는 판결문을, 행정기관 착오에 의한 경우에는 전입신고서나 색인부 등 관련 공부를 근거로 소급 정정 가능함.[19]

부부의 표정이 점차 굳어지면서 분기탱천했던 마음이 푸쉬쉬 소리를 내며 힘없이 빠지는 것을 느낄 수 있었다. 짐작하건대, 겸연쩍은 마음이 남았을 것이고, 이곳 동 주민센터에서는 더 이상 할 수 있는 일이 없구나, 이제 은행 대출 일을 어떻게 진행해야 하나, 하는 막연한 마음이 들었을 것이다.

성인, 군자라면 '아, 은행 대출 일에 어려움이 있으실 텐데, 일이 참 안되셨다' 이런 생각을 했겠지만, 나는 평범한 9급 공채생이기에 마음 한편으로 이렇게 생각했다. '이제 일이 거의 끝났구나.' 어느 정도 침묵의 시간을 충분히 가진 뒤에 조심스럽게 말했다. "번거로우시겠지만, 법원 판결문 같은 추가 서류가 필요하실 것 같습니다." 이 정도 대사가 마무리 대사로 좋은 것 같다. 마무리 대사와 함께 민원인의 마음에 공감하는 표정을 보인다면 더 좋을 것이다. 공감하는 표정이란 대략 이런 것이다. 왠지 안타까운 표정, 살짝 걱정스러운 표정, 조심스러운 표정, 아련한 표정…….

한편으로는 그런 생각도 들었다. 민원인들의 요구가 얼마나 강경하면 이런 당연한 내용도 편람에 써 둬야 하나, 하는 생각.

어떻게 생각하는가. 앞에 써 놓은 이 일이 단순해 보이는가? 민원인의 설명을 듣고, 어떤 사안인지 판단하고, 이 사안이 민원인의 요구대로 주민등록표를 정정해야 할 사안인지 그렇지 않은 사안인지 의사결정을 하는 것만으로도 충분히 복잡한 일이다. '주민망'에서 마우스를 클릭, 클릭함으로써 주민등록표를 정정하는 일 역시 매우 복잡하다. 자신의 블로그에 자신이 올린 글을 '수정' 버튼 눌러서 고치는 것과는 차원이 다른 일이다.

무거운 의사결정도 공채생의 일

공무원 일은 서류 발급과 대민 업무에만 그치지 않는다. 사업을 일으켜야 할 때도 있고, 정책을 입안하고 시행해야 할 때도 있다. 이를 위해 계획을 수립해서 계획서를 작성해야 할 때도 있다. 심각한 문제가 발생해서 그 문제에 대응해야 할 때도 있다. 이를 위해 그 문제를 분석해서 보고서를 작성해야 할 때도 있다.

그럴 일이 많지는 않겠지만, 일을 하다 보면 민감한 사안이 발생하기도 한다. 이때 공직자가―다른 사람이 아닌 바로 여러분이―해야 할 중요한 작업이 있다. 그 민감한 사안에 대해 엄밀한 분석을 수행하고, 어떻게 조치하는 것이 규정은 물론 대의명분에 합당한 것인지 담당자로서 명확한 주관을 세우는 것이다. 그리고 그 주관이 담긴 체계적인 보고서를 만든 뒤, 이를 상사에게 쉬운 말로 잘 설명하는 일이다. 보다 현실적으로 표현하자면, 어떻게 해야 나중에 후회하지 않을까, 치열하게 생각해 봐야 한다는 말이다.

사례를 하나 들어 보자. 구청 기획예산과에서 도시관리공단* 업무를 맡고 있을 때였다. 도시관리공단 직원 인건비 예산안에 상후하박上厚下薄·상급자에게는 후하고 하급자에게는 박함의 요소가 있음을 구의회가 지적하면서 예산결산특별위원회에서 이에 대한 예산액을 일부 삭감하는 일이 있었다. 흔하게 일어나는 일이 아니어서 당황스러웠다. 쟁점은 구의회의 의결이 예산안 삭감을 넘어서 노동자 개인의 보수 삭감까지 구속할 수 있는 것인가, 하는 점이었다.

예산안이 의결된 뒤 구청장은 구의회의 예산 의결사항 중에서 '재의再議 요구'할 건이 있다면 검토하라는 지시를 하달했다. 지시를 받았지만, 재의 요구할 수 있는 건은 아니라고 판단했다. 우선 재의 요구라는 절차가 '의회에서 의결한 사항을 다시 논의해 봐 주십시오'라고 행정부가 의회에 요청하는 민주적인 절차이긴 하지만, 실질적으로는 의회를 향한 도전적인 선언이기 때문에 큰 부담이 되는 절차다. 그리고 무엇보다 상후하박의 명분으로 간부 인건비 예산액을 삭감한 만큼, 이에 대해 재의를 요구하는 것은 하급자의

---

* 도시관리공단은 지방정부에서 출연(出捐)한—쉽게 말하자면 자본금을 준—지방공기업이다. 주민 복리 증진, 지역경제 활성화, 지역 개발 촉진에 기여할 수 있다고 판단되는 사업 중에서 민간의 경영 참여가 어려운 분야를 효율적으로 운영하기 위해 지방정부가 설립하는 기관이다. 주차장과 시설 관리 업무가 주를 이룬다. 행정안전부와 지방정부에서 법령과 조례로써 많은 통제를 가하는데, 내가 맡은 업무 역시 통제가 주를 이뤘다.

형편을 살피지 않는, 덕이 부족한 요구사항으로 비칠 가능성이 높았다. '소득 불평등 고착'에 대한 비판의 목소리가 매우 높았던 시기였다.

만에 하나 구의회의 지적이 논리적으로 완벽하지 않거나 근로 관련 법령에 저촉되는 부분이 있다고 하더라도, 그 이슈는 노동자나 일반 시민이 받아들이는 입장에 있어서는 중요하지 않을 수 있다. 중요한 것은 재의 요구를 하는 순간, 구청이, 기획예산과가, 그리고 담당자인 내가 상급자의 보수보다 하급 실무자의 보수를 더 고려하자는 명분에 반대하는, '소득 불평등'을 고착화하는 입장에 서게 된다는 것이다.

이 내용을 정리해서 짧게 보고서를 작성했고, 이를 팀장과 과장에게 보고했다. 〈공단 간부 인건비 삭감 관련 보고〉라는 제목의 보고서였고, 마지막 소제목을 다음과 같이 잡았다. '절대로 재의 요구를 해서는 안 되는 이유'. 참고 차원에서 당시의 보고서를 이 책의 끝에 부록으로 수록해 두었다(부록 문서 #1). 나와 의견을 달리하는 담당자도 있을 것이라 생각한다.

결국 재의 요구는 하지 않았다. 부족한 인건비에 대해서는, 현명하신 과장님이 구의회와 꾸준히 소통함으로써, 추가경정예산 편성·의결을 통해 부족분이 발생하지 않게 되었다. 사실 내가 담당자로서 재의 요구를 주장했다 할지라도 실제로 그 절차가 이루어졌을 가능성은 높지 않다. 다만 담당자였던 내가 "재의 요구는 안 됩니다"라고 의견을 명확하게 표현하게 되면, 간부들이 빠르게 의사결정을 하는 데 도움을 줄 수 있고, '재의 요구'를 업무 목록에서 신속하게 배제함으로써 업무 집중력을 높일 수 있게 되는 것이다.

신참 직원에게 이 정도 무게의 의사결정을 내릴 일이 많지는 않을 것 같다. 하지만 그 일이 여러분의 공식적인 업무라면 그 일을 온전히 끌어안아야 한다.

'나 같은 하급자가 결정할 만한 일이 아닌 것 같은데……. 팀장님이나 과장님이 어느 정도 입장을 정리해 주셔야 되는 거 아닌가?'

민감한 사안을 다루고 있는 담당자에게 이런 생각은 바람직하지 않다. 적절한 의사결정을 내리는 데 고참과 관리자의 도움을 받거나 서로 의견을 주고받을 수는 있겠지만, 궁극적인 판단은 나 자신이 고독하게 내려야 하고, 최종적으로 내린 결정에 대한 책임은 나 자신이 짊어져야 한다. 민감하고 중대한 사안일수록 더더욱 그러하다. 상급자가 미덥지 못하다면 더더욱 논리적으로 사고해서 투철하게 의사결정하길 권한다.

어떻게 생각하는가. 이 일이 단순한 업무로 느껴지는가?

신참 공무원이
하는 일 II

중앙정부든 지방정부든 각 부서에서는 부서원 한 명마다 그가 맡아야 할 업무를 할당한다. 이를 업무분장 혹은 직무 할당이라고 한다. 각 부서의 업무분장표를 보면, 그 부서와 직원들이 어떤 일을 하는지 어렵지 않게 짐작해 볼 수 있다.

업무분장: 공무원의 구체적인 임무

정부의 업무 범위는 너무나 폭넓고, 하는 일 역시 너무나 다양하지만, 여기에서는 친숙한 예시로 서울 어느 동 주민센터의 업무분장표를 제시하면서 대략의 업무를 소개하도록 하겠다. 동 주민센터 홈페이지에는 공무원의 이름도 공개되어 있지만, 여기에서는 숫자로 표시했다.

동 주민센터 업무분장 예시

팀	직위·직급	성명	담당 업무
	동장	1	동 업무 총괄
행정팀 (뒷다이)	행정팀장	2	행정팀 업무 총괄
	서무주임 행정7급	3	감사, 총무, 주민자치, 기획예산, 직능단체(주민자치위원회, 방위협의회, 통장협의회), 청사 관리, 타 직원에 속하지 않은 업무
	서무 행정9급	4	재무, 전산정보, 정책홍보, 민원여권, 직원 복리, 보안, 사회복무요원, 식당운영
	행정7급	5	뉴디자인, 청소행정, 도시계획, 건설관리, 주택, 공동주택, 자활근로, 도로관리(제설), 치수(수방), 직능단체(자율방재단, 자율방범봉사대)
	행정8급	6	지역경제, 일자리, 관광진흥, 문화체육, 교통행정, 주차관리, 부동산정보
	운전8급	7	차량 관리, 행사·회의 업무 지원, 교육지원(학교보안관), 승용차 요일제, 승용차 마일리지
	행정9급	8	재난안전, 민방위, 건축, 공원녹지, 환경, 보건소
행정팀 (앞다이)	시설7급	9	인감, 통합민원
	행정8급	10	주민등록(출생, 사망), 세무, 주민전산, 통합민원
	행정9급	11	전입, 외국인 거소 변경, 공공아이핀, 통합민원
	행정9급	12	등·초본, 가족관계, 통합민원, 인증기 결산
	임기제마급	13	제증명, 어디서나 민원, 등·초본(이해관계)

팀	직위·직급	성명	담당 업무
복지팀	복지팀장	14	복지팀 업무 총괄
	사회7급	15	빈곤위기가구(찾동, 국민기초생활보장, 차상위), 복지사각지대, 안부 확인 서비스, 따뜻한 겨울 사업, 긴급 의료비 지원, 보훈, 복지공통업무(위기가정 발굴, 초기 상담, 긴급 복지, 사례 관리)
	사회8급	16	대학생 학비 지원, 초중고 교육비, 경로잔치, 푸드마켓, 서울형 유급병가, 새마을 부녀회, 복지공통업무
	사회9급	17	장애인 복지(장애인 등록, 장애인 연금, 장애인 활동지원), 사회복지과 업무(자활관리, 주거복지, 임대주택, 의료급여), 양곡, 통장사업(희망키움, 꿈나래, 청년통장 등), 복지 증명서 발급, 복지공통업무
	사회9급	18	어르신 복지(기초연금, 경로당, 가사·간병, 어르신 교통카드), 보육지원(출산지원, 양육수당, 보육료, 아이돌봄, 다둥이 카드), 한부모가족 지원, 아동급식, 청소년증 발급, 여성가족과 업무(여성복지, 다문화), 청소년지도협의회, 복지공통업무

자료: ○○동 주민센터 홈페이지, 2019년 8월.

당연하게도, 동장이 최고 책임자다. 일반적으로 동장 아래, 행정팀과 복지팀이 있다. 행정팀에는 민원 창구 직원과 그 외 직원이 있다. 실무에서는 주민등록, 인감, 등·초본, 가족관계 등의 업무를 보는 민원 창구를 '앞다이'라 부르고, 서무, 청소, 광고물, 주차 단속, 민방위, 건축, 주택, 순찰 등의 업무를 보는 자리를 '뒷다이'라 부르기도 한다.* 관리자나 고참이 앉게 될 자리는 제외하고 여러분이 실제로 업무를 맡게 될 가능성이 높은 자리를 중심으로 업무를 소개하도록 하겠다.

---

* 앞다이, 뒷다이는 일본어 '다이(臺)'가 포함된 단어로서 표준어가 아니다. 바람직한 일은 아니지만, 실무자들이 종종 사용할 뿐 아니라 심지어는 듣는 사람도 그 개념을 쉽게 이해하고 받아들이고 있는 실정이어서, 용어 그대로 사용했다.

행정팀(뒷다이)

4번 직원, 서무의 일을 보자. 여성의 공직 진출이 활발한 이 시점에서 신입 여직원이 주로 이 일을 맡는다. 하는 일은 먼저 문서 접수. 동 주민센터에 오는 문서를 받아 담당자에게 지정해 주는 일을 하며, 예산 집행과 은행 일을 많이 한다. 서무주임을 지원하는 일과 공지사항 전달 등 전체 직원들이 알아야 할 사항에 대해 안내해 주는 일을 많이 한다. 민원인은 거의 맞이하지 않고, 주로 내부 고객을 많이 맞이한다. 프린터 토너 같은 소모품과 커피믹스에 이르기까지 부서의 모든 물품을 구입하고 관리한다. 팀장, 동장 등 관리자 의전도 이 자리의 중요한 업무인데, 조직이 민주화되면서 의전 업무 비중은 점차 낮아지고 있다.

5번부터 8번 직원까지의 일을 보자. 주로 민원 창구 뒤에 앉아 있는 직원들이다. 청소, 광고물, 건축, 주택, 도로, 주차, 시설과 관련된 민원 업무가 많다. 쓰레기 무단투기 신고, 광고물 위반사항 신고, 건축 공사 현장 소음 민원, 주택에 불법 구조물 축조 신고, 주차 단속 요청, 도로에 싱크 홀* 발생 신고 등을 접수하고, 현장을 확인한 뒤, 이를 법 규정에 따라 처리하거나 필요시 제재를 가하는 일이다. 동 주민센터에서 처리해야 할 일은 직접 처리하고, 구청에서 처리해야 할 일은 구청에 이관하거나 보고한다. 여름에

---

* 땅이 가라앉아 생긴 구멍. 도시 지역에서 발생하는 싱크 홀은 주로 노후된 하수관로의 균열, 균열로 인한 누수, 누수로 인한 흙의 침식이 원인이 되어 발생한다. 작은 구멍도 금세 큰 구멍으로 확대될 수 있고, 보행자와 차 모두의 안전에 위협이 될 수 있으므로 지방정부 입장에서는 신속하게 처리해야 한다.

비가 많이 오고 겨울에 눈이 많이 올 때 비상 대기와 응급조치를 하는 근무자들도 이들이다. 구체적으로 다음과 같은 시민들의 의문사항이나 요구사항에 응하는 일을 한다. 혹시 궁금해하는 독자들이 있을까 싶어서 간략한 민원 처리 방법도 함께 소개한다.

"쓰레기 내놓은 지 사흘이 지났는데, 아직 안 치워 가고 있어요."
⇒ 현장 확인. 일반 쓰레기, 재활용 폐기물, 음식물 쓰레기 등 분리배출이 잘 이루어졌는데 수거가 안 된 것이라면 즉시 수거. 분리배출이 잘 이루어지지 않아서 수거되지 않은 것이라면 행정지도.

"누가 내 집 앞에 쓰레기를 무단투기하고 갔어요. 자주 이러는데 근본적인 해결 방법이 없나요?"
⇒ 현장 확인. 무단투기자를 특정할 수 있는 단서가 있다면 이를 토대로 무단투기자 찾아서 폐기물관리법 위반확인서에 서명받고 과태료 부과. 단서가 없다면 일단 모두 수거. 근본적인 해결 방법으로는 시민의식 향상, 청결 유지, 경고문 부착, CCTV 설치 등이 있는데, 이에 대해서는 민원인, 상사, 상급기관과 상의.

"음식집 입간판이 도로에 나와 있어서 차가 지나다니는 데 방해가 돼요."
⇒ 현장 확인. 음식집에 옥외광고물 등의 관리와 옥외광고산업 진흥에 관한 법률(이하 옥외광고물법) 위반사항 행정지도. 보통 행정지도만으로도 상인들이 순응하며 철거함. 응하지 않을 경우 옥외광고물법 위반에 따른 강제 철거, 또는 과태료 부과.

"옆 공사장에서 공사하고 있는데, 소음이 너무 심해서 견딜 수가 없어요."

⇒ 현장 확인. 공사장 현장소장 또는 책임자 만나서 행정지도. 보통은 행정지도만으로도 순응하면서 공사를 일시적으로 중지함. 민원인이 소음이나 진동 측정을 요청할 경우, 구청으로 이관(지방정부마다 다를 수 있음). 구청에서 소음·진동관리법에 따라 처리.

"민방위 교육통지서를 받았는데, 그날은 참석이 어려워요. 다른 날에 교육받을 수는 없는 건가요?"

⇒ 민방위 교육은 전국 어디서든 1년에 한 번만 받으면 그해 교육이 종료됨. 해당 지역의 민방위 교육 일정과 전국의 민방위 교육 일정이 안내되어 있는 경로를 안내.

"집 앞에 누가 연락처도 없이 차를 대 놨네요. 주차 단속 좀 해 주세요."

⇒ 현장 확인. 주차 단속 실시. 도로교통법 위반에 따른 과태료 부과. 보통 동 주민센터에 주차 단속 단말기가 있음.

"***번지 앞에 싱크 홀이 생겼어요."

⇒ 현장 확인. 싱크 홀은 대형 사고로 확대될 수 있으므로 즉시 현장으로 출동해야 함. 규모가 크다면 안전 펜스나 접근 금지 안전 띠 등 연장도 챙겨 가야 함. 현장 확인 후 구청 치수과, 도로관리과 등 관계 부서에 긴급 조치 요청. 사고 발생하지 않도록 기동반이 오고 기동반의 임시 복구 작업이 완료될 때까지 현장을 지키는 것이 바람직함. 이후의 상황에 대해서도 상급기관에 공문을 발송하는 등 관리해야 함.

"민원이 들어왔어요.
도로에서 치워 주셔야 합니다."

"대체 이런 민원은
누가 넣는 겁니까?"

"……아마 평범한 시민이겠죠."
'동종 업계 종사자가 민원 넣는
경우가 더 많겠지만.'

도시 지역의 업무는 대략 이러하지만, 농촌, 어촌, 산촌 지역은 그 지역의 특색에 맞는 고유 업무를 수행하게 된다. 농촌 지역은 농지, 과수, 특작, 기술·기계 보급, 농식품 유통 등의 업무를, 어촌 지역은 해양, 항만, 조선, 어업, 양식 등의 업무를, 산촌 지역은 산불·산사태 예방, 산림 보호, 병해충 방제, 휴양 산림 관리 등의 업무를 맡게 된다. 구제역이 발생한 지역에서 지방공무원들은 방역, 그리고 가축의 살처분 업무를 맡게 된다. 이들의 끔찍한 트라우마에 대해 들어 본 적이 있을 것이다.

행정팀(앞다이)

민원 창구 자리에 앉는 9번부터 13번 직원까지의 일을 보자. 주민등록증 발급, 출생, 사망, 전입, 주민등록표 등·초본 발급, 인감등록·변경, 인감증명서 발급, 가족관계증명서 발급, '어디서나 민원'을 통한 각종 서류 발급(대학, 중앙정부, 국세청 등 다른 기관에서 발급하는 서류를 해당 기관으로부터 전달받아 민원인에게 주는 방식) 등의 업무를 본다.

서류 발급이 주를 이루기 때문에 단순한 업무로 인식되기도 하지만, 앞서 소개한 것처럼 주민등록, 출생, 사망은 단순하거나 가벼운 업무가 아니다. 대한민국 사회의 일원으로서 국적과 주민등록의 효력을 발생시키고, 유지하고, 마침내는 효력을 없애는, 중요한 일이다.

전입의 경우, 앞에서 소개한 예시와 같이 전입신고서에 새로운 거주지가 ***번지 102호로 기재되어 있다면, 그 주소로 전입을 처리해야 한다. 신고서에 기재된 주소와 다른 주소로 전입 처리한다면 이 역시 큰 문제로 확대될 가능성이 있다. 민원인과 담당자 모두에게 말이다.

또한 누군가가 타인의 인감증명서를 허위로 발급받아서 부동산 거래에 첨부 서류로 썼다고 해 보자. 좀 더 구체적인 예를 들어보겠다. 아들이 아버지 소유의 10억 원짜리 집을 아버지 몰래 팔아서 그 돈을 챙기려는 계획을 세웠다고 가정해 보자. 위조한 위임장과 위조한 도장으로 부동산 매매계약서를 작성하고, 동 주민센터에서 허위로 발급받은 인감증명서를 계약서에 첨부했다고 해 보자. 실제로 이따금 발생하는 일이다. 아들의 음모가 성공하면 아버

지에게 큰 재산상 불이익이 발생하게 될 것이다. 이때 대리인 확인
과 인감증명서 발급 위임장 서류 검토가 정확하게 이루어지지 않
았을 경우, 인감증명서를 발급했던 담당자가 그 책임을 일정 부분
부담해야 할 수도 있다. 가벼운 업무가 아니다.

그리고 민원 창구 직원은 민원인들의 폭언과 폭력에 무방비로
노출되어 있다. 감정 노동자들이다. 관련 법령도 잘 알고 있어야
하지만, 손님 응대에 능숙해야 한다. 절대 쉬운 일이 아니다.

복지팀

15번부터 18번까지 복지팀 실무자의 업무를 보자. 우선 복지
서비스를 받고자 하는 국민들이 동 주민센터를 방문하면 상담에
응한다. 현재 처한 상황, 원하는 복지 서비스, 받을 수 있는 복지
서비스, 복지 서비스를 받을 수 있는 자격 조건 등이 주된 대화 내
용이다.

국민들에게 낯설지 않은 대표적인 복지 서비스를 몇 가지만 열
거해 보자. 국민기초생활보장, 차상위, 기초연금, 어르신 교통카
드, 장애인 복지, 한부모가족 지원, 양육수당, 아동수당, 긴급복지,
임대주택……. 이들 업무 역시 관계되는 법률, 시행령, 시행규칙에
따라 처리한다. 이와 관계되는 중요한 법률을 열거하면 다음과 같
다. 국민기초생활보장법, 기초연금법, 노인복지법, 장애인복지법,
장애인연금법, 장애인활동지원에 관한 법률, 장애아동 복지지원
법, 한부모가족지원법, 영유아보육법, 아동복지법, 아이돌봄 지원
법, 아동수당법, 긴급복지지원법, 공공주택 특별법, 민간임대주택

에 관한 특별법……

복지 업무의 경우, 세부적인 업무 절차와 방법이 수록된 지침을 매년 중앙정부가 지방정부에 내려 준다. 매년 지침을 발간해서 보낸다는 것은 그만큼 복지 업무가 빠르게 변화한다는 뜻이다. 대부분의 복지 담당자는 이 지침에 의지해서 업무를 처리한다.

책자 제목은 대략 다음과 같다. 《국민기초생활보장 사업안내》, 《기초연금 사업안내》, 《사회보장급여 공통업무 안내》, 《장애인복지사업안내》, 《장애인연금 사업안내》, 《장애인활동지원 사업안내》, 《한부모가족지원 사업안내》, 《아동수당 사업안내》, 《긴급지원사업 안내》(이상 보건복지부), 《아이돌봄 지원사업 안내》(여성가족부)……. 복지사업을 안내하는 이들 책자는 대부분 법적 근거, 사업의 목적과 내용, 전체적인 업무 처리 프로세스, 서비스 신청, 서비스 수급 자격 조회·조사, 서비스 수혜 결정, 급여 지급(예산 집행), 수혜자 관리 등의 내용이 수록되어 있다. 실무자들이 말하는 '지침'이란 이들 지침서를 말한다. 지침서를 충분히 숙지하면 프로페셔널하게 임무를 수행할 수 있게 된다.

반드시 그런 것은 아니지만, 중요한 복지사업의 경우, 동 주민센터 직원은 대부분 상담, 신청서 접수, 신청서 상급기관 보고의 업무를 수행한다. 구청 복지 부서 직원은 서비스 수급 자격을 조회하기 위해 소득과 재산 상황을 조사하고, 서비스 수혜 여부의 결정 사항을 신청인에게 통보한다. 서비스 수혜자 개인에게 급여를 지급하는 일 역시 구청에서 처리한다.

복지 업무는 확장 추세에 있다. 기초연금은 2014년 7월부터 시작되었고, 아동수당은 2018년 9월부터 시작되었다. 희망키움통장, 내일키움통장, 청년희망키움통장 등 일정한 금액을 저축할 때 정부가 일정한 금액을 추가 지원해 주는 자산 형성 지원 사업, 서울특별시의 '찾아가는 동 주민센터' 사업 등 중앙정부와 지방정부의 복지 사업이 새롭게 시작될 때마다 복지 담당자들은 이에 따른 업무를 수행해야 한다.

특이하게도, 확장되는 복지 서비스 추세에 비해, 그리고 '국민 여러분, 이제 안심하세요'라고 말하는 복지 당국의 홍보에 비해, 국민들은 정부의 복지 서비스를 크게 체감하지 못하고 있다. 여러 가지 이유가 있겠지만, 개인이 받는 금액이 기대만큼 크지 않다는 점, 신청서와 관계 서류를 꼼꼼하게 챙겨 행정기관에 제출해야 한다는 점, 소득과 재산 상황을 조사하여 지급 여부와 지급액이 결정되는 선별적 복지 서비스가 대다수라는 점, 이로 인해 자신이 수혜 대상자가 아닐 경우, 서비스를 신청하는 데 들였던 시간, 노력, 번거로움이 일순간 매몰비용이 된다는 점 등을 그 이유로 들 수 있을 것 같다.

서비스의 수와 종류는 헤아릴 수 없이 많지만, 정작 국민들은 정부 서비스에 대해 아는 것이 많지 않고, 서비스 신청을 위해 많은 노력과 비용을 들여야 하는 상황. 이것이 현재 한국 정부의 복지 서비스 현실인 것 같다. 이때 "TV 보면 다 해 줄 것처럼 광고하던데, 뭐가 이리 복잡해요?"라는 질문을 받는다 해도 복지 담당자라면 정부를 대신해서 슬기롭게 대답해야 한다. "그거 다 그냥 하는 말이에요"라고 답하는 9급 공채생은 없으리라 믿고 싶다.

　국민들이 불편을 겪는 것과 마찬가지로 지방정부 복지 담당자 역시 이러한 불편을 고스란히 감수해야 한다. 중앙정부가 복지 사업마다 매년 별도로 한 권의 책자를 만들어 내려보내야 할 정도로 복잡한 업무 처리 절차를, 그들은 하나하나 밟아 나간다. 건강보험공단, 국민연금공단, 은행, 증권사, 금융기관 등 타 기관에서 보내온 복지 서비스 신청인의 정보를 확인해야 하고, 그 정보와 신청인의 소명疏明을 토대로 소득과 재산 상황을 직접 조사해야 한다.

　미국 드라마에서 나오는 것처럼 엔터 키 한 번으로 개인의 재산 정보가 자동으로 뜨는 시스템이 있는 게 아니다. A.I.가 딥 러닝에 따라 플로 차트를 만든 뒤, 반짝이는 불빛이 흐름도의 라인 위를 움직이면서 Yes와 No, 소득 인정액 초과 여부 등의 마디마디를 거쳐서 마침내 '복지 대상자 선정' 마디에 불빛이 들어오는 식으로 수혜 여부가 자동으로 결정되는 시스템은, 더더욱 아니다(그럴 리가 없지 않은가).

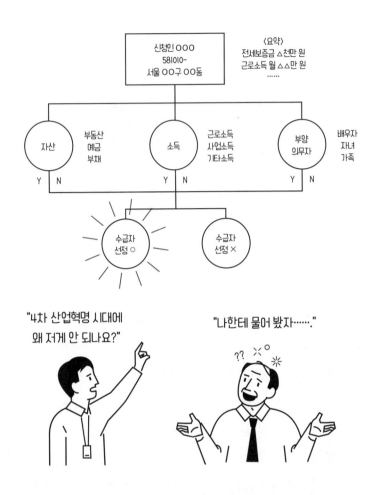

이 모든 절차 가운데, 복지 담당자는 신청인이 궁금해하는 부분을 적절하게 설명해 드려야 한다. 신청인이 서비스 수혜자로 최종 선정되었을 때에도, 그렇지 않았을 때에도 마찬가지다. 앞서 대민 서비스 업무를 수행하는 공무원은 두 가지가 필요하다고 말했다. 법 규정을 완벽하게 꿰차고, 이를 근거로 민원인에게 쉽고 자세하게 설명하는 것. 복지 담당자는 두 번째 항목에 있어 보다 높은 직업의식 또는 스킬이 필요할 것 같다. 서비스 대상자가 되지 못했을 때 좌절을 느끼는 국민의 마음을 다독여 드려야 하고, 앞서 예시를 든 것처럼 생계비 더 안 주면 자살하겠다, 너 때문에 자살한다고 유서에 써 놓겠다고 말하는 신청인과 마주해야 할 수도 있기 때문이다. 아, 도대체 누가 말했나. 9급 공무원 일이 고등학교 졸업한 사람이면 누구나 할 수 있는 단순 업무라니.

서무주임

마지막으로 3번 직원을 주목할 필요가 있다. '서무주임'이라는 직책이다. 서무주임은 그 부서의 인사 담당자이자 살림꾼이다. 관리자가 없을 때 실무자 중에서 누군가가 부서를 대표해야 한다면 서무주임이 바로 그 대표자가 된다. 실무자 중에 서무주임보다 계급이나 호봉이 높은 사람이 있다 해도 관리자가 없을 때의 부서 대표는 서무주임이다. 신참이 이 직책을 맡을 일은 거의 없다.

또한 서무주임은 부서장과 팀장 의전을 맡는다. 여기서 의전이라 함은 관리자의 지시를 전 직원에게 공지하는 일, 관리자와 직원 사이의 가교 역할, 관리자와 시민들이 만날 때 시민들의 요구사항을 요약하는 일, 그리고 관리자와 함께 밥을 먹는 일, 뭐 그런 것들을 말한다. 힘든 일이다.

따라서 관리자와 상의하기 조금 모호한 경우에는 서무주임을 통해 상의하는 것도 좋은 방법이다. 여러분의 공직 생활과 조직 내 인간관계를 원활하게 하기 위해서는 서무주임과 적절하게 가까워져야 할 필요가 있다. 이 책의 11장 〈인간관계의 정점, 회식〉에서 회식 도중에 조용히 빠져나와 집에 갈 수 있는 타이밍을 알려 주려 하는데, 이때 반드시 여러분의 편으로 삼아야 할 직원이 서무주임 이라는 것을 기억해 두자.

코로나19, 그 누가 상상이나 했으랴

지금까지 다소 정형적인 업무를 소개했다. 정형적인 업무를 처리한다 할지라도, 아주 복잡한 사연을 접할 수도 있고, 매우 복잡한 과정을 거칠 수도 있음을 함께 소개했다.

하지만 이처럼 정해진 일만 있는 것은 아니다. 과거의 사회 문제는 길들여질 수 있는 것이었지만, 현대의 사회 문제는 그렇지 못하다. 너무나 복잡하고 사악하다.[20] 미세먼지, 기후 변화, 저출산·고령화, 청년실업, 고용 불안정, 양극화 현상……. 정부가 법령, 매뉴얼, 지침을 만들고, 강력한 드라이브를 건다고 해서 해결될 만한 단순한 문제가 아니다.

2020년 새해가 되자마자 '코로나19 감염병' 사태가 발생했다. 신종 감염병이 지역사회에 전파되어 전국적으로 확산됨에 따라 2020년 2월 23일 코로나 대응 수준이 '경계' 단계에서 최고 수준인 '심각' 단계로 격상되었다. 휴교 명령, 집단 행사 금지 명령 등 정부의 강제 수단이 최고 수준에 이르게 된 것이다. 이런 감염병 사태가 일어날 줄 그 누가 상상이나 했을까.

국민의 생명을 보호하기 위한 방역 정책과 감염병으로 인한 경기 침체를 막기 위한 정부 정책이 총동원됐다. 보건복지부 산하 질병관리본부가 방역 정책-감염병 대응·진단·예방, 검역, 질병 감시, 병상 관리-의 가장 무거운 의사결정을 내리는 중심 부처였다. 매일 대국민 정례 브리핑이 있었다.

질병관리본부가 감염병 대응의 중심이 되면서도 범정부 차원의 대응이 이루어졌다. 교육부는 개학을 연기하는 결정을 내렸다.

고용노동부는 기업이 감원 대신 노동자 고용을 유지할 경우 지급하는 고용 유지 지원금을 대폭 강화한다는 계획을 발표했다. 코로나 바이러스로 인해 직접적인 타격을 입은 여행업, 관광숙박업, 관광운송업, 공연업을 특별고용지원 업종으로 결정함으로써 이 업종에 종사하는 노동자와 사업자를 지원했다. 무급휴직자, 영세 자영업자, 특수고용직 종사자와 프리랜서 가운데 소득 수준이 낮으면서 수입 급감으로 생계유지가 어려운 취약계층을 대상으로 긴급 고용 안정 지원금을 만들어 지원했다.

금융위원회는 현금 부족 기업과 소상공인을 대상으로 하는 금융 지원과 기간산업 자본 확충 지원을 위해 135조 원 규모의 '금융 안정 패키지 프로그램'을 발표했다. 중소기업벤처부는 '소상공인 1천만 원 긴급 대출'을 시행했다. 은행을 거치지 않은 소상공인시장진흥공단을 통한 직접 대출, 서류 간소화, 빠른 대출금 지급을 강조했다.

기획재정부는 확장적 재정정책을 펼쳤다. 이 모든 정책을 집행하기 위해 2020년 회계연도가 시작된 지 몇 달도 채 되지 않은 시점에서 제1회 추가경정예산안을 편성했다. 3월, 11.7조 원 규모의 예산안이 국회 본회의를 통과했다. 이어서 4월, '긴급재난지원금' 단일 사업으로 편성된 7.6조 원의 제2회 추가경정예산안이 정부 예산안보다 증액된 12.2조 원 규모로 국회 본회의를 통과했다. 7월, 제3회 추가경정예산안도 35.1조 원의 규모로 국회 본회의를 통과했다. 글로벌 금융위기 직후의 추경예산액을 뛰어넘는 역대 최대 규모 추경예산액이다. 연중 세 차례의 추가경정예산은 1972년 이후 48년 만의 일이다.[21]

지방정부 역시 현장에서 아주 중대한 임무를 수행했다. 확진자가 발생하면 해당 지역 보건소에서 확진자 인적사항 관리, 국가 지정 격리병원 이송, 확진자와 밀접하게 관계된 시설의 방역과 폐쇄, 확진자 동선 파악과 동선 공개 등 아주 구체적인 업무를 실행했다. 식당, 카페, PC방, 노래방, 당구장, 헬스장처럼 많은 사람들이 이용하는 시설도 지방정부가 관리하는 부분이 있기 때문에 이들 시설 점검도 지방정부가 하게 된다.

코로나 바이러스가 전 세계에 크게 유행하면서, 외국에 있다가 한국으로 들어온 사람-외국인, 내국인 모두 포함-에 대해서는 14일 자가격리, 7일 능동 감시 업무를 수행했다. 쉬운 말로 표현하자면, 해외에서 입국한 사람이 있으면 14일 동안 집 밖에 나가지 않도록 관리하고, 14일 자가격리 해제 후에도 7일 동안은 하루에 두 번씩 연락해서 코로나 증상은 없는지 확인하는 일을 했다는 말이다. 자가격리 중 발생한 쓰레기는 따로 모아 두도록 안내한 뒤 격리 해제 후 이를 수거했는데, 이러한 일도 지방정부에서 처리했다.

그리고 코로나 바이러스로 인한 경제 충격을 완화하기 위해 전 국민을 대상으로 긴급재난지원금을 지급하는 정책이 시행됐다. 늘 그래 왔듯이 상담, 신청서 접수, 지원금 지급의 업무는 지방정부에서 맡아 처리했다.

이때 재난지원금은 개인이 아니라 가구를 대상으로 지급되었는데, 이 '가구'라는 개념이 이해하기 쉽지 않은 개념이었다. 주민등록법상 세대별 주민등록표에 함께 등재된 사람을 하나의 가구로 구성한다는 것이 '원칙 1'이었고, 타 주소지에 등재되어 있더라도 건강보험법상 피부양자인 배우자와 자녀는 경제 공동체로 보아 가입자와 동일 가구로 구성한다는 것이 '원칙 2'였다.

이와 관련된 설명 자료가 행정안전부로부터 전달되었다. 국민들께 안내해 드리기 위해 지방공무원이 모조리 읽어야 했던 이들 자료의 제목과 분량은 다음과 같다. 〈긴급재난지원금 사업지침(1차): 26페이지〉, 〈전 국민 재난안전지원금 가구 구성 및 관련 이의신청 기준: 12페이지〉, 〈긴급재난지원금 관련 Q&A: 11페이지〉, 〈긴급재난지원금 관련 상세 Q&A: 자치단체 및 콜센터용: 무려 56페이지〉, 〈긴급재난지원금 사업지침(2차): 27페이지〉, 〈긴급재난지원금 가구구성 및 이의신청 처리기준(2차): 14페이지〉……

이들 자료는 기본적으로 주민등록에 대한 개념이 어느 정도 잡혀 있어야 소화가 가능한 자료다. 무엇보다, 이들 자료로도 쉽게 설명되지 않는 케이스가 너무나 많았다. 독특하고 다양한 케이스가 행정의 최일선 현장에서는 넘치고 또 넘쳐 났다. 지방공무원들이 건강보험과 급여 업무를 알지 못하기 때문에 정확한 답을 하는 데 어려움이 많았다. 게다가 상담하러 온 시민들이 알고 있는 정보가 사실과 다른 경우도 많다. 국민 각 개인의 주소, 가족관계, 건강보험 자격 상태에 대한 정확한 정보가 없는 상태에서 설명 자료만을 토대로 상담하는 일은 정확한 행정 서비스를 제공하는 데 있어 분명한 한계가 있었다.

가구원 수가 잘못되었다고 생각하는 국민은 '이의 신청'을 해야 했다. 가장 흔한 이의 신청은 이런 것이다. '우리 가족은 3인 가구인데, 2인 가구로 조회된다. 2인 가구가 아니라 3인 가구로 처리하기 바란다.' 60만 원이 아니라 80만 원을 받아야 한다는 것과 같은 말이다. 이의 신청 내용이 맞는지 그른지 판단하고 인용, 기각 결정을 통보하는 일도 지방공무원의 몫이었다.

이미 신용·체크카드를 통해 지원금을 받은 국민들이 많았지만, 동 주민센터에 와서 신청하는 것을 선호하는 국민들도 많았다. 2020년 5월 한 달 동안은 긴급재난지원금 체제로 동 주민센터가 움직였다.

국가에 감염병이나 특수한 사태가 예기치 않게 발생했을 때에는 이런 일을 맡아서 처리하게 될 수 있다는 것을 예시로 소개했을 뿐이다. 각자 맡은 업무와 그 일에 최선을 다하는 사람만이 있을 뿐이다. 수고한 것을 생색내며 스스로 자랑하는 공직자는 없다.

코로나19 감염병의 최일선 현장에서 직접 환자를 돌보는 일을 했던 의료진, 감염병 업무의 주무부처로서 가장 무거운 의사결정을 내리고 매일 현장 상황을 점검하며 국민들을 대상으로 브리핑을 했던 질병관리본부, 확진자가 많이 발생한 지역으로서 지역사회 감염 예방과 대응을 위해 아주 구체적이고 실질적인 일을 수행했던 대구·경북·수도권 지자체, 그리고 각자의 역할에 최선을 다했던 봉사자와 국민들을 생각한다면, 이런 고유 업무가 얼마나 중요하고 공직자가 마땅히 챙겨 해야 할 일인지 충분히 알 수 있을 것이다.

공채생이 못할 일은 없다

9급 공채생이 실제 행정 현장에서 접하게 될 만한 업무를 소개했다. 나는 9급 일이 다람쥐 쳇바퀴 도는 듯한 단순·반복 업무라는 인식에 동의하지 않는다. 한국 사회는 다이내믹하다. 복잡한 사회 문제에 대응하기 위해 다양한 정책이 논의되고 있다. 정책이 결정되고 시행되면, 9급 공채생은 각자 특별하고 고유한 사연을 가진 수많은 정책 대상자를 행정의 최일선에서 직접 마주하면서 정책을 집행하게 된다. 9급 공채생의 직장 생활 역시 급격한 사회 변화와 정책 대상자의 다양한 사연에 따라 역동적일 수밖에 없다. 따라서 이 복잡하고 다이내믹한 한국 사회의 공직자로서 긴장감을 갖춰 둘 필요가 있다.

그렇다고 해서 너무 심각하게 걱정하거나 두려워할 필요도 없다. 감염병, 미세먼지, 기후 변화, 저출산·고령화, 청년실업, 고용 불안정, 양극화 현상…… 9급 공채생에게 이를 일거에 해결할 수 있는 방책을 오늘 퇴근하기 전까지 가져오라고 지시하는 상사는 없다. 다만, 현대 사회 문제가 사악하다는 사실을 인식하고, 공직 자로서 언제든 정부가 시행하는 정책에 투입될 수 있음을 기억해 두자.

"공채생이 못할 일은 없다."

예전에 어떤 고참으로부터 들었던 말이다. 그때 들었던 말의 의 미를 나는 지금에 와서 이렇게 해석해 본다.

"공채생의 능력으로, 정부 정책의 취지와 법 규정에 의거해서, 국가와 국민과 공익을 위한 대의명분을 갖고 일한다면, 딱히 못할 일은 없다."

여기에 하나 더, 체력이 출중하다면 더더욱 못할 일이 없을 것 같다. 힘든 일이 많지만, 법 규정과 대의명분은 능히 여러분을 보 호해 줄 것이다. 게다가 여러분이 갖고 있는 능력은 여러분이 생각 하는 것보다 훨씬 출중하다. 그 능력을 승진, 일신의 영달, 상급자 에게 사랑받기 같은 무리한 것에 쓰지 않고, 국가와 국민의 이익, 그리고 여러분 스스로의 의미 있는 삶에 쓴다면 여러분에게 행운 이 따를 것이라 믿는다.

4장과 5장에 걸쳐 신참 9급 공채생이 하게 될 일을 대략적으로 살펴봤다. 보다 자세한 내용은 3부에 집중적으로 소개하게 될 것 이다. 현대 정부가 하는 일은 너무나 방대하고 복잡하며, 나 역시 모든 정부 조직을 경험한 것이 아니기 때문에 이 책에서 모든 것을 소개할 수는 없다. 신입 9급 공채생은 주로 정책을 집행하는 일에 업무 역량을 투입한다. 정형적인 업무라 해도 구체적인 사안은 복잡할 수 있다. 또한 정책 대상 집단과 민원인은 더 많은 서비스를 요구한다. 따라서 자신이 맡은 일의 법 규정을 완벽하게 꿰차고, 이에 대해 시민들에게 객관적으로 또는 친절하게 설명해 주는 태도가 필요한 것이다. 이따금 여러분에게 익숙하지 않은 일이 주어질 수도 있지만, 공채생이 못할 일은 없으니, 너무 많이 걱정할 필요는 없을 것 같다.

지금까지 1부에서는 21세기 초엽의 한국에서 왜 9급 공무원 일이 만만치 않은지 살펴봤다. 고용 불안 시대에 좋은 경력을 쌓지 못하고 마침내 노동시장에서 선택받지 못했던 경험, 행정 최일선에서 관찰했던 시민들의 모습, 하급 실무자로서 느꼈던 업무의 무거움, 과도기 시대에 있는 사람으로서 피해 갈 수 없는 숙명을 토대로 한 분석이었다.

시민들이 왜 나에게 화가 나 있는지, 왜 지금 이 시기에 공무원 일이 이토록 힘든지 대략이라도 알고 있다면 조직과 일 적응에 도움이 될 것이라 믿는다. 이러한 맥락과 현실을 이해한다면, 그리고 과도기 시대에 있는 사람으로서의 숙명을 받아들인다면, 시민에게 더 좋은 서비스를 펼칠 수 있고, 기존 조직원을 소중한 인격체로서 존중할 수 있을 것이라는 게 내 기본적인 생각이다.

이제 2부에서는 여러분이 일하게 될 정부 조직과 그 구성원에 대해 본격적으로 살펴보도록 하겠다. 여러분이 궁금해할 만한 보수와 연금에 대해서도 자세히 설명해 보려 한다. 1부에서 충분히 설명한 것처럼 공무원 조직은 만만치 않다. 갑갑한 조직문화, 다양한 사람들, 깊이 숨겨 둔 복잡다단한 마음, 세대 갈등, 가십의 소비와 유통, 사단과 칠정, 블랙 코미디…… 의외로 다이내믹한 세계가 그곳이다.

복지정책 성패는 일선 공무원이 좌우

행정의 최일선에서 공공 서비스를 직접 전달하는 공무원들을 가리키는 이른바 '가두(街頭)관료'라는 학술 용어가 있다. 일상적 대민 업무가 많은 경찰·소방·복지·보건의료·교육·법률구조 등의 분야에 종사하는 하위직 공무원들이 특히 여기에 해당한다.

이 용어는 1980년 마이클 립스키 교수가 《가두관료제(Street -Level Bureaucracy)》라는 제목의 책을 미국에서 출간하면서 처음으로 소개됐다. 이 책의 내용은 크게 두 가지로 요약할 수 있다. 공공정책은 그것을 집행하는 가두관료(일선 공무원)들에 의해 최종적으로 마무리된다는 것, 그리고 그 과정에서 그들의 재량이 개입되며, 이로 인해 본래의 정책 의도와는 다른 결과가 산출될 수 있다는 것이다.

찬반 여부를 떠나, 가두관료제 개념을 통해 우리가 배우게 되는 핵심 명제는, 아무리 좋은 목적의 정책이라도 그것의 실현은 그 정책을 최종적으로 집행하는 공무원들에 의해 좌우된다는 것이다.

올 들어 세 명의 복지공무원이 스스로 목숨을 끊는 안타까운 사건이 발생했다. 모두들 과다한 업무량과 복지행정 업무 특유의 심한 스트레스로 인해 그와 같은 극단적인 선택을 했다고 한다. 국민의 행복을 증진하기 위한 복지행정이 막상 그 일에 종사하는 공무원들의 극심한 고행 위에서 추진되고 있었던 셈이다.

특히 2000년에 '국민기초생활보장 제도'의 도입을 계기로 사회보험 위주이던 과거에 비해 행정 업무량이 엄청나게 늘어

나고 있다. 그 반면에 복지공무원의 증원은 미미했다. 지난 6년 동안 복지 지원 대상자는 140%가량 늘었으나, 복지공무원의 증원은 10%에도 미치지 못했다는 통계가 있다. 정부도 최근에 복지공무원을 증원하는 계획을 마련, 추진 중이기는 하다. 그러나 복지정책 확대에 비례해 공무원 수를 무한정 늘린다면 이 또한 부작용이 따른다.

따라서 거버넌스 체계의 구조적 개혁이 병행돼야 한다. 중앙부처가 추진하는 정책 가운데 고도의 전문성과 일관성이 필요한 경우를 제외하고는 그 집행을 직접 추진하기보다는 지자체들에 맡기는 게 바람직하다.

그러나 중앙부처들이 경쟁적으로 추진하는 정책의 집행을 지자체에 무작정 '던지는' 식으로 전가해 이른바 '깔때기' 현상을 초래해선 곤란하다. 중앙부처들이 상호 조정 없이 지자체에 전가함으로써 복지 서비스의 중복과 사각지대가 동시에 발생하는 현상도 해소해야 한다.

제18대 대선 과정에서 있은 후보들 간의 공약 경쟁에서도 짐작할 수 있듯이, 복지정책의 수요는 당분간 지속적으로 늘어날 것이다. 그러나 복지국가는 정책의 수립만으로 실현되지 않는다. 그것을 최종적으로 국민에게 전달하는 가두관료제에 관심을 가져야 하는 이유다.

정용덕 서울대 행정대학원 교수. 문화일보. 2013. 3. 26.

2부 9급이 마주하게 될 조직과 조직원

조직 적응이 우선인 이유는
조직 적응이 제일 어렵기 때문이다.

6장

월급이
얼마인가요

월급을 줄여서 말하는 유일한 직종

　민간기업에 다니는 선배나 친구가 있다면 월급이 얼마인지 물어보라. 모두가 그런 것은 아니겠지만, 대부분 자신의 손에 직접 쥐어지는 실수령액이 아니라 세금을 떼어 가기 전의 연봉액을 말할 것이다. 실제로 연봉은 노동자와 사용자 간 협상을 진행한 뒤 세금이 포함된 세전税前 금액으로 책정된다. 그리고 기왕이면 더 많은 금액으로 연봉액을 말하려 하는 것이 샐러리맨의 자연스러운 심리다.

하지만 공무원의 대답은 이와는 사뭇 다르다. 월급이 얼마냐고 물어볼 때 연봉 총액을 말하는 하급 공무원은 없다. 실제 내 손에 쥐어지는 금액을 월급으로 말한다. 게다가 각종 수당은 포함하지 않고 기본급의 실수령액만 밝힌다. 한국에서 월급을 줄여서 말하는 유일한 직종이 있다면, 그것은 아마도 공무원이 아닐까.

복잡한 보수 체계: 기본급과 18종의 수당

좀 더 정확하게 말한다면 자신의 연봉과 월급을 정확하게 아는 공무원이 많지 않다. 이 말이 믿기지 않는가? 하지만 사실이다. 공무원의 보수 체계가 심히 복잡하기 때문이다. 공무원의 보수 체계는 크게 기본급과 수당으로 구분해 볼 수 있다.

기본급

기본급은 봉급이라고도 말한다. 기본급은 공무원 보수규정 제5조의 규정에 따라 정해진다. 우리가 인터넷에 '공무원 봉급표'를 검색할 때 나오는 검색 결과는 이 공무원 보수규정의 [별표 3] '일반직 공무원과 일반직에 준하는 특정직 및 별정직 공무원 등의 봉급표'다. 공무원 지망생 또는 현직 공무원이 이에 대한 정보를 얻고자 한다면, 앞으로는 출처가 명확한 법제처 국가법령정보센터 홈페이지(http://www.law.go.kr)를 통해 공무원 보수규정 [별표 3]을 확인하는 것이 좋겠다.

IMF 외환위기 때에는 1997년의 기본급이 1999년까지 동결되기도 했다. 이때 9급 1호봉의 기본급은 369,100원이었다. 십만 원 단위에 오타가 있는 게 아니냐고? 법제처 국가법령정보센터 홈페이지는 모든 법령의 연혁을 제공한다. 그 시기에 해당하는 [별표 3]을 확인해 보면 이 수치가 오타인지 진실인지 확인할 수 있다.

여기서 잠시 IMF 외환위기가 터지기 직전, 1997년 여름에 입직한 고참이 첫 월급을 받고 나서 어머니와 나눴던 대화를 들어 보자. 첫 월급을 타면 부모님께 빨간 내복을 사 드렸던 시절이지만, 월급봉투 안에 있던 현찰과 월급 명세서를 확인한 그는, 일단은 어머니께 월급을 다 드리기로 마음먹었다.

97년 공채생: 어머니, 첫 월급 나왔어요.

　어머니: 그래, 고생 많았다.

　　(97년 공채생은 어머니께 월급봉투를 드리고, 어머니는 건네받는다. 어머니, 월급봉투 안의 현찰을 보고 나서 표정이 어두워진다. '어, 이게 정말 다인가' 하는 표정. 월급 명세서를 유심히 보지만, 봉투에 담긴 그 금액 그대로다. 잠시 침묵.)

　어머니: ……그래, 고생 많았다.

　　(똑같은 대사 두 번. 그만큼 충격적인 월급액. 아마도 한 달 동안 고생한 아들의 마음에 상처를 줄까 싶어서 한 번 더 격려의 말씀을 건네셨을 것이다. 어머니와 아들 모두 잠시 침묵.)

어머니: ······그래, 앞으로 이 돈으로 어떻게 사니.

97년 공채생: 너무 걱정하지 마세요, 어머니. 굶어 죽기야 하겠어요.

글로벌 금융위기 때에도 2008년의 기본급이 2010년까지 동결되었다. 이때 9급 1호봉의 기본급은 820,100원이었다.

2020년 현재 9급 1호봉의 기본급은 1,642,800원, 9급 2호봉의 기본급은 1,665,400원, 9급 3호봉의 기본급은 1,703,100원이다.*
2020년 최저임금 월급은 1,795,310원이다. 기본급만을 기준으로 한다면 신입 공무원의 보수는 최저임금보다 낮은 수준이다.

여기에서 공제액이 있다. 이 기본급에서 빠지는 금액이 있다는 말이다. 기여금(퇴직 후 공무원연금을 받기 위해 내는 보험료), 건강보험료, 소득세, 주민소득세 등이다. 내가 소속된 기관의 급여명세서 서식은 다음 표와 같다. 급여명세서 서식은 기관에 따라 다를 수 있다. 이것저것 떼고 나면, 2020년 현재 9급 1호봉 1년 차 공채생의 기본급 실수령액은 약 132만 원이다.

---

* 군 복무 또는 일정한 경력을 인정받으면 처음 임용될 때 1호봉보다 더 높은 호봉이 책정된다. 이에 대해 자세한 내용이 궁금하다면 공무원 보수규정 [별표 16]을 참고하기 바란다.

급여명세서 서식

부서	○○○구 ○○○과 또는 ○○○동				지급·공용	9급 1호봉	성명	○○○

급여총액

봉급	성과연봉	정근·정근가산	대우수당	가족·육아	학비보조	모범수당	관리업무	급여총액(A)
1,642,800	0	0	0	0	0	0	0	1,642,800
기술·전산	의료·연구	개방형·전문관	민원·사회	정례·행정	의회·단속	위험·특수지	청경수당	제외·파견
0	0	0	0	0	0	0	0	0
특수직무사서	특수직무동	특수직무 시간제	업무대행	비상수당	우수대민			
0	0	0	0	0	0			

공제총액

소득세	지방소득세	건강보험	예외 건강보험	기여금	소급기여	함산반납	용자·학자금	공제총액(B)
약 30,000	약 3,000	약 90,000	0	약 200,000	0	0	0	약 323,000
행정공제·일반	단체회비	상조회비(시·구)	국민연금	고용보험	소액가부	소액예치	퇴직정산소득	퇴직정산지방
0	0	0	0	0				
정산소득	정산지방·농특					이체예치	퇴직정산소득	실수령액(A-B)
0	0							약 1,319,800

수당

인사혁신처는 기본급과 수당으로 구성되는 공무원 보수 체계를 설명함에 있어 홈페이지에 18종의 수당을 소개하고 있다. 공무원에게 지급되는 수당이 무려 18종에 달한다는 것은 현직 공무원인 나조차 이 책을 쓰면서 처음 알았다. 짐작하고 있겠지만, 신참 일반행정직 공무원이 이 18종의 수당을 모조리 빠짐없이 다 받는 것은 아니다.

이제부터 2020년 기준으로 신참 9급 공무원이 실제로 받게 되는 수당을 살펴보도록 하자. 한 번 더 강조하겠다. 여기에서 제시하는 금액은 모두 2020년 기준이다.

수당과 관련된 사항은 '공무원 수당 등에 관한 규정'이라는 대통령령을 근거로 한다. 정부 조직의 일은 내부 행정도 외부 정책도 모두 법과 규정에 따라 수행하게 됨을 이 기회에 기억해 두자. 단적인 예를 들어, 2020년부터 정액급식비라는 수당이 13만 원에서 14만 원으로 만 원 인상되었는데, 이는 공무원 수당 등에 관한 규정 제18조(정액급식비)의 내용이 개정되어 2020년 1월 7일 시행되었기 때문이다.

고정적으로 받게 되는 수당을 먼저 살펴보자.

'정액급식비'라는 명목으로 매달 140,000원이 지급되고, '직급보조비'라는 명목으로 매달 145,000원이 지급된다. 정액급식비와 직급보조비를 합쳐서 '복리후생비'라 부르기도 한다.

다음으로 '명절휴가비'. 1년에 두 번, 설날과 추석에 기본급의

60%가 지급된다. 1,642,800원의 기본급을 받는 9급 1호봉 직원은 985,680원을 명절휴가비로 받게 된다.

다음으로 요건이 충족될 때 받을 수 있는 수당을 살펴보자.

'연가보상비'. 이 수당은 주어진 연가年暇·1년에 일정한 기간을 쉴 수 있는 휴가를 다 쓰지 못했을 때 남은 연가일 수를 돈으로 보상해 주는 수당이다.* 1일 치 연가보상비 산출 공식은 다음과 같다.

- 1일 치 연가보상비 = [기본급×86%×(1/30)][22]

이렇게 계산하면 9급 1호봉 직원의 1일 치 연가보상비는 47,093원 정도가 된다. 당연하게도, 주어진 연가를 남김없이 다 쓴 직원에게는 연가보상비를 주지 않는다. 최근에 입직하는 대다수 신참 공채생들은 주어진 연가를 남기지 않고 다 쓰는 추세다.

다음으로는 '초과근무수당'. 시간외근무수당, 야간근무수당, 휴일근무수당이 이에 포함되는데, 현업공무원**으로 지정되지 않는 일반행정직 공무원은 야간근무수당과 휴일근무수당은 받지 않고

---

* 처음 정부 조직에 입직한 신입 공무원에게는 1년에 11일의 연가가 주어진다. 군 복무나 일정한 경력이 인정될 때에는 11일에 하루 이틀 더 추가되기도 한다. 경력에 따른 정확한 연가 일수를 확인하고 싶다면 국가공무원 복무규정 제15조를 참고하기 바란다.

** 기관이나 업무의 특성상 상시근무체제를 유지하기 위해 야간이나 휴일에도 정상근무를 해야 하는 공무원을 말한다. 해당 기관의 판단으로 현업공무원을 지정하게 되는데, 일반행정직이 현업공무원으로 지정될 일은 드물다고 봐도 무방하다.

'시간외근무수당'만을 받는다. 한 시간 치 시간외근무수당 산출 공식은 다음과 같다.

• 1시간 치 시간외근무수당 = [해당 계급 기준 호봉(10호봉) 기본급×55%×(1/209)×150%][23]

9급 시간외근무수당 단가는 8,798원이다. 특이하게도 공무원의 시간외근무수당은 일반 노동자의 그것과 다른 점이 있다. 하루에 1시간을 공제한다. 1시간 초과근무를 하면 초과근무시간은 0시간이고, 2시간 초과근무를 하면 초과근무시간은 1시간이다. 시간외근무를 아무리 많이 해도 하루에 4시간까지만 인정된다. 야간이나 휴일에 근무해도 평일과 동일한 단가로 수당이 책정된다. 시간외근무를 전혀 하지 않아도 한 달에 10시간이 기본으로 인정된다.

한 달 기준으로도 상한선이 정해져 있는데, 기관에 따라 47시간, 57시간 등 상한 시간이 다를 수 있다. 따라서 기본으로 인정되는 10시간을 합치면 57시간, 67시간이 된다. 대다수 신참 공채생들은 정시 퇴근을 선호하기 때문에 굳이 이 상한 시간까지 초과근무를 하려 하지 않는다. 내가 소속된 기관은 월 최고 67시간(57시간+기본 10시간)의 시간외근무수당을 지급한다.

극단적인 예를 들어 보자. 초과근무를 전혀 하지 않는 9급 직원은 한 달 치 초과근무수당으로 87,980원(= 8,798원×10시간)을 받게 되고, 초과근무시간을 꽉 채운 9급 직원은 589,460원(= 8,798원×67시간)을 받게 된다. 50만 원가량 차이가 난다. 1년으로 따지면 600

만 원가량 차이가 난다.

연가보상비와 시간외근무수당 단가 공식을 볼 때 어떤 생각이 드는가? 상당히 복잡하지 않은가? 30분의 1은 한 달 대비 하루치 단가를 내기 위한 수치이고, 209분의 1은 1년 대비 하루치 단가를 내기 위한 수치일 것으로 짐작해 본다. 86%, 55%, 150%⋯⋯ 이 수치들은 도대체 어떤 절차와 어떤 메커니즘으로 결정된 것일까?

게다가 이 두 가지 수당의 단가가 매년 고정되어 있는 것도 아니다. 산출 공식에 기본급이 포함되어 있으므로 기본급에 변동이 있게 되면 47,093원과 8,798원이라는 단가가 바뀌게 된다. 승진할 때도 역시나 단가가 바뀌게 된다. 상황이 이러하니 공무원 월급을 짐작하기가 어려운 것이다. 공무원 월급을 정확하게 측정할 수 있는 방법은 지난해 1월부터 12월까지 12개월 동안 공무원이 실제로 받은 보수 결과 금액을 그대로 제시하는 방법, 그것이 유일하지 않을까 싶다.

가족수당, 자녀학비보조수당, 육아휴직수당, 특수지근무수당, 위험근무수당, 업무대행수당은 이 수당을 받을 요건이 충족될 때 받을 수 있다. 자녀학비보조수당, 육아휴직수당은 이에 해당되는 공무원에게는 매우 보편적인 수당이지만, 20대 후반, 30대 초반의 1년 차 공무원이 이 수당을 받는 경우는 아마도 많지 않을 것 같다. 특수지근무수당, 위험근무수당, 업무대행수당을 받는 일반행정직 공무원 역시 그리 많지 않을 것이다.

대우공무원수당, 정근수당*, 성과상여금**, 특수업무수당은 일반행정직 신참 9급 1호봉 1년 차 공무원과는 관계없는 수당이라고 봐도 큰 무리가 없다. 군법무관수당, 관리업무수당은 확실하게 해당사항 없는 수당이다.

지금까지의 설명을 토대로 신입 9급 1호봉 1년 차 공무원이 확실하게 받게 될 수당(○), 해당되면 받을 수 있는 수당(△), 받을 일이 전혀 없거나 거의 없는 수당(×)으로 분류해 보자. 다음 그림과 같이 정리해 볼 수 있다.

---

* 정근수당은 매년 1월과 7월에 받게 되는 수당으로서 1년 미만 재직자에게는 지급되지 않는다. 따라서 공무원이 되기 전에 군 복무 경력 또는 일정한 경력이 없는 9급 1호봉 1년 차 공무원에게는 정근수당이 지급되지 않는다. 하지만 군 복무나 일정한 경력으로 인해 1년 이상 근무한 것으로 인정받은 공무원은, 정근수당이 지급되는 1월과 7월 이전에 1개월 이상 월급을 받았다면, 정근수당을 받을 수 있다. 이를 자세하게 알고 싶다면 공무원 수당 등에 관한 규정 제7조(정근수당)와 [별표 2] '정근수당 지급 구분표'를 참고하기 바란다. 호봉이 높아지면 상당한 금액이 되는 수당이다.

** 성과상여금은 지급 대상, 지급 등급, 지급액 비율에 대해 공무원 수당 등에 관한 규정 제7조의 2(성과상여금 등)에 일반적인 규정이 있지만, 자세한 기준이 기관마다 다를 수 있어서 소개하지 않는다.

공무원 보수 체계: 기본급과 18종의 수당

보수

수당 등(18종)

봉급(기본급)
직종별 11개 봉급표
일반직, 공안직, 연구직, 지도직, 일반직 우정직군 등, 전문경력관, 경찰·소방직,
초중고교원, 국립대학교원, 군인, 헌법연구관

수당(14종)

상여수당 (3종)
- × 대우공무원수당 (월봉급액의 4.1%)
- × 정근수당 (월봉급액의 0~50%, 연2회)
  - 정근수당가산금 (월 5~13만원, 5년 이상자)
- 성과상여금 (지급기준액의 0~172.5%, 연1회이상)

가계보전 수당 (4종)
- △ 가족수당 (배우자 월 4만, 기타부양가족 월 2만원, 4인까지)
  - 자녀: 첫째(월 2만원), 둘째(월 6만원), 셋째 이후(월 10만원)
- △ 자녀학비보조수당 (고등학생 자녀의 학비, 분기별)
- × 주택수당 (하사이상 중령이하, 월 8만원)
- △ 육아휴직수당 (월봉급액의 50%, 상한 120~하한 70만원)
  - 단, 첫 3개월은 월봉급액의 80%(상한 150~하한 70만원)

특수지근무수당
- △ 도서, 벽지, 접적지, 특수기관 근무자 (월 3~6만원) 등

특수근무수당 (4종)
- △ 위험근무수당 (위험직무 종사자, 월 4~6만원)
- × 특수업무수당 (특수업무 종사자)
- × 업무대행수당 (육아 휴직자 등 업무대행, 월 20만원)
- × 군법무관수당 (월봉급액의 35% 이하)

초과근무수당 등 (2종)
- ○ 초과근무수당 (5급이하 공무원 시간외근무, 야간근무, 휴일근무)
- × 관리업무수당 (4급이상 공무원, 월 봉급액의 9%)

실비변상 등(4종)
- ○ 정액급식비 (월 14만원)
- ○ 직급보조비 (월 13.5~75만원)
- ○ 명절휴가비 (월봉급액의 60%, 설날·추석날)
- △ 연가보상비 (1급이하, 연가보상일수는 20일내)

자료: 인사혁신처 홈페이지.[24]

- 9급 1호봉 1년 차 공무원 기준(○, △, ×는 저자가 구분)

○ 확실하게 받을 수 있음

△ 해당된다면 받을 수 있음

× 확실하게, 또는 거의 확실하게 받을 수 없음

인사혁신처에서 소개하는 18종의 수당에는 포함되지 않지만, '여비旅費'가 실비實費·실제로 드는 비용 개념으로 지급된다. 출장비라고도 한다. 공무원은 책상 앞에 앉아서 서류를 다룰 때도 많지만, 직접 현장을 확인해야 할 때도 많다. 관할 지역 안에서 현장 업무를 볼 때 출장 시간이 4시간 이상인 때에는 2만 원을, 4시간 미만인 때에는 1만 원을 지급한다.[25] 기관마다 다를 수는 있는데, 월 상한액은 26만 원에서 30만 원 선이다. 과거에는 현장 업무를 수행하지 않고도 여비를 수령하는 허위 출장 관행이 있었다. 그러나 시민 사회의 감시와 통제가 강해지면서 이러한 관행은 급격하게 사라지고 있다.

과거에는 정규 근무시간 외의 시간에 출근해서 일할 때, 즉 초과근무를 할 때 받는 8천 원의 '급량비'가 수당처럼 공무원 개인에게 지급되기도 했다. 특근매식비라고도 한다. 월 상한액은 16만 원 선이다. 하지만 지금은 적절한 예산 집행 방법이 아니라는 당국의 지적으로 인해 이 같은 방식은 사라지고 있는 추세다. 따라서 개인에게 지급되는 수당 개념에서 급량비를 제외해도 큰 무리가 없을 것이다.

결국 9급 1호봉 1년 차 공무원이 일반적으로, 그리고 실질적으로 받게 될 수당은 다음과 같다.

- 정액급식비: 월 140,000원
- 직급보조비: 월 145,000원
- 명절휴가비: 기본급의 60%

• 초과근무수당: 초과근무시간에 따라 유동적

• 여비: 출장 시간과 횟수에 따라 유동적

지금까지 기본급과 18종의 수당, 그리고 실제로는 수당처럼 인식되는 여비까지 모두 훑어봤다. 공무원을 직업으로 고려하는 여러분은 궁금할 것이다.

아, 그래서 도대체 얼마를 받는다는 말이냐

공신력 있는 기관에서 공식적으로 발표한 자료를 보자. 인사혁신처 고시 2020-5호 〈2020년도 공무원 전체의 기준소득월액 평균액 고시〉에 따르면 2020년 기준 9급 1호봉 월평균 보수(봉급과 공통 수당을 합친 금액)는 '약 209만 원'이다('2,09x,xxx원'으로 기재되어 있는 것이 아니라 정말로 '약 209만 원'이라고 기재되어 있다). 2020년 9급 1호봉 기본급이 1,642,800원이었으니, 그 나머지 금액인 약 447,200원이 여러 수당을 합친 월 수당액이 되겠다.

아쉽게도 공신력 있는 기관이 공식적으로 발표한 내용에는 9급 1호봉 공무원의 월평균 보수가 약 209만 원이라는 것 외에 더 이상의 구체적인 정보는 없다. 평균 금액인 만큼 이보다 더 받는 공무원도 있을 것이고, 덜 받는 공무원도 있을 것이다.

여러분이 2020년 1월 1일부터 근무를 시작한 것으로 가정하고,

지금까지 설명한 기본급과 수당의 내용을 참고해서, 다음 표를 엑셀 파일로 만들고 수식을 입력한 뒤 해당되는 금액을 직접 넣으면, 보다 실질적인 대략의 보수를 예상해 볼 수도 있을 것이다. 확실한 수치는 기본급, 정액급식비, 직급보조비, 명절휴가비뿐이다. 나머지 빈칸은 공무원이 먼저 채워 넣을 수 없는 금액이다. 공제되는 세금은 더더욱 그러하다.

12개월 치 공무원 보수 예상표

급여	1월	2월	3월	4월	5월	6월	7월	8월	9월	10월	11월	12월
기본급(A)	1,642,800	1,642,800	1,642,800	1,642,800	1,642,800	1,642,800	1,642,800	1,642,800	1,642,800	1,642,800	1,642,800	1,642,800
공제액 소계(B)												
소득세 공제												
지방소득세 공제												
건강보험 공제												
기여금 공제												
수당 소계(C)												
정액급식비	140,000	140,000	140,000	140,000	140,000	140,000	140,000	140,000	140,000	140,000	140,000	140,000
직급보조비	145,000	145,000	145,000	145,000	145,000	145,000	145,000	145,000	145,000	145,000	145,000	145,000
명절휴가비	985,680									985,680		
초과근무수당												
여비												
보수총계(A+C)												
실수령액(A-B+C)												

이렇게 칸을 비워 두면 여러분의 마음이 허전할 수 있을 것 같다. 대략적인 정보라도 얻고 싶은 것이 여러분의 마음일 것이라 생각된다. 정확한 수치가 아니라는 점에서 위험 부담이 있지만, 지금부터 2020년 1월 1일부터 근무를 시작한, 서울의 구청에서 일하는 9급 1호봉 1년 차 공무원의 2020년 월평균 보수를 구해 보도록 하자. 월급을 줄여서 말하는 나의 소중한 동료들이 이 정보를 어떻게 받아들일지 무척 두렵다.

경제학에서는 이론을 깔끔하게 제시하기 위해 복잡한 현상이나 돌발 변수를 단순하게 통제하거나 없는 것으로 가정한 뒤 원인과 결과를 분석하곤 한다. 이 책에서도 이와 비슷한 과정을 거쳐서 9급 1호봉 1년 차 공무원의 월평균 보수를 구해 보도록 하겠다. 몇몇 수당과 공제액에 대해 가정이 필요하다. 나름 최대한 현실을 반영하려 했지만, 누군가에게는 이 가정이 억지스러울 수도 있음을 감안하기 바란다.

첫째, 연가보상비, 가족수당, 자녀학비보조수당, 특수지근무수당, 위험근무수당, 특수업무수당, 업무대행수당처럼 받을 가능성이 높지 않은 수당액은 0원으로 가정하자.

둘째, 초과근무수당은 월 175,960원(= 8,798원×20시간)으로 가정하자. 초과근무시간을 월 20시간(월 10시간+기본 10시간)으로 가정한 것이다.[*]

셋째, 여비는 월 10만 원(= 10,000원×4시간 미만 출장 10회)으로 가정하자.[**]

넷째, 기본급에서 공제하게 되는 소득세는 3만 원, 지방소득세는 3천 원, 건강보험료는 9만 원, 기여금(공무원연금 보험료)은 20만 원으로 가정하자(2년가량의 현역 군 복무를 마친 남자 공무원은 입직 후 2호봉 또는 3호봉의 봉급을 받게 되고, 군 복무 기간을 공무원연금법상 재직기간으로 인정받고자 하는 사람은 20만 원이 아닌 40만 원가량의 기여금을 낸다. 이를 반영해서 계산하지는 않지만, 이 사실도 감안해 두면 좋을 듯하다).***

각 개인의 실제 상황이 위의 가정과 다른 경우에는, 결과 금액도 당연히 다르게 나타나게 된다. 초과근무를 20시간보다 적게 하는 직원은 결과 금액보다 덜 받고, 20시간보다 많이 하는 사람은 결과 금액보다 더 받게 될 것이다.

마지막으로 감안할 것이 있다. 서울의 구청에서 일하는 지방공무원은 국가직 공무원이나 다른 지역의 지방공무원보다 상대적으로 보수가 더 많은 것으로 알려져 있다. 모든 9급 1호봉 1년 차 공무원이 이 정도 보수를 받는다고 판단해서는 곤란하다.

위의 네 가지 가정을 적용해서 산출한 공무원 매월 보수는 다음 표와 같다.

---

* 고참에 비해 신참의 초과근무시간이 줄어드는 것은 분명한 추세다. 하지만 초과근무를 선호하지 않는 신참이라 해도 반드시 해야 할 일이 있어서 근무 명령이 내려진다면 의무적으로 일해야 할 때가 있다. 또한 초과근무를 최대한 많이 하려는 신참도 있다. 그래서 초과근무시간을 일률적으로 정하는 일은 억지스러운 일이다. 다음과 같은 방법으로 기준 시간을 산출했다. 주위에서 초과근무를 거의 하지 않는 사람과 초과근무를 꽉 채워서 하는 사람은 제외하고 그 외 신참 9급 직원들이 평균적으로 하는 초과근무시간을 물은 뒤 그 시간의 평균을 냈다. 과학적인 방법론이라고 말하기는 어려울 것이다.

** 극단적으로 여비를 받지 않거나 꽉 채워서 여비를 받는 직원의 경우는 제외하고 그 외 신참 9급 직원들이 평균적으로 받는 여비를 물어본 뒤 평균을 냈다. 역시나 과학적인 방법론이라 말하기는 어렵다.

*** 신참 9급 1호봉 1년 차 공무원의 양해를 얻고 소득세, 지방소득세, 건강보험료, 기여금의 구체적인 액수를 물어봤다. 이따금 불규칙한 달이 있지만, 이 정도 금액으로 가정하는 데 큰 무리가 없을 듯하다.

서울 구청 공무원의 급여 상세

급여	1월	2월	3월	4월	5월	6월	7월	8월	9월	10월	11월	12월
기본급(A)	1,642,800	1,642,800	1,642,800	1,642,800	1,642,800	1,642,800	1,642,800	1,642,800	1,642,800	1,642,800	1,642,800	1,642,800
공제액 소계(B)	-323,000	-323,000	-323,000	-323,000	-323,000	-323,000	-323,000	-323,000	-323,000	-323,000	-323,000	-323,000
소득세 공제	-30,000	-30,000	-30,000	-30,000	-30,000	-30,000	-30,000	-30,000	-30,000	-30,000	-30,000	-30,000
지방소득세 공제	-3,000	-3,000	-3,000	-3,000	-3,000	-3,000	-3,000	-3,000	-3,000	-3,000	-3,000	-3,000
건강보험 공제	-90,000	-90,000	-90,000	-90,000	-90,000	-90,000	-90,000	-90,000	-90,000	-90,000	-90,000	-90,000
기여금 공제	-200,000	-200,000	-200,000	-200,000	-200,000	-200,000	-200,000	-200,000	-200,000	-200,000	-200,000	-200,000
수당 소계(C)	1,546,640	560,960	560,960	560,960	560,960	560,960	560,960	560,960	560,960	1,546,640	560,960	560,960
정액급식비	140,000	140,000	140,000	140,000	140,000	140,000	140,000	140,000	140,000	140,000	140,000	140,000
직급보조비	145,000	145,000	145,000	145,000	145,000	145,000	145,000	145,000	145,000	145,000	145,000	145,000
명절휴가비	985,680	0	0	0	0	0	0	0	0	985,680	0	0
초과근무수당	175,960	175,960	175,960	175,960	175,960	175,960	175,960	175,960	175,960	175,960	175,960	175,960
여비	100,000	100,000	100,000	100,000	100,000	100,000	100,000	100,000	100,000	100,000	100,000	100,000
보수총계(A+C)	3,189,440	2,203,760	2,203,760	2,203,760	2,203,760	2,203,760	2,203,760	2,203,760	2,203,760	3,189,440	2,203,760	2,203,760
실수령액(A+B+C)	2,866,440	1,880,760	1,880,760	1,880,760	1,880,760	1,880,760	1,880,760	1,880,760	1,880,760	2,866,440	1,880,760	1,880,760

이제 월평균 보수를 제시해 보도록 하겠다. 9급 공채생들은 설날과 추석의 명절휴가비가 1년에 두 번 지급된다고 생각하지, 12개월에 나눠서 지급된다고 생각하지 않는다. 이들이 현실적으로 체감하는 월급액을 산출하기 위해 일단 명절휴가비를 제외하고 금액을 산출해 보자. 그러면 한 달에 받는 총 보수액은 약 220만 원, 기여금과 세금을 공제한 실수령액은 약 188만 원이 된다.

이제 명절휴가비까지 포함한 금액을 산출해 보자. 한 달에 받는 총 보수액은 약 237만 원, 기여금과 세금을 공제한 실수령액은 약 204만 원이다.

기본급과 수당을 이처럼 자세하게 분석하고 공개한 문헌은 아마도 많지 않을 것이다. 보수를 굳이 자세하게 알리고 싶어 하지 않는 공직사회의 문화도 그 배경이 되었던 것 같고, 한편으로는 이 복잡한 보수 체계를 정리하고 개인마다 차이가 큰 수당 금액을 대표성 있는 수치로 나타내는 일이 녹록지 않은 것도 큰 이유가 되지 않았을까 싶다.

낮은 기본급, 여러 종의 수당, 복잡한 보수 체계는 단 한 권의 예외 없이 모든 행정학 교과서가 지적하고 있는 문제점이다. 하지만 간소하게 개혁될 기미는 보이지 않는다. 만약 고정적으로 받게 되는 정액급식비 140,000원, 직급보조비 145,000원, 초과근무수당 정액분 87,980원을 기본급 1,642,800원에 추가하면 2,015,780원이 된다. 이들 고정 금액 수당만 기본급에 포함시켜도 9급 1호봉 기본급의 '최저임금 미만 논란'은 종결된다. 이렇게 하지 못하는 이유는 무엇일까? 나 같은 평범한 9급 공채생이 미처 알지 못하는 중요한 이유와 명분이 있을 것이라 믿는다.

• 9급 1호봉 1년 차 공무원의 월평균 보수:

세전 약 237만 원

실수령액 약 204만 원

여러분은 이 월급액에 대해 어떻게 생각하는가.

만족할 만한 수준이라 느낄 사람도 있을 것이고, 그렇지 않은 사람도 있을 것이다. 공무원 보수보다 낮은 월급에, 그 월급조차 제때 받을 수 없었던 회사를 다녔던 나는, 공무원들이 월급으로 얼마를 받는지 궁금해했던 적이 없다. 하지만 이 시대 구직자가 모두나 같은 케이스일 리는 없다. 직업을 고려할 때 그 직업의 미래 전망은 반드시 감안해야 할 요소임에 틀림없고, 월급이 얼마인지 궁금해하는 것은 너무나 자연스러운 일이다. 그래서 나름 최대한 자세하게 소개했다. 한국 공무원의 보수는 자세하게 소개하지 않고는 도무지 정확한 실체에 접근하기 어려운 분야이기도 하다.

길게 설명하기는 했지만, '월급에 대해 너무 걱정하지 않아도 된다'는 것이 내가 여러분에게 해 주고 싶은 말이다. 이 월급으로 대출 없이 서울 아파트를 살 수는 없다. 하지만 생계가 유지되지 않는 수준의 월급을 공무원에게 주는 국가는 없다.

그리고 누차 말했지만, 고용 불안정의 시대다. 더 높은 보수를 받을 수 있는 역량이 여러분에게 있다 해도 이 직업을 선택했다면 현재의 보수 수준에 만족하는 것이 바람직하다. 코로나19 감염병 사태로 인해 자영업자의 매출이 평상시의 3분의 1, 4분의 1로 떨어 졌다. 평상시의 10분의 1, 아예 매출이 전혀 없다고 말하는 자영업 자들도 많았다.[26] 자영업자는 경기에 영향을 받을 수밖에 없고, 코 로나와 같은 감염병은 이들에게 그야말로 직격탄이다. 공무원은 이 런 외부 충격에 간접적인 영향을 받을 수는 있어도 직접적인 영향 을 받지는 않는다. 여러분이 이 직업을 고려하게 된 이유 가운데 고 용 불안이 있다면, 여러분이 느꼈던 불안감의 크기만큼 자영업자 와 서민 노동자의 마음에 필히 공감하는 마음을 가졌으면 좋겠다.

공무원연금, 언제나 개혁의 대상

공무원의 인기가 높지 않았을 때 퇴직 공무원들이 연금을 얼마 정도 받는지 궁금해하는 사람은 없었다. 하지만 공무원이라는 직 업의 인기가 높아지면서, 그리고 저출산·고령사회가 되면서 공무 원연금도 국민적인 관심을 받기 시작했다. 많이 받아서 마음에 안 든다는 비판적인 시각이 중론이다.

최근 공무원연금은 두 번의 개혁이 이루어졌다. 2009년 즈음 에 논의되었던 개혁안은 개정된 공무원연금법 2010년 1월 1일 시 행으로, 2015년 즈음에 논의되었던 개혁안은 개정된 공무원연금법 2016년 1월 1일 시행으로 공식 제도화되었다.

공무원연금 개혁은 언제나 공무원에게 불리한 방향으로 진행되어 왔고, 앞으로도 계속 그럴 것이다. 모수某數 조정안—기여율이나 지급률 같은 '숫자'를 바꾸는 일—이 아닌 구조 개혁안이 논의되기도 했지만, 아직 그런 급격한 개혁이 이루어지지는 않았다. 결과적으로 '더 내고 덜 받는' 것으로 개혁이 이루어졌다. 2010년과 2016년의 개혁 내용은 다음 표와 같다. 변경된 사항도 많고 복잡한 경과 규정*도 많지만, 여러분의 입장에서, 여러분에게 중요하다고 여겨지는 몇 가지 사항만 소개하겠다.

공무원연금 개혁 결과[27]

구분	2010년 개혁	2016년 개혁
기여율(보험료율)	기준소득월액의 7%	기준소득월액의 9% (2020년까지 단계적 인상)
연금 지급률	재직기간 1년당 1.9%	재직기간 1년당 1.7% (2035년까지 단계적 인하)
연금 지급 개시 연령	2009년 이전 임용자 60세 2010년 이후 임용자 65세	임용 시기 구분 없이 65세 (퇴직연도별로 단계적 연장)
연금 수급 요건	20년 이상 재직	10년 이상 재직

우선 '내는 돈'. 기준소득월액의 9%를 낸다. 공식으로 표현하면 다음과 같다.

- 월 기여금 = [기준소득월액×기여율 9%]

---

* 과거의 법에서 새로운 법으로 바뀌는 데 따르는 여러 가지 조치의 규정.

여기에서 '기준소득월액*'은 재직 중에 내는 기여금과 퇴직 후에 받는 연금을 산정할 때 기준이 되는 공무원 개인의 소득 자료로서, 무척이나 복잡한 개념이다. 정확한 내용과 산출 공식은 각주를 참고하기 바란다.

앞서 신참 9급 1호봉 1년 차 공무원이 내는 월 기여금이 대략 20만 원 정도 된다고 말했다. 이 주어진 기여금을 이용하면 9급 1호봉 1년 차 공무원의 기준소득월액을 구해 볼 수도 있다. 관심 있는 독자는 한번 계산해 보기 바란다.

다음은 '받는 돈'. 재직기간 1년당 평균 기준소득월액의 1.7%를 받는다. 공식으로 표현하면 다음과 같다.

- 월 퇴직연금 = [평균 기준소득월액×지급률 1.7%×재직기간(년)]

이제 2020년 1월 1일에 입직한 공무원이 10년 이상 재직한 후 퇴직했을 때 65세부터 받게 될 공무원연금(퇴직연금)이 어느 정도 될

---

* 공무원연금법 제3조(정의)에서는 '기준소득월액'을 다음과 같이 정의하고 있다. '기준소득월액이란 기여금 및 급여 산정의 기준이 되는 것으로서 일정 기간 재직하고 얻은 소득에서 비과세소득을 제외한 금액의 연지급합계액을 12개월로 평균한 금액을 말한다.' 지난해 12개월을 모두 근무한 공무원의 경우, 기준소득월액의 공식은 다음과 같다. • 기준소득월액 = [[전년도 개인 과세소득−개인별 3개 수당(성과급여, 초과근무수당, 연가보상비)+직종·직급별 3개 수당(성과급여, 초과근무수당, 연가보상비)÷12]×1(+보수 인상률)] 공무원연금공단 블로그〉연금〉공무원 기준소득월액 참고. https://blog.naver.com/geps_hongbo/221282075915 검색일: 2020. 3. 14. 자신의 3개 수당뿐 아니라 직종·직급별 3개 수당이 공식에 포함되어 있다. 자신의 수당액뿐 아니라 남들이 받는 수당액도 고려된다는 얘기다.

지 대략 계산해 보자. 역시나 기준소득월액과 근무기간 등 구체적인 기준을 어떻게 잡느냐에 따라 천차만별의 결과 금액이 나오게 될 것이다. 다음 표와 같은 수식이 입력된 엑셀 파일을 만들면 예상 금액을 산출해 볼 수 있다.

공무원연금(퇴직연금) 예상 수령액 수식

퇴직 시 예상되는 평균 기준소득월액 '**년 동안 다니면 월평균 기준소득월액이 이 정도 되지 않을까?'	예상 재직기간 '**년 정도 다니게 되지 않을까?'	65세부터 받게 될 공무원연금(퇴직연금) 예상 수령액
직접 입력(A)	직접 입력(B)	=(A)×1.7%×(B)

수식이 입력된 엑셀 파일은 만들었지만, 모든 것이 불확실하다. 기준소득월액 공식을 다시 한 번 바라보자.

• 기준소득월액 = [전년도 개인 과세소득－개인별 3개 수당(성과급여, 초과근무수당, 연가보상비)+직종·직급별 3개 수당(성과급여, 초과근무수당, 연가보상비)÷12]×1(+보수 인상률)

지금까지 수당과 관련된 모든 공식이 그랬지만, 역시나 숨 막히는 공식이다. 슈퍼컴퓨터 없이 미래의 평균 기준소득월액을 짐작하는 일이 과연 가능한 일일까? 심각한 불황이 오면 동결 또는 삭감될 수 있고, 호황이나 물가 상승에 따라 인상될 수 있는 것이 기본급이다. 수당 역시 호봉, 기본급, 규정 개정에 따라 변화한다.

앞으로 10년을 다닐지, 20년을 다닐지, 30년을 다닐지, 지금 각자의 계획 그대로 이루어질지는 아무도 모른다. 게다가 기준소득월액은 자신의 수당뿐 아니라 다른 직원들의 수당까지 계산식에 넣는다. 그뿐만 아니다. 현재의 공무원연금 제도는 다시금 개혁될 가능성이 100%다. 그 시점을 알지 못할 뿐이다. 공무원연금 제도가 바뀌면 이런 계산도 다 의미 없는 일이 된다.

그렇다 해도 역시나 이렇게 빈칸을 주고 여러분에게 입력해 보라고 하면 여러분의 마음이 많이 허전할 것이다. 현재 공무원연금공단에서 발행한 공무원연금통계 최신 자료에서 20년 이상, 25년 이상, 30년 이상 근무한 퇴직자가 2018년에 65세가 되어 받았던 월평균 퇴직연금을 알아보자. 《공무원연금통계 2018》 '연령별·재직년수별 퇴직연금 지급액 현황(월평균 지급액)'[28]에 따르면 20~25년 일한 65세 퇴직자가 받는 퇴직연금은 약 1,532,000원, 25~30년 일한 65세 퇴직자가 받는 연금은 약 1,985,000원, 30~33년 일한 65세 퇴직자가 받는 연금은 약 2,532,000원이다.*

· 65세 이후에 받을 수 있는 퇴직연금액:

　20~25년 재직자 약 153만 원

　25~30년 재직자 약 199만 원

　30~33년 재직자 약 253만 원

---

* 이 지급액을 받는 공무원은 일반직 외에도 정무직, 별정직, 경찰, 소방, 교육직, 법관·검사, 기능직, 고용직, 공안직, 군무원, 연구직, 지도직, 계약직 등이 있음을 감안하자. 공무원연금공단. 2019. 《공무원연금통계 2018》.

여러분은 이 연금액에 대해 어떻게 생각하는가.

이 또한 만족할 만한 수준이라 느낄 사람도 있을 것이고, 그렇지 않은 사람도 있을 것이다. '퇴직한 선배들은 지금 얼마를 받는다더라' 하는 말은 신경 쓰지 않기를 권한다. 하급 재직자 중에 퇴직 후 그 정도 수준의 연금을 받을 수 있는 공무원은, 이제 없다. 이 책을 통해 대략 이 정도 퇴직연금을 받을 수 있나 보구나, 앞으로 상황이 더 나빠지겠구나, 정도의 정보만 가져가도 충분하리라 생각한다.

보다 중요한 정보는 이것이다. 공무원이 퇴직 후 받아 가는 연금액 수준에 대해 국민과 사회가 날카로운 시각을 갖고 있다는 것이다. 언론은 공격적으로 비판하고 정부는 수동적으로 해명한다. 보험료와 보험료 납입 기간이 같지 않음에도 불구하고—공무원연금 가입자가 국민연금 가입자보다 더 많은 보험료를, 더 오랜 기간 동안 납부함에도 불구하고—공무원연금(퇴직연금)과 국민연금(노령연금)은 언제나 비교 대상이 된다. 수령액 격차가 크기 때문이다. 공무원을 공복으로 인식하는 민주주의 사회에서 '어떻게 주인보다 종의 연금 제도가 더 좋냐?' 하는 비판을 무시할 수는 없다.

국민 정서, 사회 분위기, 저출산·고령화……. 앞서 이야기했듯이 공무원연금은 다시금 개혁의 대상이 될 것임에 틀림없다. 말할 것도 없이 나와 여러분에게 불리한 방향으로 말이다. 팩트를 체크하고 이성적이고 논리적으로 대응하는 일은 중앙정부, 인사혁신처, 공무원연금공단에 맡기고 여러분은 일일이 신경 쓰지 않는 것이 바람직하다. 훗날 개혁 양상이 지나치게 불합리하다고 판단된다면, 입직 후 노동조합 활동을 통해 목소리를 낼 수도 있을 것이다.

어차피 백 세 시대다. 백 세 시대에는 인생 2막에 쓸 연금뿐 아니라 새로운 경제활동, 새로운 봉사활동, 새로운 소일거리가 중요하다. 나는 공직에 입문한 신참 공채생이 자신의 일에 최선을 다해 일해서 어느 정도 경륜이 쌓이면, 그 과정에서 얻은 전문지식으로 콘텐츠를 만들어 조직과 사회에 기여하고, 이로써 자기계발을 하고 보수 이외의 수입을 올리는 것을 '제3의 길'로 권하고 있다. 19장 〈공직자로서의 삶과 나 자신으로서의 삶〉에 이에 대해 자세하게 써 뒀다. 보수와 연금에 관심을 갖는 것도 좋지만, 자신의 삶을 어떻게 꾸려 나갈 것인지 고민하는 일이 여러분에게 더 많은 이익을 가져다줄 것이라 믿는다.

지금까지 말도 많고 탈도 많고 복잡하기 그지없는 공무원의 보수와 연금에 대해 살펴봤다. 다음 장부터는 여러분이 관심을 갖고 있는 조직이 어떤 조직이고 조직원들은 어떤 성향을 갖고 있는지 살펴보자. 신참은 어떤 조직에서 무슨 일을 하든 일과 조직에 적응해야 하는데, 실질적으로는 일보다 조직 적응이 우선이다. 조직 적응이 우선인 이유는, 조직 적응이 제일 어렵기 때문이다.

정부 조직은
이런 인재를 원한다

조직과 조직원이 원하는 신입 9급 공채생의 바람직한 인재상은
어떤 것일까. 여러분보다 앞서 공직에 입직한, 기존의 고참 조직원
들이 여러분에게 기대하는 것은 무엇일까. 그들은 여러분을 바라
보면서 도대체 무슨 생각을 할까.

'장차 나라의 대들보가 될 인재들을 맞이하니, 마음이 벅차구
나. 내 선배들이 그랬던 것처럼 나도 저들이 공직사회에 잘 적응해
서 국가에 기여하고 시민에게 봉사하는 훌륭한 공직자가 되도록,
친절한 길잡이가 되어 주리라.'

혹시 이런 반응을 기대하는 독자가 있는가?

고참이 원하는 신참의 세 가지 덕목

고참과 관리자가 여러분에게 기대하는 것은 ▲깍듯한 예의와 이타적인 자세 ▲지시에 토 달지 않는 순종 ▲배우려 하는 자세와 깔끔한 업무 처리다.

첫째, 깍듯한 예의와 이타적인 자세.

고참들은 순하고, 무던하고, 인사 잘하는 신참을 좋아한다. 까다로운 사람을 원하지 않는다. 자신의 이익을 강하게 주장하는 사람보다는 부드럽게 한 발 뒤로 물러서서 양보하는 사람을 더 좋아한다. 공식적인 자리에서 고참의 체면을 깎아내릴 수 있는, 매사에 비판적이고 도전적인 캐릭터 역시 원하지 않는다. 상사의 체면을 깎아내리는 일은—의도했든 의도하지 않았든—상사와 사이가 나빠지는 가장 확실한 지름길이라는 사실을 이 기회에 기억해 두기 바란다.

둘째, 지시에 토 달지 않는 순종.

과거보다는 많이 개선되었지만, 여전히 공직사회는 계급제 사회이고, 상명하복上命下服의 문화가 강하다. 자신의 지시가 부당한 것이라 해도, 불합리한 것이라 해도, 비효율적인 것이라 해도, 공식적인 자리에서, 면전에서 대놓고, "아니, 그게 뭐예요"라는 하급자의 말을 듣고 기뻐하는 상급자는 없다.

셋째, 배우려 하는 자세와 깔끔한 업무 처리.

낮은 자세로 일을 배우려 노력하고 마침내 독립된 직원 한 명으로서 주어진 임무를 온전히 완수하는 것이다. 주민등록표 등·초본 발급 일을 예로 들어 보자. 손님을 맞이하는 첫인사, 신분증과 지문을 통한 본인 확인, 서류 발급과 수수료 결제, 손님을 보내는 끝인사까지. 여기까지가 기본적이고 정형적인 임무 완수다. 채무자의 주소를 확인하기 위해 채권자가 채무자의 주민등록표 초본을 발급받고자 할 때가 있는데, 이 업무는 앞서 제시한 사례보다 복잡하다. 이러한 복잡한 업무까지 관련 법률, 시행령, 시행규칙, 그리고 상급기관에서 내려 준 지침과 편람에 의거해서 완수할 수 있어야 한다. 친절하게 민원에 응대함으로써, 민원 창구에서 큰소리가 나지 않거나 민원인으로부터 칭찬을 듣는다면 금상첨화다.

어. 정부 조직이 원하는 인재상은 청렴하고, 투철한 사명감과 시민을 향한 봉사심을 갖추고, 전문지식으로 무장하고, 고정 관념에 얽매이지 않으면서 창의적으로 일하는 사람 아닌가요. 명목상으로는 그렇다. 이 기회에 '모름지기 공무원이라면 이렇게 일해야 한다'고 정부가 공식적으로 발표한 '공무원 헌장'의 전문을 보자.

〈공무원 헌장(대통령훈령 제352호. 2016. 1. 1. 시행)〉

우리는 자랑스러운 대한민국의 공무원이다.

우리는 헌법이 지향하는 가치를 실현하며 국가에 헌신하고 국민에게 봉사한다.

우리는 국민의 안녕과 행복을 추구하고 조국의 평화 통일과 지속 가능한 발전에 기여한다.

이에 굳은 각오와 다짐으로 다음을 실천한다.

하나. 공익을 우선시하며 투명하고 공정하게 맡은 바 책임을 다한다.

하나. 창의성과 전문성을 바탕으로 업무를 적극적으로 수행한다.
하나. 우리 사회의 다양성을 존중하고 국민과 함께하는 민주 행정을 구현한다.
하나. 청렴을 생활화하고 규범과 건전한 상식에 따라 행동한다.

흠잡을 데가 없다. 이상적인 공직자상이다. 안타깝게도 세상일은 이상과 현실, 명목과 실질이 다를 때가 있다. 이 자랑스러운 인재가 자신의 공직관과 전문지식을 강경하게 고수한 나머지 고참과 관리자의 마음을 많이 불편하게 한다면―쉽게 말해서 윗사람에게 밉보이면―, 예의 없고, 이기적이고, 지시에 토를 달고, 배우려는 자세가 부족하고, 업무 처리가 깔끔하지 않은 사람으로 거듭난다.

가상의 예를 하나 들어 보자. 어느 구청에서 그 지역의 맛집, 문화시설, 숙박시설, 개방 화장실, 주차 등 원하는 정보에 편리하게 접근할 수 있도록 사용자 위치 기반의 스마트폰 애플리케이션을 개발했다고 가정해 보자. 이 앱의 이름은 '편리하게 쓸 수 있어요, 동네 앱'이다. 이제 구청은 '더 많은 시민들이 더 많이 이용할 수 있도록 많이 홍보해 달라'는 내용의 공문을 보내서 직원들에게 다운로드 영업을 권하고 있다. 다운로드 수가 앱을 만든 부서의 성과가 된다.

이때 마침 컴퓨터공학과 경영학을 복수 전공한 인재가 행정직으로 입직했다고 가정해 보자. 이 융합형 인재의 이름은 '고융합'이다. '편리하게 쓸 수 있어요, 동네 앱'을 사람들이 많이 다운 받도록 홍보해야 한다는 지시에, 이제 막 공직에 입문한 고용합이 스물일곱 청춘의 패기로 자신의 철학을 당당하게 피력했다고 상상해 보자.

"저는 이 일이 효율적이지 않다고 생각합니다. 첫째, 스마트 기술을 기반으로 하는 애플리케이션 정책조차 노동 집약적인 방식으로 이끌고 나가는 일이 4차 산업혁명 시대에 어울리지 않습니다. 둘째, 4차 산업혁명 시대에 바람직한 행정은 이용자가 자발적으로 접근할 만큼 유익하고 편리한 서비스를 제공하는 것입니다. 이 서비스를 제공함에 있어 민간 부문보다 더 잘할 자신이 없다면 서비스를 만들어선 안 됩니다. 그것은 세금 낭비니까요. 차라리 민간기업이 우리 구청의 데이터를 자유롭게 이용해서 새로운 산업을 일으킬 수 있도록, 공공 데이터를 오픈하는 방안을 생각해 보는 것은 어떨까요? 좋은 앱은 깔지 말라고 해도 깝니다. 이렇게 영업할 필요가 없습니다."

고용합이 '공무원 헌장'의 덕목에 특별히 어긋나는 말을 한 것은 별로 없는 것 같다. 그렇지 않은가? 공익을 우선시했고, 특히 융합형 인재로서의 창의성과 전문성이 돋보인다. 하지만 윗사람들이 바라는 세 가지 덕목—깍듯한 예의와 이타적인 자세, 지시에 토 달지 않는 순종, 배우려 하는 자세와 깔끔한 업무 처리—와는 거리가 있는 말과 태도를 보였다. 따라서 앞으로 고용합의 공직 생활은 순탄치 않을 것이라 어렵지 않게 예측해 볼 수 있다.

'편리하게 쓸 수 있어요, 동네 앱'의 사례에서 본 것처럼, 정부 조직은 규범적인 공직자상과는 살짝 결이 다른 열정을 공채생들에게 요구할 때가 있다. 안타깝게도, 조직에서 요구하는 이 열정은 국가와 국민을 위한 열정보다 상급자를 기쁘게 하는 열정인 경우가 많다. 구청의 과장들은 언제 기쁠까. 구청장이 만족감을 표하고, 그로 인해 자신을 예뻐할 때 기뻐한다. 그리고 고참들은 여러분으로 인해 자신의 업무량이 줄어들 때 기뻐한다.

'얘한테 무슨 일을 시켜야
우리가 편해질까?'

'열심히 해야지.'

〈신상명세서〉
생년월일, 주소, 학력, 경력……

여러분이 첫 근무지에 발령을 받았을 때 부서장과 간부들은 여러분에게 이렇게 말할 것이다. "열심히 해라." 이 말은 여러분이 여러분 자신을 위해 열심히 하라는 덕담인 경우가 많다. 실제로 신입 공채생은 열심히 일하는 것이 자신을 위해 좋다. 그러나 상관들이 여러분에게 열심히 일하라고 하는 덕담 안에는 '내가 윗사람들에게 인정받을 수 있도록 열심히 하라'는 의미도 함께 담겨 있다. '내가 관리자로 있는 동안에는 사고 치지 말고 조용히 있다 가라'는 의미도 있다. 딱히 할 말이 없어서 마지막으로 날리는 대사인 경우도 많다.

여러분이 소속된 조직의 사람들은 여러분에게 깍듯한 예의와 이타적인 자세, 지시에 토 달지 않는 순종, 그리고 배우려는 자세와 깔끔한 업무 처리를 기대한다고 했다. 예의 바르고, 상급자의 말에 토 달지 않고, 상급자의 무리한 요구에도 최선을 다해 그 임무를 완수하는 사람. 조직원들이 원하는 바람직한 후배상은 그런 것이다. 서장에서 선 팀장이 최 서기보를 총애한 이유는 최 서기보가 이 세 가지 덕목을 갖추고 있었기 때문이다.

고참들의 보상 심리 또는 본전 심리

고참들의 이런 생각이 부당하게 느껴질 수 있을 것이다. 높은 학점, 높은 공인영어시험 점수, 다방면의 자격증, 어학연수 경험, 인턴십 경력, 봉사활동, 공모전 입상…… 단군 이래 최강의 스펙을 갖고 있는 여러분이 보기에, 여러분보다 스펙도 안 좋고 여러분보다 쉽게 취업한 선배들로부터 딱히 존경할 만한 요소를 찾기 어려울지도 모른다. 다만, 여러분을 향한 고참들의 기대는, 인간이라면 지극히 자연스럽게 갖게 되는 마음이라는 점을 알아 둔다면 좋을 것 같다.

여러분이 여러분의 사무실에서 일하는 사회복무요원의 복무를 담당하는 일을 맡게 되었다고 상상해 보자. 여러분 역시 인사 잘하고, 말 잘 듣고, 지각·결근·조퇴 안 하는 요원을 더 선호한다. 지금은 여러분이 사무실에서 하급자라 할지라도 몇 년 후에는 후배를 맞이하게 된다. 여러분 역시 또박또박 말대꾸하는 후배보다는, 부족하게 말해도 완벽하게 알아들어서 모든 일을 무난하게 처리하는 후배를 예뻐하게 될 것이다.

"나는 사회복무요원들이나 후배들이 순순히 내 말을 따르기보다는, 명확한 주관을 갖고 더 나은 대안을 거침없이 말하면서 주도적으로 일하기를 바랍니다. 반대 의견이 다양한 사고와 잠재된 가능성을 발굴할 수 있다고 보거든요. 그들이 내 의견을 비판하면서 나를 조금 민망하게 만들어도 충분히 받아들일 수 있습니다. 다 일이 잘되게끔 하자는 것이니까요."

혹시 이런 철학을 가진 독자가 있는가? 그 마음 잘 간직하기 바란다. 훌륭한 리더가 될 것이다.

여러분의 선배들은 수직적 조직문화를 숙명처럼 받아들였고, 자신을 희생하면서 살아왔다. 가급적 근무시간 이후에도 사적인 약속을 잡지 않았고, 불꽃 야근을 일삼았다. 1차 삼겹살에 소주 회식, 2차 호프집, 3차 노래방으로 이어지는, 한국의 트래디셔널한 회식 프로세스에 충실했다(이 프로세스는 정말이지 너무나도 견고한 전통이었다).

월요일, 금요일, 그리고 징검다리 휴일에는 가급적 휴가를 쓰지 않았다. '이건 정말 아니다' 싶은 일도 공식적인 자리에서는 반대 의견을 내지 않았다. 상사로부터 비합리적이고 비효율적인 업무 지시를 받은 경우에도, 일단 그 자리가 파한 다음에 따로 자리를 만들어서 조용히, 그리고 예의 바르게 반대 의견을 냈다. 조직 안에서 현명하다고 일컬어지는 이들은 그렇게 했다(참 빡세다). 폭압적인 조직문화 때문이든, 자신의 선택 때문이든, 그렇게 열심히— 그렇다, 정말 열심이었다—살아왔다.

그렇게 열심히 살아온 만큼, 그들이 인정하든 인정하지 않든, 그들은 '보상 심리' 또는 '본전 심리'를 갖고 있다. 내가 사회 초년병 시절에 조직에 희생한 만큼, 타인도 그만큼 희생하기를 바라는 마음 말이다.

불행 중 다행인 것은, '신참들이 알아서 기어 줬으면' 하는 고참들의 기대가 해를 거듭할수록 옅어지고 있다는 점이다. 후배들이 알아서 기는 사람들이 아니라는 것을 최근 몇 년 동안 체험했기 때문이다. 왜 알아서 기어야 하는지, 애당초 그 이유를 알지 못하는 여러분이 어떻게 알아서 길 수 있을까.

고참들은 이따금 "요즘 젊은 친구들에게는 기대할 게 없다. 아침저녁 출퇴근할 때 인사 잘하고, 기본적인 예의만 잘 지키고, 자기 할 일만 잘 처리하면 더 이상 바랄 게 없다"고 말하곤 한다. 이렇게 말하는 고참은 미처 몰랐겠지만, 이런 신참이 있다면 최고 수준의 탁월한 인재다. 이 탁월한 신참에게는 더 많은 일, 더 고된 일이 주어진다. 결론적으로 고참들의 기대를 충족시켜 주기란 여러분에게 쉽지 않은 일이다. 고참들이란 '내가 니들 나이 때는 날아다녔어!'라고 생각하는 존재들 아닌가.

첨예한 세대 갈등

이로 인해 현재 정부 조직에는 '세대 갈등'이 존재하고 있다. 예전에는 '보이지 않는' 갈등이라고 표현할 수 있었는데, 지금은 '눈에 확 띄는' 갈등이다.

과거에는 고참이 도제식 교육으로 신참에게 업무 파악, 문서 기안起案, 보고서 작성, 엄격한 규정과 완화된 융통성을 알려 주는 일에 이르기까지 업무의 많은 부분에 도움을 주었다(고 한다). 신참이 힘든 일을 겪거나 사무실 분위기가 안 좋으면 저녁에 함께 술 한잔을 기울이고 업무와 회사 이야기를 나눴다. 서로의 사생활과 사적인 시간을 상당 부분 공유하면서 서로를 위로해 주기도 하고, 오해와 스트레스를 풀기도 했다(물론 그렇게 해서 오히려 오해와 스트레스가 더 심화되는 경우도 많다).

그러나 지금은 그렇지 못하다. 사생활은 서로 침해하지 않는 것이 바람직하다는 사회적인 공감대가 형성되어 가고 있다. 행정 환경도 크게 변화되었다. 눈 깜짝할 사이에 새로운 법률이 생겨나고, 기존의 법 규정과 지침은 자주 개정된다. 교양이 부족한 민원인의 일부 민원은 더 강경해지고 있고, 보다 집요해져 가고 있다.

짐작하건대 고참 입장에서는 업무를 배우려는 의지가 부족한 신참을 억지로 불러 앉혀 놓고 트레이닝을 시키는 일이 부담스러울 것이다. 현대 사회의 개인주의 성향과 사생활 존중 기조로 인해 신참을 대하는 일이 상사를 대하는 일 못지않게 어려워지고 있다. 게다가 규정은 수시로 바뀌고 있다. 바뀐 규정을 따라가는 것도 쉽지 않은데, 그 내용을 정리해서 신참들에게 알려 주기란 참 어려운 일이다.

이 역시 짐작하건대 신참 입장에서는 고참과 관리자가 벽처럼 느껴질 것 같다. "요즘 많이 힘듭니다"라고 말할 때 고참이 자신의 어려움에 공감해 줄지, 아니면 "이게 힘들다고? 나 때는 말이야……. 그리고 모름지기 공무원이라면……"이라고 오히려 질책과 연설을 듣게 될지 걱정이 많은 것 같다. 일장 연설을 들은 후에 "팀장님, 팀장님이 활약하셨던 시절과 지금은 많이 다릅니다"라고 말하기도 쉽지 않을 것이다. '내 고민을 털어놓아도 면박을 당할 것 같지 않다'고 생각하게끔 하는 조직문화가 있었다면, 많은 공무원이 극단적인 선택에까지 이르지는 않았을 것이다.

"나 때는 말일세……"

'압니다.
인감증명서 발급에
며칠이 걸려도
아무 말 없었던
시절이었죠.'

앞서 한국의 노동자가 생애 주된 일자리에서 퇴직하는 연령은 49세라는 통계를 소개했다. 한국에서 50대 후반과 20대가 한 사무실에서 함께 어깨를 부딪치며 근무하는 조직은 아마도 정부 조직밖에 없을 것이다.

2020년 현재 한국의 정부 조직에서 지위와 권력의 정점에 있는 고참과 관리자는 586 세대다. 1차 베이비 붐 세대(1955~1963년생)의 끄트머리 세대가 남아 있지만, 3년 안에 모두 퇴직하게 될 것이다. 그리고 2020년 현재 한국의 정부 조직에 입직하고 있는 신참은 1990년대생이 주류다. 그 사이에 X 세대, Y 세대, 에코 세대가 분포하고 있다. 사실, 전쟁 직후 태어난 세대와 디지털 네이티브 digital native가 같은 사무실에서 일하는데 갈등이 없다면 그것도 이상한 일이다. 한국 사회가 '압축 성장'이라 불리는 급격한 변혁의 시대를 겪었다는 점을 감안한다면 더더욱 그러하다.

1차 베이비 붐 세대와 586 세대가 정부 조직을 모두 떠난다고 해서 신참들이 원하는 세상이 올까? 합리적이고, 효율적이고, 사생활을 침해받지 않고, 업무에만 집중할 수 있는 세상 말이다. 이에 대한 내 대답은 회의적이다. 조직의 관성과 인간의 행동은 쉽사리 변화되지 않는다. 하물며 정부 조직이야 말해 무엇 하랴. 이미 '젊은 꼰대'가 조직에 새로운 세력으로 등장했고, 그 영역을 확장 중에 있다. 안 좋은 건 금방 배워요.

여러분은 고참과 관리자를 어떻게 생각하는가

끝으로 하나 더. 여러분은 일하다가 어려운 일이 발생하면, 상급자가 적절한 역할을 해 주길 바랄 것이다. 여러분이 생각하는 이상적인 관리자는 어떤 사람인가. 왕년에 현장에서 엄청나게 굴러서 실무로 잔뼈가 굵고, 다양한 경험과 체계적인 업무 지식을 갖고 있으며, 사소한 감정에 휘둘리기보다 본연의 업무에 집중하는 사람. 무심한 듯하면서도, 부하 직원들의 애로사항에 귀 기울이는 따뜻한 마음을 갖고 있으며, 외부의 부당한 압력에는 의연하게 맞서 하급 실무자의 든든한 방패막이 되어 주는 사람. 이 정도가 아닐까.

또 여러분이 생각하는 이상적인 고참은 어떤 사람인가. 아마도 사적 관심을 불필요하게 갖지 않고, 필요한 시점에만 적절하게 개입하고, 업무를 A부터 Z까지 전반적으로 잘 알고 있으며, 어떤 일을 힘써 해야 하고 어떤 일을 설렁설렁 해도 되는지를 아는 사람, 그리고 업무적으로도 심리적으로도 의지할 수 있는 좋은 사람. 이 정도가 아닐까.

신참들은 미처 몰랐겠지만, 이런 관리자와 고참이 있다면 이들은 '직장의 신神'이고, 성인, 군자다. 이런 숭고한 성품을 지니고 있는 상급자가 현실에 전혀 없는 것은 아니다. 하지만 희소하다. 현실에서 만나기 어렵다. 세월이 흘러 여러분이 그 자리에 앉게 되면 이런 '큰 바위 얼굴'급의 인격체가 될 수 있을 것이라 생각하는가. 어렵다. 여러분의 선한 성품을 무시해서가 아니라, 기대치가 높다는 말이다(이런 훌륭한 고참과 관리자가 되고자 하는 개인의 노력이 부질없다는 의미는 결코 아니다).

우리는 모두 서로에게 많은 것을 기대하고, 많은 것을 요구한다. 이 조직에서 가급적이면 많은 것을 기대하지 마라. 기대가 크면 실망도 크다.

9년 차 직장인 ○○ 씨의 가상 블로그

'회식 4차 실화냐?'

고깃집, 맥줏집, 노래방, 포장마차로 이어진 어제 회식의 상흔을 토로하니 공무원 시험 준비하는 친구가 신기한 듯 깔깔댄다. 청년 실업률이 치솟는 시대에 변변한 직장에 다니는 게 어디냐며 회식 출석률 100%를 찍고는 있지만, 가끔은 임신을 이유로 회식 면제자가 된 동기가 부럽다. 부장은 술에 취하면 말한다. "아무리 일 잘해도 팀워크가 없는 놈들은 나한테서 탈락이야. 조직의 생명은 단합이야."

그래도 시대가 조금씩은 진보하는 걸까? 부장이 '문화가 있는' 회식을 하자며 영화 단체 관람을 종종 제안한다. 재작년에 〈택시운전사〉와 〈1987〉을 봤는데 영화관을 나온 부장의 눈이 붉었다. 이어진 술자리에서 부장은 또 짱돌과 최루탄이 난무했던 시절을 영화 속 주인공이 된 것처럼 이야기했다. 자기는 '비겁했고, 평생 부채의식을 안고 산다'며 불쌍한 고양이 눈을 하고 우리를 쳐다본다.

시골에서 올라와 송파에 아파트 한 채 마련하고 자식들 인서울 대학

보내 노후 준비는 끝났다며 자랑질하는 부장을 하마터면 불쌍히 여길 뻔했다. '참을 인'을 그으며 오늘도 버티는데 철 지난 '아프니까 청춘' 레토릭을 들이댄다. 아픈 청춘은 이제 됐으니, 송파 아파트는 나 주고 당신이 청춘하든지.

김정훈·심나리·김항기. 2019.
《386 세대유감: 386세대에게 헬조선의 미필적고의를 묻다》.
웅진지식하우스. p.29.

너무나도 확실한
위계질서

정치인들이 현장을 방문한 사진이 신문 기사에 등장할 때가 있다. 신문 기사에 등장할 만한 정치인이라면 대통령, 장관, 국회의원, 지방자치단체장 정도의 지위를 갖는 사람들이다. 이들이 활짝 웃고 있는 사진이 있다면, 이들을 수행하는 사람들의 표정을 살펴보라. 다 그런 것은 아니지만, 자신이 수행하는 보스가 활짝 웃으면, 수행원들도 활짝 웃는 경우가 많다.

한국 직장문화의 수직성·경직성·폭력성을 다루면서 직장 민주주의가 이 시대에 필요함을 역설한《민주주의는 회사 문 앞에서 멈춘다》[29]라는 책이 있다. 저자는 '여직원이 억지로 웃지 않는 것', 그

것이 자신이 생각하는 직장 민주주의라고 말한다. 전적으로 동의한다. 그런데 하급자가 상급자를 모시는 과정에서 억지웃음보다 더 진일보된 현상이, 한국의 직장 현실에서는 종종 발생하곤 한다.

앞서 언급한, 보스가 웃을 때 짓게 되는 하급자의 웃음은 억지웃음이 아니다. 이는 억지로 웃는 것을 넘어, 상급자와 심리 공동체를 이룬, 의전 또는 생존의 높은 경지에 오른 케이스라고 할 수 있다. 나 역시 일찍이 그 경지에 올랐다.

'참 이상한 일이야.
저 분이 기뻐하면
내 기분도 좋아지니 말야.'

상급자가 웃으면 왜 내가 기쁠까. 상급자의 기분은 하급자에게 영향을 미치기 때문이다. 상급자가 기분이 좋으면 하급자인 내게 안 좋은 일이 발생할 가능성이 조금이라도 줄어든다. 따라서 상급자의 기분이 좋을 때 내 기분도 함께 좋아지는 것은 자연스러운 일이다. 한편으로는, 나의 고유한 심리가 상급자와 일치될 정도로 직장에 몰입되어 있는 모습에 씁쓸함을 느낄 수도 있을 것이다. 이것은 단적인 예일 뿐이다. 이제 대한민국 공직사회의 가장 부정적인 특성 중 하나로 꼽히는 수직적·경직적 조직문화를 살펴보자.

최고 의사결정권자에게 집중된 권한

정부 조직의 장은 해당 조직에 있어 의사결정, 정책결정, 예산 편성과 집행, 재무와 회계, 그리고 인사와 조직에 관한 권한을 갖는다. 업무 범위가 폭넓으면서도, 결정 권한은 장에게 집중되어 있다.

지방정부의 행정을 맡아 일하는 지방자치단체장—특별시장, 광역시장, 도지사, 특별자치시장, 특별자치도지사, 시장, 군수, 구청장—의 예를 들어 보자. 이들은 해당 지방자치단체의 지방세 부과와 징수, 예산의 편성과 집행, 주민 복지, 청소와 폐기물 수거, 상·하수도 관리, 도로 관리, 지역 개발·도시계획·건축에 관한 허가, 산하 공기업 관리, 그리고 전 조직원의 인사 권한을 갖는다. 실로 막강한 권력이다. 특히 모든 조직원의 인사—승진, 징계, 전보轉補
*—에 미치는 단체장의 막강한 영향력은 단체장의 지위를 조직의

---

* 인사이동. 같은 직급 안에서 다른 관직으로 자리를 옮기는 것.

정점에 올려놓는다.

원래 단체장은 지방정부 조직의 정점에 있는 것이 맞긴 하지만, 하급자들이 자신의 인사상 이익을 위해 밑에서 지나치게 떠받들다 보니, 이상한 일이 많이 발생한다. 1995년 한국에서 지방자치가 시작된 이후 20년 동안 선출된 민선 단체장 1,230명 중 102명이 형사처벌로 물러났다.[30]

구청의 최고 의사결정권자는 구청장이다. 구청장 휘하에 있는 간부들의 대다수는 구청장의 지시에 따라 최선을 다해 일한다. 웬만해서는 토를 달지 않는다. 구청장의 비효율적인 지시에 소신 있게 반대 의견을 내는 사람은 그 자리를 지키기 어렵다. 빛의 속도로 다음 인사에서 좌천된다.

의도적으로 쓴소리를 하는 참모를 곁에 둔 지도자의 이야기를 들어 본 적이 있을 것이다. 중국 역사에서 당 태종이 그렇게 위징魏徵이라는 충신을 곁에 두었다. 보고 들은 것이 많지 않아서일 수도 있겠지만, 스스로의 마음을 다잡기 위해 일부러 쓴소리를 하는 간부를 자신의 측근에 두고 업무를 본다는 구청장 이야기를 들어 본 적은 없다. 짧은 4년-길게는 8년, 12년-이라는 임기 동안 말 잘 듣는 사람들로만 팀을 이뤄도 일이 될까 말까인데, 반대 의견을 내는 사람을 팀원으로 영입해서 일을 하는 것이 부담스러울 수도 있을 것이다.

정약용은 《목민심서》에서 용인用人, 즉 인재 활용과 그 과정에 있어서 수령을 견제·보좌하는 이들과 정사를 의논해야 함을 강조했다. 간부회의에 들어가 본 일이 많지 않아서 그럴 수도 있겠지만, 재직 중에 견제, 합의, 양방향 의사소통, 반대 의견 청취……
이런 민주주의의 미덕을, 구청장이 주재하는 회의에서 느껴 본 적
은 없다.

구청장에게 사랑받고 예쁨 받기 위한 간부들의 노력은 그야말
로 드라마틱하다. 수단과 방법을 가리지 않는다. 척박한 환경에서
일궈 내는 성과는 자신을 돋보이게 한다고 믿으면서, 마른 수건을
쥐어짜는 방식으로 조직원들을 이끌었다. 누구를 비난하랴. 우리
하급자들 역시 간부들에게 싫은 소리 듣지 않기 위해, 인정받기 위
해, 조직에 누가 되지 않기 위해, 튀지 않기 위해 최선의 노력을 다
해 왔다. 나 역시 예외가 아니었다. 구청장과 간부가 이상한 일을
시켜도 무리해서 임무를 완수해 왔다. 잠잘 시간, 가족과 함께할
시간, 자기계발과 취미에 투자할 시간을 줄여 가면서, 그리고 건강
을 잃어 가면서 말이다.

수직적·경직적 조직문화

공직사회는 말 그대로 '계급제'다. 일반직 공무원은 1급부터 9
급까지의 계급으로 구분되고(국가공무원법 제4조), 직무를 수행할 때
소속 상관의 직무상 명령에 복종해야 한다(국가공무원법 제57조). 정부
조직은 명령과 복종 관계로 계층화된 계선조직系線組織이다. 계선조
직의 정의는 다음과 같다.

계선조직은 행정 조직 단위의 장으로부터 국장, 과장, 팀장, 팀원에 이르는 명령·복종 관계를 가진 수직적인 형태의 조직이다. 명령적·집행적 기능을 가지고 있다. 조직의 최고 책임자를 정점으로 하여 수직적 권한관계로 이어지는 집행 조직이다. 구체적인 집행과 명령권을 행사하고 조직의 집행에 대해 직접적인 책임을 진다.[31]

명령, 복종, 최고 책임자, 정점, 수직적 권한관계, 집행, 책임. 이따금 존댓말이 있을 뿐, 군대와 똑같다는 얘기다.

품의제稟議制라는 제도가 있다. 상관에게 여쭤보고 논의하는 제도라는 뜻이다. 담당자가 계획의 초안을 세우고-즉 기안하고-, 상관이 이를 승인하는 방식의 의사결정 제도이자 문서 생산 방식이다. 문서 생산도 정부는 계선, 즉 라인을 밟는 방식으로 이루어진다.

서울 구청의 경우, 모든 문서의 결재권자는 원칙적으로 구청장이다. 하지만 구청장의 능력이 아무리 뛰어나다 해도 모든 문서를 검토하고 결재하는 일이 물리적으로 가능한 일이겠는가? 결국 구청장의 권한을 하부 조직에 위임하게 된다. '어떤 일을 어느 부서의 누구에게 위임해서 의사결정 권한을 행사하게 할 것인가'에 대해서는 공식적으로 자세히 규정하게 되는데, 이 규정이 '사무 위임 전결專決 규정'이다.

사안의 경중에 따라 결재권자가 달라진다. 동 주민센터에서 주민등록표 등·초본 발급, 인감증명서 발급, 가족관계증명서 발급, 주민등록증 재발급, 전입신고 등 민원 창구 업무가 상관 보고를 거치지 않고, 담당자 처리로 끝나는 이유는 사무 위임 전결 규정에 이들 업무의 전결권자가 업무 담당자로 지정되어 있기 때문이다.

일반적인 문서의 경우, 동장이나 과장의 결재로 문서가 생산된다. 그보다 가벼운 사안은 팀장 전결로, 그보다 무거운 사안은 국장이나 부구청장 전결로, 가장 무거운 사안은 구청장 결재로 문서가 생산된다. 용도지역, 용도지구, 도시계획시설, 지구단위계획과 같은 도시계획 입안 업무가 이에 해당된다.

원칙적으로 정부 조직의 모든 일은, 일을 시작할 때는 계획서를 작성해야 하고, 일이 다 끝나면 결과 보고서를 작성해야 한다. 역시나 마찬가지로 계선, 즉 라인에 따라 차례로 결재를 받아야 한다. 정형적인 일이든, 비정형적인 일이든, 대부분 상관의 결재를 받는다. 문서뿐만이 아니다. 휴가, 휴직, 전보, 행사, 특이한 민원, 나중에 말썽이 될 것만 같은 사안 등 업무에 관한 거의 모든 것은 상관에게 구두로든 문서로든 보고해야 한다. 업무 공유라고 이해해도 좋다.

장점이 없는 것은 아니지만, 품의제에 대한 최근의 인식은 매우 부정적이다. 행정 조직과 절차는 복잡해졌고, 시민들의 요구는 다양한데, 윗사람들에게 보고하느라 시간을 다 잡아먹는다는 비판이 존재한다. 의사결정의 속도가 느리다는 말이다. 담당자, 중간 관리자, 최고 의사결정권자 등 결재선에 이름을 올린 각 개인의 가치판단이 다를 경우, 나중에 책임 소재 문제가 발생할 수도 있다.

무엇보다 한국의 수직적·경직적 조직문화와 결합함으로써 하급 실무자의 창의성과 업무 권한은 줄어들고, 상급자의 뜻대로 모든 결정이 이루어진다는 비판이 있다. '최악의 의사결정을 반복하는 한국의 관료들'이라는 부제를 붙인 《똑똑한 사람들의 멍청한 짓》이라는 책에서, 저자는 책 전체 분량의 4분의 1을 할애해서 이 제도를 맹렬하게 비판한다. 그 내용을 여기에 일부 소개한다.

품의제도야말로 우리 민족을 파멸로 이끌고 가는 가장 핵심적 장치의 하나라는 것을 알게 될 것입니다. 조직 내에서 의사결정 권한이 일부 사람들에게 집중되어 있고, 대부분의 구성원들 각자가 실질적이고 독자적인 의사결정 권한을 갖지 못하는 경우에 그 조직은 반드시 부패합니다. 서구인에게 의사결정이란 각 개인이 독립적으로 자신의 권한과 책임에 따라 이루어지는 것이기 때문에 다른 사람에게 '결재받는다'는 것은 상상도 할 수 없는 일입니다.

교육부 차관을 만나기 위해 교육부 청사에 갔었습니다. 나이 든 공무원들 대여섯 명이 결재 서류판을 들고 장관실 앞에 줄을 서서 기다리고 있었습니다. 장관에게 보고하고 결재를 받기 위해서였습니다. 관료들에게 일하는 가장 중요한 목적은 상관에게 결재를 받는 일입니다. 처리해야 할 업무의 권한과 책임이 하위직에 고유하게 배분되지 않은 채 거의 모든 업무가 윗사람에게 몰려 있기 때문입니다.

조직사회에서 권한이 상위층으로 집중되는 현상은 하위층의 자율성을 제거하여 창의력을 이끌어 내지 못하고 활기 없는 병든 조직으로 만들어 버립니다. 어떤 조직이든 권한이 한 사람에게 집중되면 그 조직은 반드시 부패하게 된다는 것을 알아야 합니다. 권한의 적절한 분산을 통한 견제와 균형이 이루어졌을 때 비로소 조직 구성원들이 독립적인 인격체로서

홀로서기를 할 수 있습니다.[32]

시간이 흐를수록 부정적 인식이 강해지고 있는 현실에 비해, 품의제를 혁신적으로 개선했다는 정부 조직의 소식을 들어 본 적은 없는 것 같다. 하급자와의 의견 충돌이 심각하다면 상관 입장에서는 자신이 직접 공문을 기안하면 그만이다. 자신이 직접 기안하고 자신이 책임을 지는 것이다. 하지만 그런 사례는 거의 없다. 워낙에 긴 시간 동안 품의제가 정부 조직의 문서 생산 방식으로 이어져 왔기 때문일 것이다. 개인에게도 민간기업에게도 관성은 무시할 수 없는 것인데, 하물며 정부 조직이야 오죽하랴.

휴가 가는 것에 대해 생각해 보자. 지방정부의 경우, 일반적으로 복무 조례에 휴가 규정이 있다. '소속 공무원으로부터 연가원의 제출이 있을 때에는 공무수행상 특별한 지장이 없으면 승인하여야 한다'는 것이 일반적인 휴가 규정이다. 여러분이 현실에서 밟아야 하는 휴가 프로세스는 대략 다음과 같다. 내가 없을 때 나 대신 일해 줄 동료 직원에게 먼저 말하고, 다음으로 서무주임, 팀장, 부서장(동장이나 과장)의 순서로 보고하는 것이다. 최근에는 휴가 간다고 할 때 눈치 주지 말자, 왜 휴가를 쓰는지 묻지 말자, 어디로 가는지 묻지 말자, 하는 바람직한 운동이 일반화되어서 큰 문제는 없다. 다만, 앞서 말한 것처럼 휴가 간다고 말하는 것 역시 품의제처럼 라인을 밟아 보고해야 할 정도로 이 조직은 매우 수직적이라는 것을 이야기하고 싶은 것이다.

"전 못하겠습니다"라고 말할 수 있는가

서울 자치구에서 구청장은 왕이다. 다른 정부 조직에서 일한 적은 없지만, 아마도 서울특별시에서는 특별시장이 왕이고, 경기도에서는 도지사가 왕일 것이다. 자신은 왕이 아니라고 해도, 간부들과 직원들이 알아서 왕으로 떠받들어 준다. 남 얘기 할 것도 없다. 정도의 차이가 있을 뿐, 나 역시 그렇게 하고 있다. 구청장이 왕이라고 말하는 이유는, 그 누구도 구청장에게 '그건 안 됩니다'라고 말하지 않기 때문이다. 내부에서 견제가 거의 없다.

과거에는 상사의 말이 부당하다 해도 가급적 상사의 말에 순응하는 것이 개인에게 이익이었다. 불이익이 너무 크기 때문이다. 괴롭힘, 따돌림, 인격 모독, 승진 배제. 은근하게 벌어지기도 했고, 대놓고 벌어지기도 했다.

하지만 시대가 변했다. 인터넷, 전자문서, 스마트폰, 카카오톡

이 있는 현시점에는 모든 정보가 개방되어 있어서 나중에 모든 일이 다 드러난다. 부당한 갑질이 세상에 많이 공개되었고, 노동자의 인권에 관심이 많은 시점이다. '직장 내 괴롭힘 금지'를 규정하는 근로기준법이 2019년 7월 16일 개정되어 시행되었다.

부당한 상사의 지시를 따르지 않는 것이 이제는 개인과 조직에 이익이 되는 분위기로, 사회가 변화하고 있다. 게다가 공직자에게 '청렴'은 언제나 당위적으로 추구해야 하는 덕목이다. 따라서 상관의 부당한 지시에 따라서는 안 된다. 이를 따르는 것은 사회의 건강을 해치는 행동일 뿐 아니라 여러분의 고용 안정성에 악영향을 미치는 행동이다.

문제는 정부 조직에 상명하복의 수직적·경직적 조직문화가 여전히 주류 문화로 생생하게 작동하고 있다는 점이다. 분위기가 절대복종인데, 나 혼자 "싫어요" 하는 일이 어디 쉬운 일이겠는가? 지시가 부당하다고 판단했을 때 상관의 명령에 불복종하는 것은 '용기'를 필요로 한다. 있을지도 모를 불이익을 감수해야 한다. 수직적인 조직문화와 직장문화가 사회 전반을 휩싸고 있는 한국의 상황이라면 더더욱 그러하다. 그뿐만 아니라 현실에서 상관의 지시가 부당한지 정당한지 하급자가 판단하는 일 역시 쉽지만은 않은 일이다.

다행스럽게도, 여러분이 신분 보장에 부담을 느낄 만한 수준으로 상관이 부당한 업무 지시를 하는 경우는 거의 없을 것이다. 하지만 훗날 여러분의 결정에 후회가 없도록, 여러분의 고용 안정성이 저해되지 않도록, 여러분의 상사와 조직을 보호할 수 있도록 부당한 업무 지시를 거절할 수 있는 용기를 준비해 두는 것이 좋겠다. 무엇보다 스스로의 양심을 저버리지 않고, 건강한 사회에 기여하기 위해서 그러하다. 현실에서는 모호하게 느껴질 수 있는, 부당한 업무 지시를 명확하게 분별할 수 있는 능력도 키워 두는 것이 좋겠다. 수직적·경직적 조직문화에 흔들리지 말고, 소신을 지켜 주길 바란다.

중요한 사안이어서 이 부분은 조금 더 디테일하게 들어가 보도록 하자. 그런 일이 없는 것이 가장 좋겠지만, 여러분의 신분을 흔들 정도로 무게감 있는 부당한 지시가 여러분에게 하달되었다고 가정해 보자. 이를 물리치고 싶다면 어떻게 하는 것이 좋을까?

첫째, 상관의 눈을 바라보면서 그의 지시를 의문문 형식으로 분명하게 복창復唱하면 효과가 있을 것 같다. 가능하다면 그 사안을 공개된 장소에서, 뚜렷한 목소리로, 또박또박 구체적으로 표현한다면 더 효과적일 것이다.

"그러니까 찬성 의견서를 시민들로부터 한 장, 한 장 받는 게 아니라, 제가 임의로, 직접 만들어 내라는 말씀이세요? 공장에서 대량 생산하는 것처럼?"

"면접 점수표를 조작하라는 말씀이세요?"

"저 보고 가짜 사인을 하라고요?"

"서명을 위조하라는 말씀이신가요?"

하급자로부터 자신의 부당한 지시를 자신의 귀로 뚜렷하게 듣게 되면, 상사도 꺼리는 마음이 일어날 수 있다. "아니, 그렇게 말할 게 아니라⋯⋯"라면서 한 발 뒤로 물러서는 상사가 있을지언정 "어, 그래. 내 말이 딱 그 말이야. 내 지시를 정확하게 이해했어"라고 말하는 상사는 아마 많지 않을 것이다. 상급자의 부당한 명령을 이런 방식으로 하급자가 구체적으로 제시하게 되면, 나중에라도 '나는 그런 지시를 한 적이 없다'는 변명을 하기가 어려워진다.* 따라서 이 방법이 효과가 있을 것이다. 부당한 지시 복창에 이어서는 "팀장님은 하셨나요?" 같은 대사도 효과가 괜찮을 것 같다. 물론 팀장이 했다고 해서 따라 해선 안 된다.

둘째, 이러한 대응에도 굴하지 않고 부당한 지시를 이어 가는 상관에게는 다음과 같이 말하는 것이 좋겠다. 낯설고 힘든 일이 되겠지만, 이 대사가 대답으로서 제일 좋은 것 같다.

"전 못하겠습니다."

"공정한 직무수행에, 지장이 될 일인 것 같습니다."

'공정한 직무수행을 해치는 지시에 대한 처리'와 '위법한 회계관계행위 지시'에 대해 관계 법령은 다음과 같이 규정하고 있다.

---

* '나는 그런 지시를 한 적이 없다'는 말은 부당한 업무 지시를 한 상관들이 훗날 문제가 발생했을 때 자주 하는 대사라는 사실도 이 기회에 알아 두자. 상사로부터 부당한 업무 지시를 '모호하게' 받고서, 실무자가 '알아서 기어서' 그 명령에 따른다면, 훗날 그 상사로부터 이런 대사를 듣게 될 수 있다. "열심히 하라고 했지, 내가 언제 그렇게 규정을 어겨 가면서까지 일을 하라고 했나."

〈공무원 행동강령〉

제4조(공정한 직무수행을 해치는 지시에 대한 처리)
① 공무원은 상급자가 자기 또는 타인의 부당한 이익을 위하여 공정한 직무수행을 현저하게 해치는 지시를 하였을 때에는 그 사유를 그 상급자에게 소명하고 지시에 따르지 아니하거나 제23조에 따라 지정된 공무원 행동강령에 관한 업무를 담당하는 공무원과 상담할 수 있다.

〈회계관계직원 등의 책임에 관한 법률〉

제8조(위법한 회계관계행위를 지시 또는 요구한 상급자의 책임)
② 회계관계직원은 상급자로부터 법령이나 그 밖의 관계 규정 및 예산에 정하여진 바를 위반하는 회계관계행위를 하도록 지시 또는 요구받은 경우에는 서면이나 이에 상당하는 방법으로 이유를 명시하여 그 회계관계행위를 할 수 없다는 뜻을 소속 기관의 장에게 표시하여야 한다.

3군三軍의 총지휘자인 대장군은 빼앗을 수 있으나, 일개 필부匹夫의 뜻은 빼앗을 수가 없다고 했다. 《논어》에 나오는 말이다. 쉬운 일은 아니겠지만, 우리 같은 하급 공채생도 뜻을 세운다면 3군의 총지휘자보다 더 강해질 수 있다는 말이다. 멋지지 않은가.

부당한 지시 받는 일을 '예방'하고 싶다면, 입직 후 곧바로 여러분이 소속된 조직의 노동조합에 조합원으로 가입할 것을 권한다. 좋은 예방책이 될 것이다. 《송곳》[33]이라는 만화를 읽어 본 독자라면 왜 이렇게 이야기하는지 잘 알 것이다.

슬기로운 불복종

최근에 어느 인터넷 기업 대표가 사람을 가혹하게 폭행하는 장면이 공개되어 사회적 공분을 불러일으켰다. 더구나 이 영상이 가해자의 지시로 촬영된 것으로 알려지면서 분노는 더욱 증폭되었다. 그런 지시를 한 것만으로도 그 기업인은 최악의 지탄을 받아 마땅하다.

그런데 이때 다소 곤혹스러운 질문이 뒤따른다. 그런 부당한 지시에 순순히 복종한 직원은 정당한 것일까. 다행히 이런 난제에 천착하여 상당한 실마리를 던져주는 문제작이 있다. 바로 리더십 전문가인 아이라 샬레프의《슬기로운 불복종》(Intelligent Disobedience·2015)이다.

이 책의 목적은 "연령대와 직종을 막론하고 각 개인이 '단순히 지시를 따름으로써' 빠질 수 있는 함정을 알아차리고, 그것을 피할 수 있는 기술을 터득하는 데 도움을 주는 것"이다. 비록 윗사람이 시키는 대로 따랐더라도 우리는 자신이 한 행동에 대한 책임을 피할 수 없다. 따라서 자신의 입장을 명확히 하고, 명령이 틀렸을 때는 '슬기롭게' 불복종할 필요가 있다는 것이 저자의 주장이다. 결국에는 이러한 대처가 자신은 물론 윗사람에게도 이득이 된다.

저자는 안내견 훈련에서 '슬기로운 불복종'을 착안한다. 안내견은 처음에는 기본적인 복종 훈련을 받는다. 이 훈련을 성공적으로 통과하고 나면 특별한 불복종 훈련에 돌입한다. 그것은 앞을 못 보는 주인의 지시가 잘못된 것일 경우, 그 자리에 주저앉는 훈련이다. 한마디로 슬기롭게 불복종하는 훈련이다. 이런 능력은 끊임없는 반복 훈련을 통해 습득된다.

모든 사회는 구성원들을 기존의 권위와 질서에 순응시킨다. 그것이 곧 사회화다. 이런 복종이야말로 복잡한 인간 조직과 사회의 성장을 가능하게 하는 진화적 적응행동이다. 실제로 우리는 어려서부터 "말 잘 들으라"는 경고를 받으며 성장한다. 하지만 지시가 항상 옳은 것은 아니다. 잘못된 지시에 무조건 복종함으로써 많은 문제도 야기되고 있다.

《슬기로운 불복종》은 슬기로운 복종의 개념을 설명하고 그것을 훈련하는 구체적 사례와 방법을 예시한다. 무엇보다 부당한 지시를 분별하는 능력이 중요하다. 이를 위해 개인과 사회가 더불어 노력해야 한다. 또한 슬기로운 불복종은 권위 자체를 부정하는 시민 불복종과는 다르다. 따라서 자신의 생각을 지시자에게 원만하고 효과적으로 전달하는 기술도 필요하다.

우리 사회는 여전히 과도한 복종문화에 젖어 있다. 사장이 직원에게 폭행 장면을 촬영하라는 지시도 무조건적인 복종문화가 낳은 극단적 일탈 사례다. 우리가 이런 부당한 지시에 분노를 쏟아 내면서도 그것을 다시금 개인이 알아서 대처할 문제로 방치해서는 곤란하다. 이제는 가정교육, 학교교육, 직장교육 등에서 슬기로운 불복종을 적극적으로 가르쳐야 마땅하다.

박종선 인문학 칼럼니스트.
[지금 이 책] 아이라 살레프 《슬기로운 불복종》
복종만 강요하는 사회에 던지는 경고장.
주간조선. 제2536호. 2018. 12. 10.

거대 관료제의
소중한 부속품

정부 조직은 거대하다. 2018년 12월 31일 현재, 대한민국 전체 공무원의 수가 108만 명이 넘는다. 행정부 국가공무원이 67만 명이 조금 안 되고, 지방공무원이 약 39만 명이다.[34]

내가 소속되어 일하고 있는 구청 직원이 약 천오백 명이다. 여러분이 9급 공채생으로 이 조직에 들어오는 순간, 여러분은 이 계급제 조직에서 가장 낮은 계급의 구성원이 된다. 공식적인 법률로 계급제가 명확하게 규정되어 있는 데다가 비공식적인 직장문화도 지극히 수직적인 정부 조직에서 하급 실무자는 어느 정도의 지위를 가질까. 고참과 관리자는 여러분을 어떤 존재로 받아들일까.

모두가 그런 것은 아니지만, 공직 경력이 10년, 20년, 30년을 넘어서는 대다수 고참과 관리자는 안타깝게도 신참을 독립된 인격체로 받아들이지 않는다. 문제 해결에 있어 의미 있는 식견을 갖고 결정적인 의사결정을 내릴 수 있으리라 기대하지 않는다. '너희들이 뭘 알겠니……' 하는 마음을 갖고 있다. 그러면서도 관리자들 스스로가 잘 모르거나 판단하기 어려운 사안에 있어서는, '경력이 짧다 해도 담당자는 해당 업무에 있어 명확한 주관을 갖고 있어야 한다'고 말한다. 평소에는 웃으며 어린아이 취급하다가 어느 날에는 갑자기 정색하며 성인답지 못하다고 지적을 하는 것이다. 대체 왜 이러는 걸까.

'신참이 뭘 알겠어……' 얕보는 마음

　관리자들의 이러한 이중성을 대함에 있어 참고할 만한 인물이 《삼국지》에 등장한다. 제갈량의 숙적, 사마의司馬懿라는 인물이다.

　사마의는 조조의 신하였다. 조조의 곁에 순욱, 순유, 가후, 정욱과 같은 일급 참모가 즐비했던 시절에는 두각을 나타내지 않고, 그저 자신이 할 일에 묵묵히 최선을 다했다. 조조가 죽은 뒤 그의 후손인 조비, 조예, 조방을 보좌하는 권신이 되었다. 제갈량이 출사표를 올리고 위魏나라를 공격해 오자 이에 맞섰는데, 사마의가 실행한 대응은 주로 기다림과 방어였다. 마침내 촉蜀나라의 다섯

번째 북벌에서 제갈량이 뜻을 이루지 못하고 세상을 떠났다. 제갈 량의 공격으로부터 자국을 보호하고, 이후 위나라 바깥의 적과 내 부의 정적들을 모두 평정했다. 그의 아들 사마소가 실질적으로 삼 국을 통일했고, 그의 손자 사마염이 새로운 통일 제국 진쯥을 세웠 다. 삼국 통일의 위업은 유비, 조조, 손권, 제갈량과 같이 우리가 익히 알고 있는 영웅에게 허락되지 않았다. 그래서 사마의를 조명 하는 책이나 드라마는 그에게 다음과 같은 수식어를 붙인다. 삼국 지 최후의 승자, 사마의.

여기에서 사마의라는 인물을 소개하는 이유는, 사회 초년병 시 절, 그가 조직 안에서 자신의 위치를 겸손하게 받아들이며 일했던 사람이기 때문이다. 그는 조직에서 함부로 나섰을 때 조직원들이 자신을 어떻게 대할지 잘 알고 있었다. 9급 공채생인 여러분이 사 회 초년병 시절에 처하게 되는 환경이, 제갈량보다는 사마의의 그 것에 가깝다는 사실도 이 기회에 함께 알아 둔다면 좋을 것 같다. 《결국 이기는 사마의》라는 책의 일부를 소개한다.

어느 성공한 기업 총수가 내게 이런 말을 한 적이 있다. "만약 당신이 회사에 갓 입사한 신입 사원이라면 3년 동안 어떠한 제안도 하지 마라. 착실히 맡은 일만 열심히 하면 된다. 3년 후에도 제안은 되도록 자제하라"고 말이다.

왜 그럴까? 여기에는 몇 가지 이유가 있다.

첫째, 회사에 막 입사했을 때는 회사에 대해 잘 알지 못하는 상태다. 따라서 제안을 한다 해도 비현실적인 경우가 많다. 둘째, 당신이 아무리 똑똑하고 아무리 좋은 제안을 하더라도 순유, 가후, 정욱과 같은 고참들을 어찌 당할 수 있겠는가? 또 다른 동료들을 어떻게 상대할 수 있겠는가? 셋째, 사장은 당신을 어떻게 보겠는가? 젊은 친구가 제 잘난 머리를 자랑하고 싶구나, 공명심과 출세욕이 강하구나 하고 생각할 것이다.

그럼 예외도 있을까? 당연히 있다. 제갈량은 유비 밑에서 계책을 내고 자신을 드러냈다. 여기에도 몇 가지 이유가 있다.

첫째, 유비는 제갈량을 찾아가 임원이 되어 달라고 청했다. 하지만 조조는 사마의를 하급 사무직에 데려다 앉혔을 뿐이다. 둘째, '유비의 공장'은 규모가 작고 인사 관계가 단순했다. 그런데 '조조의 회사'는 규모가 크고 인사 관계가 복잡했다. 셋째, 제갈량의 사장 유비는 인덕이 많기로 유명했다. 그에 비해 사마의의 사장 조조는 질투와 의심이 많기로 유명했다.

이런 회사에서 이런 사장에게 제안한다는 것은 죽음을 자초하는 일이 아니겠는가? 이 기회를 통해 동료들과 좋은 관계를 맺고, 사장의 성격을 확실하게 파악하면서 실전 경험까지 쌓는 편이 실속 있는 선택이라고 할 수 있다.[35]

'유비의 공장'과 '조조의 회사' 가운데 정부 조직은 조조의 회사에 더 가깝다. 규모가 크고 인사 관계가 복잡하다. 관리자들 역시 여러분이 마음껏 날개를 펴기보다는 어디 가서 사고 치지 않기를 더 바란다. 거대 관료제에서 여러분은 하급 신참 직원일 뿐이다.

신참에게 필요한 일은 조직에 무난하게 적응하고, 업무 능력을 높이고, 인간관계를 잘 맺는 것이다. 거대 관료제에서 상계연上計椽 *이라는 하급 관리로 일을 시작한 사마의는 그렇게 했다. '니들이 뭘 알겠니……'라고 생각하는 거대 조직을 향해 "아니에요. 나 아는 거 되게 많아요"라고 말하는 게 무슨 의미가 있을까. 견제만 받을 뿐이다.

"전 이 조직에서 제갈량 같은 참모가 되고 싶어요."

"우린 제갈량이 필요 없는데 어쩌지?"

---

* 지금으로 하면 지방 통계청 공무원 정도의 직책이라고 볼 수 있다.

제갈량과 같은 인재가 되고 싶은가? 여러분의 조직은 여러분을 삼고초려한 적이 없다는 것을 기억하자. 조직이 여러분을 일급 참모로 대우해 주기 전까지는 날개를 펴지 마라. 그럼 조직이 여러분을 일급 참모로 대우해 준 다음에는 날개를 펴도 된다는 얘기일까? 그것도 아니다.

함부로 날개 펴지 말고, 두 손을 앞으로 모아 겸손 또 겸손하길 권한다. 날개도 국가와 국민에게 도움이 되는 정책과 사업을 펼칠 때에만 펼치길 권한다. 국가와 국민에게 큰 도움은 되지 않고 최고 의사결정권자의 취향에 맞는 사업을 하기 위해서만 날개를 펼친다면, 훗날 씁쓸한 처지를 맞게 될 것이다. 승진에 도움이 될 수는 있지만, 조직의 업무 효율성은 낮아지고, 자신의 건강과 평판이 나빠질 것이다. 날개를 펼치는 과정에서 동료 직원들의 마음에 상처를 준다면, 훗날 그 상처를 되돌려 받게 될 것이다. 따라서 날개는 꼭 펼쳐야 할 때, 상관과 동료들을 돌아보면서 조심스럽게 펼치는 게 좋겠다.

얕보면서도 '담당자로서 명확한 주관을 가져야 한다'고 하는 심리

여기에서 주의할 것이 있다. 여러분이 잘 모르는 일이나 여러분이 맡고 있는 업무가 아닌 것에 대해서는 제안을 가급적 자제할 필요가 있다 해도, 여러분이 담당하는 업무—특히 민감한 사안—에 대해서는 명확한 주관을 갖고 있어야 한다는 것이다.

앞에서 성공한 기업 총수가 신입 사원은 '착실히 맡은 일만 열심히 하면 된다'고 말했다. 자신이 맡고 있는 업무의 규정을 세 번 읽어 통달하는 일, 현황과 문제점을 아는 일, 대책을 강구하고 대안을 제시하는 일, 각 대안에 어떤 장점과 단점이 있는지 분석하는 일, 결과적으로 어떤 대안을 선택하는 것이 법과 대의명분에 합당한 것인지 판단하는 일은, 담당자가 착실하게 맡아서 해야 할 일이다.

여러분이 맡고 있는 업무에 있어 어떤 문제점이 있고, 어떤 개선안이 필요한지 상관이 묻는다면, 여러분은 최선을 다해 분석해서 상관에게 이를 설명해야 할 의무가 있다. 그 질문이 상사가 여러분을 테스트해 보기 위한 것이든, 문제점을 해결하기 위한 의지를 갖고 여러분에게 지혜를 구하는 것이든 여러분은 성의 있게 답변해야 한다.

사례를 하나 들어 보자. 동 주민센터에서 광고물 업무를 맡을 때였다. 광고물은 일정 요건이 되면 구청 도시계획과에 신고하거나 허가를 받아야 한다. 하지만 신고하거나 허가를 받은 뒤 광고물을 표시하는 상인들은 극소수다.

전수조사를 한 적이 없기에 정확한 수치를 제시할 수는 없지만, 직관적으로 느끼기에 신고하거나 허가를 받아야 하는 간판이 100개라면 95개는 신고·허가 절차를 거치지 않은 불법광고물이다. 워낙에 불법광고물이 절대 대다수이기 때문에 법 위반을 지적해도

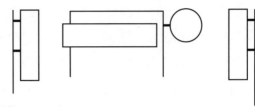

"나도 이 골목길 간판들
다 민원 넣을 거야!"

광고주들—술집 주인, 식당 주인, 카페 주인들—은 쉽게 순응하지
않는다.

"아니, 그럼 저 앞에 있는 간판들은 뭐예요?"

"저 간판도 위법 간판입니다."

"그런데 왜 우리한테만 뭐라고 그래요?"

"민원이 들어왔습니다."

"민원이 들어왔다고 우리만 단속한다고? 그럼 나도 이 골목길
간판들 다 민원 집어넣을 거야! 다 처리해! @#$%^&*(일부 욕설)"

"⋯⋯."

(잠시 흥분을 가라앉힌 후) "누가 민원을 넣은 거예요?"

"모르기도 하거니와, 알려 드릴 수 없습니다."

(다시 흥분) "장사도 안돼 죽겠는데, 동사무소에서 이런 건 어쩜 그렇게 잘해요?"

단속 나가면 거의 예외 없이 반복 재생되는 레퍼토리다. 만약 민원과 관계없이 동 주민센터 광고물 담당자가 법을 위반한 광고물을 자발적으로 조사해서 법 규정에 따라 간판 철거 조치를 진행한다면 매일 하루 여덟 시간, 오로지 그 일만 해도 1년 안에 일이 끝나지 않을 것이다. 하지만 동 주민센터 광고물 담당은 일반적으로 청소, 수방, 제설, 순찰 등 다른 업무도 많이 맡는다.

'담당자로서 이 문제를 해결할 수 있는 근본적이고 장기적인 해결책이 무엇이냐'고 누군가가 묻는다면, 나는 어떻게 대답하는 것이 좋을까(누가 묻는 것도 아니고, 내게 해결할 만한 권한도 없는데, 왜 이런 걸 생각하고 있을까).

우선 옥외광고물법 시행령에서 신고·허가 요건을 완화하는 방법을 생각해 볼 수 있을 것 같다. 어차피 현재 간판 설치 상황이 무법천지에 가까우니, 법 위반자를 양산하지 않는 방향으로 규제를 완화하는 것이 차라리 바람직한 일이 아닐까. 안전을 위협해서는 안 되고, 공유 재산과 사유 재산을 침범해서는 안 된다는 방식으로 '안 되는 것 빼고 다 되는' 네거티브negative 규제 방식을 생각해 볼 만하다. 의지가 있다면 페이퍼를 만들어 옥외광고물법의 주무부인 행정안전부에 건의해야 한다. 행정안전부에서 이를 수용할 것인지는 미지수다(바쁠 텐데 읽어 보기나 할지).

또는 일부 지역을 자율관리구역으로 지정하는 방법도 생각해 볼 수 있다. 구청 도시계획과, 지방의회 의원과 깊이 있게 논의하고, 상인들의 호응을 토대로 이를 추진해 본다면 의미 있는 대안을 도출할 수도 있지 않을까 싶다. 역시나 의지가 있다면 페이퍼를 만들어 행정안전부에 건의해야 한다.

이 생각이 정답이 아닐 수도 있다. 나와는 다른 논리를 갖고서 신고·허가 요건을 지금보다 더 강화해야 한다고 주장하는 담당자도 있을 것이다(뭐가 됐든 동 주민센터 광고물 담당의 의견을 궁금해하는 사람은 없다. 아무도 안 물어본다).

상급자가 여러분의 의견을 물어보는 때는 크게 세 가지 경우다. 첫째, 자신에게 해결책이 있는 경우다. 이때 상급자는 여러분의 의견에 별로 관심이 없다. 관심 없는 여러분의 의견을 듣고 나면 자신이 갖고 있는 해결책을 말해 줄 것이다. 둘째, 뭔가 불편한 문제가 발생했는데, 자신에게 뾰족한 수가 떠오르지 않는 경우다. 그때 '담당자로서 이 사안에 대해 아무 생각이 없다는 말이냐'라는 대사로 압박하는 것이다. 셋째, 문제 해결을 위해 겸손한 마음으로 담당자에게 지혜를 구하는 경우다(써 놓기는 했지만 이런 경우가 정말 있기는 있을까).

현실에서는 첫째와 둘째 경우가 대다수겠지만, 어떤 경우에서든 나 역시 여러분이 여러분의 업무에 대해 명확한 주관을 갖고 있기를 권한다. 그게 우리의 일이다. 여러분의 논리가 타당하다면, 여러분이 규정을 충분히 살펴봤다는 느낌이 상급자에게 전달된다면, 독립된 인격체로 대우받게 될 것이다.

이 대목에서 중요한 사실을 알려 주겠다. 자신이 맡고 있는 업무의 규정을 꿰차고 있는 공채생은 상사에게도, 민원인에게도, 다른 부서 담당자에게도 절대로 무시당하지 않는다. 한 번 더 반복해서 말하겠다. 규정에 능하고, 규정에 익숙하며, 규정을 통달하고 있는 공채생은 절대로 무시당하지 않는다! 명확한 주관과 뛰어난 통찰도 규정을 다 안 다음에야 가질 수 있는 것이다. 꼭 기억하기 바란다. 12장 〈규정 숙지, 정부 일의 거의 모든 것〉에서 더 자세하게 설명할 것이다.

'신참이 뭘 알겠어……'라고 얕보면서 '담당자로서 명확한 주관이 있어야 한다'고 압박하는 태도가 바람직한 것 같지는 않다. '아직은 신참이어서 모르는 게 많으니까, 담당자로서 명확한 주관을 가질 수 있도록 옆에서 도와주고 훈련시켜 줘야겠다'는 마음으로 신참들을 대한다면 좋지 않을까. 이런 마음으로 접근한다면 신참들도 고참들을 존중해 줄 것이라 믿는다.

여기에서 신참들도 기억해 둬야 할 것이 있다. 하늘은 스스로 돕는 자를 돕는다. 일을 배우려 하는 의지가 없어 보이는 신참에게는 고참이 일을 알려 주는 데 부담을 갖게 된다는 것이다. 고참으로부터 도움을 받고 싶다면 일을 배우고 일을 해결하고자 하는 신참으로서의 의지를 충분히 보여 주는 것이 좋겠다.

사내 정치

이 거대한 관료제 조직 안에서 사내 정치는 어떨까.

승진과 전보에서 불이익 받기를 원하는 조직 구성원은 없다. 불이익을 받지 않기 위해 조직 구성원은 각자의 방식으로 사내 정치에 임한다. 사내 정치와 거리를 두는 전략 역시 개인이 선택할 수 있는 사내 정치 중 하나다.

그 가운데 가장 보편적인 방식은 상사에게 잘 보이고 상사와 좋은 관계를 유지하는, 그 방식인 것 같다. 연장자를 존중하는 선한 마음 때문이기도 하고, 위계질서를 중시하는 조직문화와 수직적인 조직 구조 때문이기도 하다. 자신에게 주어진 일을 묵묵히 수행하는 공채생들이 절대 대다수지만, 그렇다고 해서 자신의 상사에게 일부러 밉보이려 노력하는 직원은 없다.

'정승 집 강아지가 죽으면 사람이 몰려들어도 정승이 죽으면 문상객이 없다'는 말이 있다. 세력이 있을 때는 아첨하며 따르고 세력이 없어지면 푸대접하며 떠나는 것이 세상인심이다.

내가 소속되어 일하던 구청의 총무과장 딸이 결혼한 날, 예식장은 그야말로 문전성시였다. 그를 총애한 구청장은 자신이 혼주인 것처럼 손님들을 정성스럽게 맞이했다. 총무과에서 가장 영민하고 민첩한 젊은 남자 직원 두 명이 카운터에서 축의금을 접수받고 있었다(정말이지 천 원 한 장 비지 않을 것 같은 느낌이었다). 어느 정부 조직이든 총무, 인사, 감사, 기획, 예산 부서는 주요 부서로 인식된다. 권력이 있는 곳에 사람이 몰린다. 최고 의사결정권자와 유력자에게 사람들이 몰려드는 것은 자연스러운 일이다.

구청장의 아침 조깅 코스인 하천을 관리하는 간부는 매일 아침 구청장이 조깅하는 시간에 맞춰 하천을 순찰하고 정비한다. 구청장이 관광 명소로 조성한 거리의 대형 인형을 매일 물수건으로 닦는 간부도 있었다. 전자 결재가 정부 조직의 공식 문서 생산 절차지만, 구청장에게 결재를 직접 받으려는 간부들이 구청장실에 줄을 서 있다. 무거운 사안이어서 그 맥락을 충분하게 설명하기 위해 대면 보고를 하는 경우도 있지만, 얼굴도장을 찍기 위해 줄을 서는 경우도 많다. 간부만 그럴까. 나를 포함한 하급 직원들도 간부에게 어필하기 위해 노력하기는 마찬가지다. 간부들의 그것보다 그 정도가 조금 약하고, 덜 창의적일 뿐이다.

공무원 입직 후 네 명의 구청장을 만났다. 그 가운데 두 명이 징역형을 받았다. 천오백 명에 달하는 전 직원이 공손하고 극진한 태도로 그들을 대했다. 하지만 자리를 잃는 순간, 곁에 있던 사람들은 모두 그들을 떠나갔다. 사적인 이유에서든, 공적인 이유에서든, 정치적 이유에서든 면회를 가는 직원들이 소수 있었겠지만, 감옥이 문전성시를 이루는 때는 없다. 고인 물은 썩게 되어 있고, 절대 권력은 없다. 권력이 사라지면 곁에 있던 사람들도 다 사라진다. 위대한 개츠비가 화려한 파티를 열었을 때는 사람들이 그 불빛을 보고 불나방처럼 몰려들었지만, 그가 죽었을 때는 장례식장에 사람이 없었다. 가여운 개츠비.

여러분은 이러한 세태를 어떻게 생각하는가. 속되고 저급하게 느껴지는가. 그렇게 느껴진다면 자신이 이러한 태도를 갖지 않으면 된다. 사람에게 충성하지 않고, 일신의 영달을 바라지 않는다면, 그리고 자신의 고유 업무에 충실히 임한다면 여러분이 속되고 저급하게 여기는 세상에서 발을 뺄 수 있다. 무엇보다, 권력자에게 사람이 몰려드는 것은 자연스러운 현상이라는 것과 영원한 권력은 없다는 것을 기억한다면 권력에 흔들리지 않게 될 것이다.

사마천의 《사기史記》〈맹상군 열전〉에 다음과 같은 기록이 있다.* 풍환이라는 빈객이 맹상군에게 한 말이다.

"부귀하면 사람이 많이 모여들고 빈천하면 친구가 적어지는 것은 일의 당연한 이치입니다. 주군은 아침 일찍 시장으로 가는 사람들을 보지 못했습니까? 새벽에는 어깨를 비비면서 다퉈 문 안으로 들어가지만, 날이 저문 뒤 시장을 지나는 사람들은 팔을 휘저으며 시장을 돌아보지도 않습니다. 아침을 좋아하고 저녁을 미워하기 때문이 아닙니다. 날이 저물면 내심 손에 넣고자 했던 물건이 없기 때문입니다. 주군이 지위를 잃었을 때 빈객들이 떠난 것을 원망하면서, 일부러 빈객들이 오는 것을 막을 필요는 없습니다. 주군은 이전처럼 빈객들을 잘 대우하면 됩니다."³⁶

이를 읽고, 세태에 대한 비판과 함께 자신을 성찰하는 자세를 갖는다면 더 좋을 것 같다. '사람들이 내 곁에 있는 이유가 혹시 내

---

* 《사기》는 다양한 인간 군상의 민낯이 철저하게 드러나 있는 인간학의 보고(寶庫)다. 또한 군주와 참모 사이에 벌어지는 긴장과 갈등이 그 어떤 예술 작품보다 극적으로 드러나 있는 텍스트이기도 하다. 하급 공채생이라 해도 관료 사회에서 살아가는 데 많은 교훈을 얻을 수 있다.

지위 때문인 것은 아닐까?'라는 생각을 한 번쯤만 해 본다면, 스스로의 행동을 조심하게 될 것이고, 지위를 잃어 사람들이 모두 떠나갔을 때에도 크게 상심하지 않게 될 것이다. 9급 공채생인 우리가 하급 공무원인 것은 영원히 변함없겠지만, 우리도 언젠가는 계급이 올라갈 것이고, 휘하에 사람들을 거느릴 수 있으니, 이를 미리 생각해 둔다면 공직 생활에 보탬이 될 것이다.

사내 정치와 관련된 공무원 조직의 특징 중 또 다른 하나가 무척이나 많은 가십을 소비한다는 것이다. 무수히 많은 소문을 생산해 내고 이 소문은 이곳저곳으로 옮겨 간다. 청사 안의 복도, 계단, 빈 회의실에서 이를 교환한다고 해서 이를 '복도 통신'이라고도 한다. 알고 있겠지만, 아름다운 소문은 쉽게 유통되지 않고, 자극적인 소문은 번개처럼 유통된다. 이는 우리가 아름다운 소문보다 자극적인 소문을 더 많이 소비하기 때문이다.

서장에서 최 서기가 팀장에게 맞선 일이 조직원들에게 흥미로운 가십으로 소비되었던 것을 기억하는가? 최 서기를 모르는 조직원들은 그가 겪은 좌절에 관심이 없다. 가십을 유통하고 소비하는 이에게 최 서기가 겪은 사건은, 권태로운 일상에 활력을 주는 이벤트에 지나지 않는다.

선택의 문제이긴 하지만, 개인적으로 가십을 소비하지 않을 것을 권하고 싶다. 원래 남 얘기, 남 걱정은 너무나 재미있는 것이어서 끊기가 쉽지는 않다. 하지만 가십 소비도 중독이다. 가급적이면 공직 생활 초기에 이에 중독되지 않는 것이 좋겠다. 꽃꽂이, 살사 댄스, 클래식 기타, 영어, 스페인어, 탁구. 가십보다 의미 있는 활동이 세상에 널려 있으니, 이를 선택하는 것이 더 바람직할 것 같다.

한국 공직사회의 또 다른 특징으로 형식주의와 더딘 변화를 들 수 있다. 변화를 불안하게 여기고 관행과 선례에 따라 업무를 처리하는 것, 실질적인 법의 취지보다는 형식적인 법조문을 우선시하는 일, 실제 활동보다 문서를 중시하는 일, 출근길에 교통사고를 당한 초등학생을 돕는 것보다 우선시되는 출근 시각. 그런 것들이다. 이 부분은 너무나 많이 비판되고 있어서 따로 이야기하지 않겠다. 할많하않.

좋은 점도 많다

지금까지 7장, 8장, 9장에 걸쳐 한국 공직사회의 특징에 대해 이야기했다. 여러분이 직장에 적응하는 데 도움을 주기 위해 현실적인 부분에 초점을 맞추다 보니 너무 부정적인 얘기만 많이 한 것 같다. 사실은 좋은 점도 아주 많다.

기본적으로 구성원들이 선량하다. 타인의 마음에 공감을 못하는 사람들이 일부 있을지언정 사악한 사람은 없는 것 같다. 가십을 많이 소비하기는 하지만, 누군가를 모함하려 악한 소문을 만들어 퍼트리는 사람도 못 본 것 같다(내가 못 본 것일 수도 있기는 하다).

무엇보다, 정부는 모범적인 고용주로서의 모습을 보여야 한다는 점. 이것이 가장 좋은 점이 아닐까. 절대로 밀리지 않는 월급부터 초과근무수당, 병가와 출산휴가를 비롯한 각종 휴가 제도, 요양휴직과 육아휴직을 비롯한 각종 휴직 제도, 인사고충 심사 청구 제도, 그리고 노후 준비를 위한 연금 제도까지. 규모가 크지 않은 민간기업에 근무하고 있는 서민 노동자들이 무척이나 갖기를 원하는 제도들이다. 제도는 마련되어 있지만, 직장문화 때문에 실제로 활용하기 어려운 경우도 많을 것이다. 정부 정책의 수혜가 민간기업보다 정부 조직에 먼저 전달되는 느낌을 불편해하는 국민들이 있음을 기억하고, 서민 노동자들의 마음을 살펴 헤아린다면 더 좋은 공직자가 될 수 있을 것 같다.

모든 이들이 '법과 정책을 결정하고 집행하는 정부 조직이라면, 자신들이 공표한 법과 정책에 어긋나는 일을 해선 안 된다'고 여길 것이다. 정부 조직 역시 '직장 내 괴롭힘 금지'를 규정하는 근로기준법을 준수해야 할 의무가 있다. 이러한 당위적인 인식은 여러분의 직장 생활에 유리하게 작용할 것이다.

한편으로는 이 규정이 우리에게도 예외 없이 적용됨을 인식하고, 말과 행동을 조심하는 것이 좋겠다. 나와 여러분이 가해자가 될 수 있음에도 주의해야 한다는 말이다. 우리가 비록 계급은 낮지만, 맡은 업무에 따라 사회복무요원, 공공근로 참여자, 공무관의 복무를 관리해야 할 수도 있다. 그들을 비인격적으로 대해서는 안 된다. 회사 안팎에서 어르신과 장애인을 대하는 태도부터 재활용 폐기물 분리 같은 일에 이르기까지 모든 일에 모범을 보여야 한다. '내가 성인, 군자도 아닌데, 도대체 왜 이렇게까지?'라고 생각할 수도 있을 것이다. 나 역시도 무척이나 부담이 된다. 하지만 공직자는 그렇게 살아야 한다. 온 국민이 날카로운 시선으로 지켜보고 있음을 기억하자. 앞서 말하지 않았는가. 국민들은 세종대왕과 이순신 장군 수준의 공직자상을 우리에게 바라고 있다.

고참과
사이좋게 지내려면

　모든 고민은 인간관계에서 비롯된다. 오스트리아 정신의학자 알프레드 아들러Alfred Adler는 그렇게 말했다. 한국에서는 그의 사상이 《미움받을 용기》라는 일본 저자들의 책으로 소개되어 국내 독자들로부터 큰 관심을 받았다. 모든 이들이 이 주장을 받아들이는 것은 아니겠지만, '조직에 소속되어 일하는 사람에게 인간관계는 그다지 중요하지 않다'고 말할 사람은 없을 것이다. '모든 일은 인간관계에서 시작해서 인간관계로 끝나는 것 같다'는 신참의 말을 자주 들었다.

　껄끄러운 인간관계를 맺기 위해 노력하는 사람은 없을 것이다.

하지만 사람들의 마음이 내 마음과 같지 않고 상대가 내 말을 오해하니 어쩌겠는가. 서로 마음이 합하지 않으니, 상대의 눈을 마주치지 않으려 하게 되고, 회식에 참석하기 싫어지고, 인간관계뿐 아니라 일마저 헝클어지게 되는 것이다.

인사, 좋은 인간관계의 거의 모든 것

좋은 인간관계를 맺는 것에 대해 먼저 감안해야 할 점이 있다. 누구와도 잘 어울리는 '특급 인싸력'을 가진 '핵 인싸'만이 좋은 인간관계를 맺는 것은 아니라는 점이다. 정부 조직에서는 기본적인 예의와 공손한 태도만 갖추고 있어도 무방하다. 억지로 상대방의 기분을 좋게 하려 노력할 필요도 없다. 그리고 고맙다는 말과 미안하다는 말을 제때에, 늦지 않게 할 줄 알면 큰 문제가 없을 것 같다. 이 가운데 가장 중요한 것은 인사다.

능력보다 평판이 중요하다고 역설한 책《능력보다 큰 힘, 평판》이라는 책에서 저자는 '단언컨대 인사만 잘해도 성공한다'고 주장한다.[37] 마음과 정성을 다해 주변 사람 모두에게 인사를 잘하는 사람들 중에 실패를 거듭하는 사람을 아직까지 본 적이 없다는 것이 저자의 주장이다.

공직 입문 이후에 우연히 이 책을 접했다. 그 당시에는 '인사가 중요하긴 하지만, 인사만 잘해도 성공한다니 과장 아닌가' 하는 생각을 했다. 하지만 지금은 저자의 생각에 온전히 공감하고 있다.

왜 인사만 잘해도 성공할까? 지금부터 잠시 동안만이라도 당신이 고참이 되었다고 가정해 보자. 이제부터 고참의 시각으로 신참을 바라보자. 아침 8시 40분에 출근해서 자리에 앉았는데, 8시 50분에 출근한 신참이 당신에게 인사를 하지 않고 자기 자리에 앉았다. 평상시 태도가 그렇게 고분고분하지는 않았던 신참이었다. 하루쯤 신참에게 인사를 받지 않는다고 해서 고참인 당신이 큰 손해를 볼 것은 없다. 하지만 신참이 인사를 하지 않으니, 이런 생각이 든다.

'저게 날 무시하나?'

당신이 자격지심을 갖고 있다면 이 생각은 다른 생각으로 이어져 눈덩이처럼 불어나게 된다. '주요 부서에 있지 않다고 지금 저게 날 무시하나? 총무과에서 첫 근무를 시작한 나였는데. 만년 주사보라고 지금 저게 날 무시하나? 신참 때 동기 중에서 단연 두각을 보이던 나였는데. 민원대에 있다고 지금 저게 날 무시하나? 기획예산과에서 민간위탁 활성화 계획서를 기안했던 나였는데. 어제 민원인과 다퉜다고 팀장이 나를 나무랐는데, 지금 저게 그 일로 날 무시하나?'

이제 다시 신참인 현실로 돌아오자. 고참이 여러분에게 이런 생각을 가지게 되면, 여러분에게 이득 될 게 전혀 없다. 인사를 잘하면 이런 불이익을 받을 일이 없다. 신참이 사무실 저편 구석에 고참이 있는 것을 미처 알지 못해 인사를 하지 못했다고 해 보자. 평소 인사를 아주 잘한다는 평판이 이미 자리 잡은 신참에게 이 일은 큰 문제로 확대되지 않는다. '미처 못 봤겠지.' 상식적으로 생각하게 된다.

하지만 평소에 인사를 잘 안 한다는 평판이 형성되어 있는 신참이라면 이처럼 의도하지 않은 행동조차 나쁜 평판으로 다시금 축적된다. '이미 알고는 있었지만, 정말 건방진 놈이야.' 인사하지 않는 행동은 고참의 마음에 상처를 준다. 자신을 무시한다는 느낌을 주는 상대방에게 그 어느 누가 호의를 베풀 수 있을까? 성인, 군자가 아니라면 어려운 일이다.

기왕에 인사해야 한다면 진심을 다해 인사하는 것이 좋겠다. ▲상대방이 들을 수 있을 만큼 큰 목소리로 ▲상대방의 눈을 마주치면서 ▲삐딱하지 않은 자세로 정중하게 ▲하루에도 몇 번씩 ▲만날 때마다.

상대방이 듣기 어려울 정도의 작은 목소리로 인사해 놓고서 상대방이 인사를 받지 않는다고 실망해서는 안 된다. 상대방과 눈을 마주치지 않으면, 상대방은 여러분이 인사하기 싫은데 마지못해 형식적으로 인사한다고 오해할 수 있다. 흐트러진 자세로 인사하면 상대방은 '저 신참은 인사를 왜 저렇게 하지?'라며 이상하게 생각할 것이다.

그리고 하루에도 몇 번씩, 만날 때마다 인사하자. "아까 봤는데, 뭘 또 인사해?"라고 웃으면서 말하는 고참이 있을지언정 여러 번 인사한다고 시비 거는 고참은 없을 것이다.

같은 부서 소속인데, 사무 공간이 1층과 2층으로 분리되어 있다고 해 보자. 여러분이 주로 1층에서 일한다 해도 가끔씩 2층에 올라갈 일이 있을 것이다. 2층 사무실에 들어서면서부터 큰 소리로 인사하자. 모니터에 얼굴을 박고 있던 고참이 여러분의 인사를 듣고 여러분의 얼굴을 쳐다본다면 한 번 더 인사해도 좋다. 더 좋은 인상을 받게 될 것이다. 여전히 모니터에 얼굴을 박고 여러분의 인사에 반응을 보이지 않는 고참이 있다 해도 실망하지 말자. 그럴 만한 이유가 있을 것이다.

여러분이 최선을 다해 인사했다면, 반응을 보이지 않은 고참들까지는 크게 신경 쓰지 않아도 좋다. 하지만 반응이 없다고 해서 인사를 소홀히 해서는 안 된다. 그들이 반응을 보이든, 보이지 않든, 여러분은 언제나 최선을 다해 인사하면 그만이다. 반응이 없는 고참조차도 여러분이 평소 인사를 잘하는 사람인지 잘 안 하는 사람인지 다 평가하고 있다.

어느 날, 어떤 고참과 다투거나 껄끄러운 대화를 나눴다고 해 보자. 다음 날 출근해서 그와 마주치게 될 때 여러분은 인사하기가 망설여질 것이다. 눈을 마주치기조차 싫을 수도 있고, 인사하기도 싫을 수 있다. 인사하고 싶지만, 고참이 받아 줄 것 같지 않아 불안할 수도 있다. 하지만 결국 먼저 인사하는 사람에게 좋은 인간관계가 주어지게 될 것이다. 상대가 인사를 받을지 말지 신경 쓰지 말고, 그저 내 할 일을 한다는 마음으로 그에게 인사할 것을 권하고 싶다. 여러분의 출근 인사를 받은 고참은 '어제 저 사람에게 싫은 말을 했는데, 그런 것 가지고 삐치지 않는, 성숙한 사람이구나' 생각하면서 여러분의 인사를 받을 것이다. 상대방이 멋쩍게 받든 쾌활하게 받든 개의치 마라. 껄끄러운 고참에게 아침 인사를 건넨 여러분은 이미 성숙한 사람이다.

안다. 조직에는 가끔 이런 상식조차 통하지 않는 사람도 있음을. 여러분의 성숙한 대응에도 끝내 무례한 극소수의 사람들은 여러분이 아니더라도 조직원과 세상이 그를 판단할 것이다. 그리고 조직원과 세상이 여러분을 높여 줄 것이다. 여러분은 여러분이 해야 할 도리만 다하면 된다.

고맙다는 말과 미안하다는 말

알고 있겠지만, 고맙다는 말과 미안하다는 말 역시 인사 못지 않게 중요하다. 고마운 일이 있으면 고맙다고, 미안한 일이 있으면 미안하다고 말하자. 고맙다는 말은 자주 해도 된다.

1년 차, 그야말로 신참이었을 때 선임과 사소한 일로 사이가 살짝 싸늘해진 적이 있었다. 크게 다툰 것은 아니었지만, 민원인과 사회복무요원을 대하는 태도에 견해 차이가 있었다. 그 선임은 자신만의 노하우가 있었고, 나는 그 노하우가 내가 생각하는 예의와 약간 거리가 있다고 생각했다. 그 선임으로서는 내가 건방지게 느껴졌을 것이다. 불편한 사이가 하루 이틀 이어졌다. 사이가 묘했을 때 그 선임이 직원 모두에게 음료수를 돌린 일이 있었다. 나는 선임에게 고맙다는 인사를 전했다. 화사한 미소는 아니었지만, 그가 '뭐 이런 것 가지고' 하는 표정을 지었고, 서먹했던 사이가 다시 평상시로 돌아갔다. 지금 생각해 보면 그 선임이 성숙했던 사람이었던 것 같다. 고맙다는 인사를 계기로 괘씸하게 여겼던 마음을 푼 것이니 말이다.

남발하는 것은 좋지 않지만, 미안하다는 말도 인간관계에 있어 무척이나 핵심적인 대사 같다. 미안하다는 말은 어렵다. '미안하다는 말은 어려워(Hard to say I'm sorry)', '미안하다는 말은 참 어려운 말인 것 같아(Sorry seems to be the hardest word)'. 팝송의 제목으로도 쓰일 만큼, 미안하다는 말은 하기 어려운 말인 것이다. 미안한 상황에 대해 스스로가 공감하지 않으면 미안하다는 말을 할 수 없다.

그리고 미안하다고 말하면 자존심이 꺾인다는 생각이 들 수도 있다. 하지만 미안한 일이 있을 때면 놓치지 말고 꼭 하는 것이 좋다.

동 주민센터에서 청소 담당을 맡았을 때였다. 당시 내가 소속된 동 주민센터에서는 주민들이 참여해서 분필과 스프레이로 낙서하는 축제를 준비하고 있었다. 축제 담당이었던 고참은 분주하게 움직였다. 때는 가을이어서 은행나무 열매가 도로에 떨어지고 있었다. 그때마다 고참은 내게 은행나무 열매를 치워 줄 것을 요청했다. 나 역시 그의 요청을 받을 때마다, 구청에서 업무 위탁을 받아 청소 업무를 대행하고 있는 용역업체에 연락해서, 조치할 것을 요청했다. 개인적인 성향이지만, 나는 정형적인 업무는 기계적으로 처리하는 편이다. 고참의 청소 작업 요청이 있을 때마다 청소 용역업체에 연락해서 처리를 요청했을 뿐, 별도의 관심과 특별한 노력을 기울이지는 않았다.

내가 특별한 관심을 기울이지 않자, 고참이 회의 중에 문제를 제기했다. 원활하게 축제를 열기 위해서는 전 직원이 도와줘야 하는데, 직원들이 그렇게 하지 않는다는 것이었다. 지원이 없다고 말하는 분야 가운데에는 청소 업무도 있었다.

자리에 돌아와서 생각해 봤다. 내가 뭘 안 도와드렸을까. 내가 뭘 잘못 알고 있는 게 있나. 전자문서함에서 낙서 축제와 관련된 문서를 찾아봤다. 문서를 보고서야 알았다.

나는 이 축제가 나무판자를 세워 그곳에 낙서를 하는 것인 줄 알았는데, 낙서장이 아스팔트 도로였던 것이다. 그래서 고참이 아스팔트 도로에 은행나무 열매가 떨어지는 것에 대해 그토록 신경을 많이 썼던 것이었다. 축제가 며칠 남지 않은 상황에서 낙서를 해야 할 도로가 깨끗해야 하는데, 도로가 은행으로 지저분해지니 마음이 급해진 것이었다. 청소 담당인 내가 공무관, 공공근로 참여자, 사회복무요원을 동원해서 물 양동이, 바닥 솔 같은 확실한 연장으로 시원하게 물청소를 해 줄 것이라 기대했는데, 용역업체에 전화만 하고 아무 일도 하지 않으니, 서운했던 것이다.

고참을 다른 자리로 청해서 차분하게 말했다. 우선 미안하다고 말했다. 이어서 나무판자를 세워 거기에 낙서하는 줄 알았지 아스팔트 도로에 하는 것인 줄은 몰랐다고 말했다. 고참은 사과를 받아 주면서, 이 일로 서운했던 마음을 짧고 굵게 털어놓았고, 축제가 며칠 남지 않았으니 앞으로 잘 부탁한다는 말을 전했다. 쿨하신 분이었다. 서먹했던 사이가 다시 평상시로 돌아갔다.

'아니, 낙서장이 아스팔트 도로인 줄 내가 무슨 수로 아나요. 난 전혀 몰랐다고요. 사전에 공지 들은 것도 아니고.' 이렇게 목소리 높이고 조직원과 부딪혀 봤자 모두에게 손해다. 축제를 앞둔 담당이 얼마나 바쁘고 마음이 급한데, 잘잘못을 규명해서 무엇 하랴. 동료로서, 시민과 조직을 위해 애쓰고 있는 담당자를 많이 생각하지 못했던 나 자신을 성찰하는 것이 스스로에게 이익이다. 나도 여러분도 언젠가는, 동료의 도움을 받지 않고서는 도저히 해낼 수 없는, 스케일 있는 일을 맡게 될 것이다.

고참과 관리자 유형 분석

인사만 잘해도 성공하는데 뭐가 더 필요할까 싶기도 하지만, 여기에 고참과 관리자 유형을 분석해 보도록 하겠다. 여러분의 공직 생활에 참고하면 좋을 만한 내용이라 생각한다.

리더십의 유형을 구분하는 데 있어 '일과 사람'을 대하는 태도, 두 차원으로 나눠 접근하는 것은 설득력 있는 방식이다. '사람은 좋은데 무능하다', '일은 똑 부러지는데 성격이 나쁘다', '무능한 데다가 성격도 나쁘다'. 우리는 보통 우리의 리더를 이렇게 평가한다. 그렇지 않은가? 극소수지만, '유능한 데다가 인품도 높다'는 평가도 가능하다.

비슷한 맥락으로, 여기에서는 일을 대하는 태도와 조직원의 어려움을 대하는 태도를 중심으로, 고참과 관리자를 크게 세 가지 유형으로 나눠서 설명하도록 하겠다. 어떤 유형이 되었든 만날 때마다 정성스럽게 인사하고, 고마울 때 고맙다고 말하고, 미안할 때 미안하다고 말하고, 규정을 꿰차서 일하는 것은 기본이다. 기본에 충실하되 각 유형을 대함에 있어 주의해야 할 점을 기억해 두고 직장 생활에 임한다면, 여러분에게 행운이 함께할 것이라 믿는다.

I. 샐러리맨 유형

정부 조직에서 가장 일반적인 유형이다. 국민들은 공직자라면 우국지사여야 한다고 인식하겠지만, 현실의 공무원들은 스스로를 샐러리맨으로 인식하는 경우가 많다. 하지만 국가와 국민에게 큰 위기가 닥치면 우국지사가 되어 헌신적인 활동을 할 것이라 믿는다.

이들은 조직에서 다수를 차지한다. 하지만 자기 목소리를 분명하게 내지 않고 강하게 결속하지 못하기 때문에 영향력이 약하다. 승진이나 권력처럼 강한 목적의식을 갖고 최고 의사결정권자와 강하게 결속되어 있는 야심가 집단에게 휘둘릴 수밖에 없는 가련한 처지다.

순진하고 선량한 보통 사람들이다. 여러분의 딱한 사정에 연민을 느끼기도 하지만, 팔 걷어붙여 나서서 돕지는 않는, 냉정한 모습을 가진 사람들이기도 하다. 이런 모습이 실망스러울 수도 있겠지만, 실망할 필요 없다. 인정하기 어렵겠지만, 이들의 냉정한 모습이 다름 아닌 나와 여러분의 모습이기 때문이다.

그런 까닭에 덕을 많이 쌓아 둘 것을 권하고 싶다. 힘닿는 데까지 이들을 도와줄 것을 권하고 싶다. 물론 여러분의 임무를 모두 마친 뒤에. 그러면 틀림없이 여러분이 극심한 고통을 겪고 있을 때 이들로부터 도움을 받게 될 것이다. 평상시 여러분의 행동이 위기 시에 여러분에게 돌아오게 될 것이다.

이들 가운데에는 여러분의 아픔에 공감하는 휴머니스트도 있고, 자신이 고생한 만큼 여러분도 그 고생을 고스란히 겪어야 한다고 생각하는 사람도 있다. 여러분의 성장에 기뻐하는 선임도 있고, 여러분의 성과를 시샘하는 동료도 있다. 일하면서, 인간이라면 갖게 되는 칠정, 기뻐하고 슬퍼하고 화내고 즐거워하고 사랑하고 싫어하고 탐하는 마음을 이들과 함께 나누게 될 것이다.

일도 안 하고, 여러분에게 잔소리 한마디 없고, '저 사람은 도대체 하루 종일 무슨 일을 하나' 궁금해할 만큼 정체를 알 수 없는 사람도 있다.

II. 야심가 유형

승진과 권력을 향해 적극적인 자세를 갖고 있는 유형이다. 소수 계층이지만, 충성심을 갖고 최고 의사결정권자 곁을 맴돌기 때문에 결과적으로 승진과 권력을 차지하게 된다. 국가와 국민에게 충성하기보다는 스스로의 이익을 위해 개인에게 충성한다.

최고 의사결정권자의 지시에 "No"라고 말하는 경우는 거의 없다. 지시 이행으로 인해 조직 전체에 비효율이 발생해도, 가짜 일로 인해 조직원의 업무량이 늘어나도, 조직원에게 어려움이 닥쳐도 크게 개의치 않는다. 이들이 최고 의사결정권자를 필요로 하는 것처럼 최고 의사결정권자도 이들을 필요로 한다.

현실 권력의 비정함을 그야말로 낱낱이 알려 주는 책,《한비자韓非子》〈세난說難·유세의 어려움〉편에는, 참모가 리더에게 말할 때 현실적으로 주의해야 할 점이 너무나 자세하게 열거되어 있다. 놀랍게도 이들은 이를 완벽하게 통달하고 있다. 타고났다고도 볼 수 있고, 공직 생활을 겪으며 습득한, 놀라운 현실 감각이라고도 볼 수 있다. 이들이 최고 의사결정권자를 어떻게 대하는지 중국의 고전을 통해 살펴보자.

"설득할 때 힘써야 할 점은 상대방이 자랑스러워하는 점은 칭찬해 주고 부끄러워하는 부분은 감싸 주어야 한다는 것이다. 상대방이 개인적으로 급히 하고자 하는 일이 있을 때는 반드시 그 일이 공적인 타당성이 있음을 보여 주어 꼭 하도록 권해야 하며, 상대방이 마음속으로 비천하다고 느끼지만 하지 않을 수 없는 일이 있을 때는 그 일이 아름답다고 꾸며 주어 하지 않는 것이 애석한 일임을 표현해야 한다. 군주의 마음에 고상한 계획이 있으나 실제로 이룰 수 없는 경우에 유세객은 그를 위해 그 일의 허물을 들춰내고 해로움을 내보여서 실행하지 않는 편이 좋다고 해야 한다.

다른 사람을 칭찬할 때는 군주와 같은 품행을 지닌 사람을 칭찬하고, 군주와 똑같은 잘못을 저지른 자가 있으면 그 허물은 별다른 해를 끼치지 않는다고 힘껏 꾸며 주어야 하며, 또 군주와 똑같은 실패를 겪은 자가 있으면 반드시 그 일은 별로 손실이 없음을 밝혀 주어야 한다.

상대방이 자신의 능력이 매우 뛰어나다고 생각하고 있으면 굳이 그가 할 수 없는 일을 찾아낼 필요가 없다. 스스로 자신의 계획이 훌륭하다고 생각할 때 그가 실패할 경우를 꼬집어서 곤란하게 할 필요가 없다."[38]

한비자는 기원전 3세기 중국에서 활동한 법가 사상가다. 시간과 공간을 초월해 21세기 한국에서 그의 가르침을 체득해서 실천하고 있는 간부의 유세를 들어 보자.

구청장: 이번에 우리 구가 청렴도 평가 우수 자치구가 되었다죠. (구청장은 이 성과를 자랑스럽게 생각하고 있다.)

간부: 구청장님이 늘 청렴을 강조하시고, 솔선수범하신 결과입니다. 구청장님이 부임하시기 전과 비교한다면 그야말로 혁신적인

변화입니다.

구청장: 이번에 문화재단 이사장에 김 국장이 채용된 것에 대해 말들이 많다면서요? (구청장은 김 국장을 좋아한다.)

간부: 그렇지 않습니다. 김 국장은 이미 현역 시절에 문화과장, 관광과장을 맡으며 능력이 검증된 인사가 아닙니까. 특별한 반대 여론이 없습니다.

구청장: 이번에 외부 인사로 채용된 감사과장은 여론이 어떻습니까? (구청장은 회계사다.)

간부: 여론이 좋습니다. 김 과장은 회계와 감사 업무의 전문가인 공인회계사가 아닙니까. 구청장님이 회계사로서의 전문성을 살려서 우리 구청의 투명성을 높인 것에 대해 모든 사람들이 잘 알고 있습니다. 김 과장 역시 회계사 고유의 전문성으로 우리 구의 투명성을 높여 줄 것이라는 기대가 큽니다.

야심가가 조직원을 대하는 태도는 대부분 전략적인 것이다. 말 잘 듣는 사람 골라서 일 많이 시키기, 충성 경쟁 유도해서 일 많이 시키기, 압박하고 질책해서 일 많이 시키기……. 《삼미 슈퍼스타즈의 마지막 팬클럽》이라는 소설에는 조직의 성과를 높이기 위한, 조직원을 '프로'로 만들기 위한 관리자의 대사를 한 페이지 이상을 할애해서 알려 주는데, 여기에 일부 소개한다. 정부 조직의 야심가들이 자주 쓰는 대사이기도 하다. 최고 의사결정권자에게 하는 대사와는 차이가 있다.

넌 연봉이 얼마지? 넌 주 무기가 뭐야? 이봐, 팀을 위해 사생활을 포기하는 건 당연하잖아! 이봐, 팀이 어떻게 돌아가는지 모른다는 게 말이 돼? 네가 그러고도 프로야? 너 이 세계가 얼마나 냉정한지 모르지? 너 이 바닥이 얼마나 좁은지 모르지? 이봐, 기왕이면 멋지게 살아야지. 안 그래? 다들 똑같은 조건에서 너보다 더 열심히, 잘하고 있잖아! 그게 힘들어? 힘든 걸 이겨내는 게 프로야! 몸이 힘들면 정신력으로 이겨내![39]

할 수 있다고, 힘내라고 격려하는 야심가도 물론 있다. 하지만 이 역시 일 많이 시키고 성과를 높이기 위해 하는 것이다. 격려 대사 역시 같은 소설에 많이 제시되어 있다. 한 번쯤 들어 본 적이 있을 것이다.

어이, 잘하는데. 조금만 더 하면 될 거 같은데? 넌 할 수 있어. 좋아, 잘하고 있어. 밤중에 연습이라, 보기 좋은데? 오늘 경기가 얼마나 중요한

지는 설명할 필요도 없겠지? 넌 우리 팀의 대들보다.

유형과 관계없이 사람을 대하는 태도는 한결같아야 바람직할 것이다. 하지만 이 유형은 특별한 만큼, 다음과 같은 태도를 추천하고 싶다.

가급적 가까이하지 않는 것이 좋겠다.

야심가의 곁에서 실무자로 일하는 것은 위험이 따르는 일이다. 어쩔 수 없이 가까워져야 할 때에도 절대로 정도正道에서 벗어나지 않도록 하자. 야심이 지나친 나머지 법령을 어기는 야심가가 종종 있었는데, 모두 끝이 좋지 못했다.

이들을 너무 미워하지는 말자. 이들의 모습이 20년 후 우리의 모습일 수도 있으니까. 성찰하지 않고 비판만 하다 보면, 어느 날 그렇게 될 수도 있다.

III. 우국지사 유형

말 그대로 나라를 걱정한다. 조직과 사회 전체를 바라본다. 경영자가 아닌데도 조직의 비효율을 걱정하고, 하급 직원인데도 공직 기강을 걱정한다. 최근에는 고참과 관리자가 신참 직원에게 도제교육을 행하지 않는 것을 많이 걱정한다.

밤을 새워서라도 임무를 완수한다. 체력이 좋다. 마음속에 뜨거운 열정이 있다. 누가 권한 것도 아닌데, 신문, 잡지, 책을 손에서 놓지 않으며, 사회 문제와 정책 현안에 대한 전문지식을 쌓는다. 법령에 기반하면서도, 알아듣기 쉽고, 풍부하고 친절한 설명으로 민원인에게 행정 서비스를 제공한다.

인품이 높다. 신참 공무원들이 훗날 국가의 기둥과 대들보가 될 것이라고 생각하기 때문에 신참을 대상으로 하는 교육훈련을 중시한다. 후배들이 자신의 업무를 완벽하게 장악하고, 실력을 향상시키기를 원한다. 선비 스타일이어서 묵묵한 편이지만, 신참들이 어려워하는 일에 있어서는 온정적으로 대한다. 자신에게는 엄격하고, 타인에게는 관대하다.

안타깝게도 또는 당연하게도, 조직 안에서 차지하는 비율은 극소수다. 이미 멸종 위기에 처해 있다. 이런 사람이 리더가 된다면 정부 조직에도 희망이 있다. 하지만 세상일이 어디 그렇게 쉽게 굴러가는가. 이런 사람들은 겸손해서 함부로 나서지 않는다. 다만 낭중지추囊中之錐, 주머니 속의 송곳 같아서 누구에게든 발탁을 받는다. 어진 리더 밑에서라면 마음껏 날개를 펼칠 수 있겠지만, 정부 조직의 관리자들은 야심가가 많아서 이 숭고한 선비형 공무원은 다른 평범한 인재와 똑같은 대접을 받는다. 제갈량이나 관중管仲 같은 특급 참모로 우대받지 못하고, 거대 관료제의 톱니바퀴 대접을 받는다는 말이다.

내가 아는 공직자 가운데, 오차 하나 없이 이 유형에 합하는 초인이 있었다. 직접 겪고도 지금도 믿기 힘든 그의 성품과 행동을 여기에 소개한다. 이 세상 어느 누가 후배의 일을 돕기 위해 새벽 다섯 시까지 함께 일을 할까? 여러분은 후배를 돕기 위해 새벽 다섯 시까지 함께 일하고 몇 시간 눈을 붙인 뒤 일어나 다시금 오전 아홉 시에 정시 출근할 수 있는가? 여러분이 구청장이라면 이 우국지사를 어떻게 예우하겠는가?

권 주임님께 감사합니다

때는 2013년 2월. 저는 그해 그달 1일에 ○○○동에 발령을 받아 제설 업무를 맡게 되었습니다. 제 전임자는 권 주임님이셨고, 권 주임님은 저와 같은 날 발령장을 받아 ○○○동에서 관광과로 가셨더랬습니다.

며칠 뒤 저의 발령을 축복하는 듯 16cm의 눈이 예보되었고, 슈퍼컴퓨터 의 예측력은 보기 좋게 적중하여 그야말로 함박눈이 펑펑 내렸습니다. 아 직 동네 지리에 익숙하지 않아서 약간의 부담이 있었는데, 놀랍게도 전임 자인 권 주임님이 저와 함께 작업을 가겠다고 말씀하셨습니다.

"아, 그러지 않으셔도 되는데⋯⋯"라고 말씀드리면서도 저는 내심 '오 케-'를 외치며 쾌재를 부르고 있었습니다. 아직 동네 지리에 익숙하지 않 은 채로 제설작업을 한다는 게 걱정이 되었는데, 마음의 부담을 크게 덜 수 있었습니다.

제설작업은 저녁에 시작했는데, 눈은 다음 날 아침까지 끊이지 않고 내렸습니다. 관내를 두 바퀴 정도, 그리고 경사지는 서너 번 정도, 그리고 당시 V.I.P. 사저는 경찰의 요청으로 특히 신경 써서 열심히 작업했습니다. 그러나 인간의 노력과는 별개로 대자연은 9급 공채생에게 끊임없이 눈을 선사하고 있었습니다.

대자연의 은총으로 놀랍게도 하루 만에 관내의 골목길을 파악할 수 있게 되었고, 저는 권 주임님께 뭐 대단한 혜택이라도 드리는 듯 생색내며 말씀드렸습니다.

"주임님, 이제 그만 들어가시죠."

그 시각이 이미 새벽 한 시였습니다. 그럼에도 불구하고 우리의 권 주임님은 "아닙니다. 조금만 더 보고 갈게요"라고 말씀하시며 다시금 제설작업을 진두지휘하시는 것이었습니다. 이미 소속이 ○○○동이 아님에도 권 주임님의 책임감은 확고해 보였습니다. 말은 하지 않았지만, 함께 일했던 제설작업 용역 직원들도 상당히 놀라는 눈치였습니다.

결국 권 주임님의 귀가 시각은 새벽 다섯 시경.

나중에 알게 되었지만, 권 주임님에 대한 직원들의 평판과 신뢰는 남다른 것이었습니다. 그 가운데 묘한 개성 내지 엉뚱한 매력에 대해서도 들어 본 적이 있습니다.

그 시절 스스로에게 물어봤습니다. 나는 떠나온 부서의 임무를 위해, 그리고 후임자를 위해 그렇게 할 수 있을지. 쉽지 않다면 그렇게 될 수 있도록 마음을 다잡고 수양해야겠죠. 이 감사노트는 권 주임님께 드리는 것이기도 하지만, 이런 모범이 되는 일은 전체 직원님들, 간부님들, 그리고 구청장님께서 아시는 것이 바람직하다는 생각에서 쓰는 것이기도 합니다.

그 시절, 감사했습니다. 쑥스러워서 한 번도 말씀드리진 못했지만, 도움을 받았던 일에 감사드리고, 무엇보다 권 주임님의 행동이 후배 직원에게 좋은 귀감이 되었기에 특히 감사드립니다.

사심 없이 열심히 일하시는 만큼 승승장구하시기 바랍니다. 다시 한 번 감사합니다.

○○구청 사내 인트라넷 감사노트. 2015. 3. 12.

관광과 권 주임님 칭찬합니다

관광과 권○○ 주임님을 칭찬합니다.

본인은 관광숙박 관련 업무를 하고 있는 민원인입니다. ○○구청에서 최근 업무를 보면서 느낀 점을 얘기하고자 합니다.

권○○ 주임님이 맡은 업무가 많아 항상 바쁘게 일을 하고 있다는 것을 최근 업무 협의를 하러 수차례 구청을 방문하면서 알게 되었습니다. 업무 상담을 하러 구청을 방문할 때면 앞서 온 민원인과 협의 중에 있는 경우가 많고, 어떤 경우엔 차례를 기다리는 다른 민원인도 있어 정말 바쁘겠다, 라고 생각하게 되었습니다.

며칠 전 비교적 장시간 검토를 요하는 사항을 협의하던 중에 쉽사리 결론이 날 것 같지 않아서 시간이 날 때 좀 더 검토하시고 그 결과를 메일로 보내 달라고 요청한 일이 있었습니다. 그 후 결과를 기다리던 중에 '급한 내가 찾아가야지 가만히 앉아서 기다린다고 설마 보내 주겠나' 하는 생각이 들었고, '보내 준다 하더라도 빠른 시일 안에 될까' 하는 마음이 들어 내일 아침 일찍 방문해야지, 하고 잠이 들었습니다.

다음 날 아침 메일을 확인하니 새벽 한 시가 넘어서 보낸 메일이 있었습니다. 그 시간까지 민원인을 위해서 업무를 했다니!

이런 공무원도 있구나, 쉬운 말로 철밥통이니 하는 얘기들을 하는데 이렇게 열심히 일하는 공무원도 있구나, 생각하니 정말 놀라웠습니다. 가만히 혼자만 놀라고 있을 게 아니라는 생각에 어디 이런 일을 알릴 수 있는 방법이 없나 찾아보다가 이곳에 글을 올립니다. 가만히 생각해 보니 상담 중에 관련 업무에 해박한 경험과 지식으로 친절하게 안내하던 모습도 떠

올라 더욱더 가만히 있으면 안 되겠다는 생각이 듭니다.

다시 한 번 말씀드립니다. 권○○ 주임님 감사합니다.

○○구청 열린 구청장실 홈페이지. *2015. 1. 14.*

인간관계의 정점,
회식

알고 있겠지만, 한국의 직장에서 회식은 중요하다. 이만저만 중요한 게 아니다. 인사이동한 직원 환영과 환송, 퇴직자 환송, 큰 행사를 마무리한 뒤의 격려와 같이 공식적인 사안이 명분이다. 그래서 정부 조직의 회식에는 의전이 있다. 이 회식 자리가 어떤 의미인지 밝히고 이에 대해 덕담하는 보스의 인사말로 회식이 시작된다. 명분이 확실하면서도 아름답기 때문에 회식에 참석하지 않는 직원에게는 '이 공식적인 명분에 공감하지 않는다는 거?' 하는 눈총을 날리는 것이 논리적으로 가능하다.

회식의 중요성

하급 직원들일수록 회식 자리에 앉아 있는 일이 힘들다. 여러분이 회식의 주인공이라면 인사말과 건배사를 준비해야 할 수도 있다. 술 좋아하고 화제가 넘치는 사람이라면 회식이 즐거운 자리가 되겠지만, 평범한 9급 공채생 가운데 회식을 주 무대로 삼는 '인싸'가 몇이나 있을까.

회식이 인간관계의 정점이라니, 과장이라고 생각하는 사람도 있을 것 같다. 하지만 회식은 분명 인간의 복잡다단한 마음이 그야 말로 넘치고 또 넘쳐 나는 삶의 현장임에 틀림없다. 새로운 만남, 설렘, 들뜬 마음, 경계하는 마음, 긴장감, 지위에 대한 자부심, 영향력을 행사하고 싶은 마음, 성과를 인정받을 것이라는 기대감, 최선을 다하려는 마음, 실망, 소외감, 좌절, 서운함, 번거로움, 지루함, 식욕, 그리고 사랑과 야망. 그래서 사람들은 이 자리에서 마음을 크게 열기도 하고 닫기도 하며, 서로 상처를 주고받기도 한다.

회식에 참석하는 것을 힘겨워하는 9급 공채생들은 어떤 마음으로 이 자리에 참여하는 것이 좋을까.

첫째, 특별한 이유가 있지 않다면 필히 참석하길 권한다. 여러분이 그날 회식-환영회나 환송회-의 주인공이라면 더더욱 그러하다. 한국의 모든 샐러리맨들은 회식도 업무의 연장이라고 인식하고 있다.

자신이 아프거나 가족이 아프거나 급한 일이 있다면 불참해도 관계없다. 하지만 지나치게 회식 자리를 불편해하는 기색을 보이거나 그 자리가 불편하다는 이유만으로 참석하지 않는다면, 조직원들이 여러분을 오해할 수 있다. '쟤는 우리가 싫은가 봐' 하는 마음으로 시작해서 "쟤는 앞으로 부르지 마. 우리도 아쉬울 것 없어" 하는 감정적인 반응에까지 이를 수 있다. 회사 생활하면서 굳이 그런 파탄에까지 이를 필요는 없을 것이다.

둘째, 회식 자리에서 할 말이 없다면 조직원들의 말만 들어도 좋다. 그들의 말에 귀 기울이면서 저녁 식사만 하고 온다는 가벼운 마음으로 참석하면 된다. '나 때는 말이야'로 시작되는 상사들의 옛날 얘기가 힘들 수 있겠지만, 타인의 말에 귀 기울이다 보면 그 사람의 색다른 면모를 보게 된다. 이것을 회식의 포인트로 삼으면 회식이 덜 지루할 수 있다. 또한 상대방을 이해하는 데 도움이 되기도 한다.

회식 중에, 회식 자리 앞에 앉은 고참의 중학생 아들이 국내는 물론 외국의 로봇 경진대회에도 나가서 상을 받아 오는 영재라는 사실을 알게 되었다. 그 얘기를 듣는 것은 무척 흥미로운 일이었다. 회식 중에 강다니엘의 사진이 새겨진 신용카드를 보여 준 동료가 있었다. 카드는 만들었지만, 그의 얼굴이 긁힐까 봐 카드를 쓰지 않는다고 했다. 나로서는 이 역시 무척이나 흥미로운 일이었다.

회사가 회식을 하는 이유는 공식적인 명분과 함께, 조직원 모두가 다들 친하게 잘 지내보자는 의도로 하는 것이다. 그러니 그 호의를 굳이 거절할 필요가 없다. 게다가 직원들이 마음을 모아 열심히 일해서 높은 성과를 이루었다면 간부는 이를 격려하는 것이

마땅하다.

안다. 그런 건 다 됐으니, 회식 안 하는 게 실무자를 돕는 일이라는 것을. 군대 조직처럼 상명하복의 일사불란한 체제를 갖추기 위해 회식 자리를 만들 때도 있고, 부서장이 젊은 직원들과 술 마시고 싶어서 회식 자리를 만들 때도 있음을. 조직원 모두가 친하게 잘 지내야 한다는 것도 전체주의적인 발상일 수 있음을.

그럼에도 불구하고 한국 직장문화에서 회식은 안 없어질 것이다. 한국 사회에서 식사를 함께 한다는 것은 배를 채우는 목적보다 더 많은 의미를 담고 있기 때문이다. 사람들과 마주치면서 '언제 저녁 한번 먹자'고 인사하는 것이 끼니를 때우자는 의미겠는가. 그동안 어떻게 살았는지 서로의 안부를 묻고, 미뤘던 이야기도 나누자는 뜻 아니겠는가.

가끔은 주최 측이 의도하지 않은 방향으로 회식이 흘러가서, 구성원 간 갈등이 표면화되는 경우도 있다. 아주 많다. 말싸움도 종종 발생하고, 몸싸움도 가끔 일어난다. 그래도 회식은 안 없어질 것이다.

다행히 최근 정부 조직뿐 아니라 한국 모든 직장의 회식이 간소화되어 가고 있다. 회식 횟수 자체가 줄어들었고, 1차에서 모든 행사를 마치고 2차 이상은 원하는 사람만 가는 분위기다. 1차 삼겹살에 소주, 2차 호프집, 3차 노래방, 4차 포장마차로 이어지던 전통적인 회식 프로세스는, 이제 정부 조직에서 완전히 사라졌다.

회식 도중 빠져나갈 타이밍

지금까지는 회식에 대해 원론적인 이야기를 했다. 지금부터는 테크니컬한 정보를 제공하겠다. 꼰대가 싫어서든, 동료가 싫어서든, 회사 사람들과 거리를 두고 싶어서든, 회식 장소와 메뉴가 마음에 안 들어서든, 회식 후 피치 못할 스케줄 때문이든 회식 참석 시간을 줄일 수 있는 방법을 분석적으로 사고해 보자.

회식 참석 시간을 가장 최소화할 수 있는 0순위는 회식에 참석하지 않는 것이다. 앞서 말한 것처럼 자신이 아프거나 가족이 아프거나 급한 일이 있다면 불참해도 관계없다. 자신의 건강관리를 잘하는 것은 조직에 기여하는 일이다(나는 그렇게 생각하는데, 이 생각이 정부 조직 관리자들의 생각과 일치하는지는 모르겠다).

그다음으로 1순위는 회식의 명분을 밝히는 공식 행사까지만 참석하고 자리를 일어서는 것이다. '피치 못할 사연으로 도중에 일어서기는 하지만, 나는 이 공식적인 자리의 명분에 공감하는 자세를 갖춘 조직원'이라는 의사를 표명하게 되는 것이다. 같은 테이블에 앉은 동료들에게 조용히 인사하고 자리를 뜨면 된다. 이 정도 대사가 자연스러운 것 같다. "저 먼저 일어설게요. 오늘 원래 다른 일정이 있었거든요. 서무주임님께도 말씀드렸어요." 이때 시각은 회식 시작 +20M.

2순위는 공식 행사가 끝난 뒤, 먹고 마시고 삼삼오오 웃고 떠드는 시간에 자리를 일어서는 것이다. 한참 분위기가 올라오는 타이밍이어서 자리를 뜨더라도 크게 주목받지 않는다는 장점이 있다. 굿 타이밍이다. 역시나 같은 테이블에 앉은 동료들에게 조용히 인사하고 자리를 뜨면 된다. "저 먼저 일어설게요. 오늘 원래 다른 일정이 있었거든요. 서무주임님께도 말씀드렸어요." 이때 시각은 회식 시작 +50M.

3순위는 조직원과 1차를 다 즐긴 다음, '갈 사람 가고, 남을 사람 남는' 타이밍에 집에 가는 것이다. 역시나 굿 타이밍이다. 시간적 여유가 있다면 이 타이밍이 제일 바람직할 것 같다. 공식 행사와 식사로 구성된 1차를 마무리하고 귀가한다는 점에서도 좋고, 별다른 대사를 준비하지 않아도 된다는 점에서도 좋다. '귀가'라는 행동을 함께 할 수 있는 동지들이 있다는 점에서도 좋다. 이때 시각은 회식 시작 +1.5H.

4순위는 2차에 참석한 뒤, 역시나 분위기가 한창 올라올 때 자리에서 일어서는 것이다. 역시나 같은 테이블에 앉았던 동료들에게 조용히 인사하고 자리를 뜨면 된다. 이 정도 대사가 적당한 것 같다. "저 먼저 일어설게요. 더 있으면 내일 제때 출근 못할 것 같아요." 이러면 '내일 연가 쓰고 더 있다 가라'고 하는 고참이 있을 수도 있는데, 그냥 하는 말이다. 모나리자의 미소를 띠면서 일어서면 된다.

이때 회식에 불참하거나 도중에 일어설 수밖에 없는 여러분의 사연을 '사전에(!)' 알리는 작업이 중요하다. 그래야 나중에 엉뚱한 얘기를 듣지 않는다. 1차 회식이 마무리될 때까지 참석할 경우에는, 즉 3순위와 4순위의 경우에는 미리 알릴 필요가 없다. 0순위, 1순위, 2순위의 경우에는 미리 알리는 것이 바람직하다. 모든 조직원에게 미리 알리는 것이 가장 확실하긴 하지만, 여러분의 회식 참석을 궁금해하지 않는 조직원에게 빠짐없이 이 일을 알리는 것도 오지랖 넓은 일이 될 것이다. 내가 추천하는 알림 대상자는 사무실

옆자리에 앉아 있는 동료, 서무주임, 팀의 선임, 팀장, 부서장이다.

만약 간부에게 알리기가 부담스럽다면 적어도 서무주임에게는 반드시 알려야 한다. 5장에서 서무주임이라는 직책에 주목할 필요가 있다고 언급했던 것을 기억하는가? 여러분이 소속되어 있는 부서의 인사 담당자이자 살림꾼으로, 간부와 직원 간 가교 역할을 하는 그 서무주임 말이다.

회식 자리에 여러분이 보이지 않으면 부서장은 서무주임에게 물어볼 것이다. 걔는 안 왔냐고. 이때 서무주임과 사이가 좋은 사람이라면, 그리고 서무주임에게 자신이 불참할 수밖에 없는 사연과 안타까움을 충분히 전달한 사람이라면, 서무주임이 여러분을 대신해서 여러분의 사연을 부서장에게 잘 전달해 줄 것이다.

여러분이 회식 도중에 조용히 사라져서 보이지 않을 때에도 부서장은 서무주임에게 물어볼 것이다.

"걔는 어디 갔어? 아까는 있었던 것 같은데."

"회식 날짜 잡기 전부터 오늘 원래 다른 일정이 있었대요. 제가 저녁만 먹고 가라고 했어요."

대화가 이렇게 풀리는 것이 부드럽지 않겠는가?

다음 표는 0순위부터 4순위까지 회식 중 빠져나갈 타이밍을 정리한 것이다. 행운을 빕니다.

회식 중 빠져나갈 타이밍 순위

순위	순서와 시각	회식 분위기
0순위	회식 전	–
1순위	공식 행사 끝 약 20분(총 20분)	오늘 회식하게 된 배경 설명. 간부 인사말씀. 주인공 인사말씀. 직원들에게 건배사 시킬 수 있음(어우, 싫어요). ★ 공식 행사가 끝났을 때가 빠져나갈 첫 번째 굿 타이밍.
2순위	1차 회식 중간 약 30분(총 50분)	술을 곁들여 식사하면서 구성원들 간 자유롭게 대화 나눔. 먹고 마시고 삼삼오오 웃고 떠듦. ★ 1차에서 목소리가 높아지고 웃음소리가 나올 때가 빠져나갈 두 번째 굿 타이밍.
3순위	1차 회식 종료 (총 1시간 30분)	1차가 끝나 식당을 나가서도 한참 동안 무리를 지어 서 있음. 보통은 관리자가 2차 갈 사람은 가고, 집에 갈 사람은 가라고 말함. ★ 1차가 끝났을 때가 빠져나갈 세 번째 굿 타이밍. 종합적으로 고려할 때 베스트 타이밍.
4순위	2차 회식 중간	보통은 호프집이나 와인 바를 감. 구성원들 간 자유롭게 대화를 나누면서 먹고 마시고 삼삼오오 웃고 떠듦. ★ 2차에서 목소리가 높아지고 웃음소리가 나올 때가 빠져나갈 네 번째 굿 타이밍.
–	+α	요즘은 과거와 달리, 대부분의 정부 조직이 3차 노래방은 가지 않는 분위기다. 1순위부터 4순위까지의 타이밍을 놓치고도 회식에 계속 즐겁게 동참하는 사람이라면 이 책이 필요 없다.

경조사, 새로운 인간관계의 시작

동료와 선후배의 경조사는 우리의 인간관계에 어떤 의미를 부여할까. 동료와 선후배의 경조사에 가서 기쁨과 슬픔을 함께한 우리의 행동은 상대방에게 어떤 의미로 자리 잡을까.

한국의 결혼 문화는 특별하다. 청첩장을 '고지서', 예식 후 감사 편지를 '영수증'이라 부르기도 한다. 사회 활동의 전성기인 50대는 결혼식 참석만으로도 휴일이 바쁘다. 정년퇴직하기 전에 어떻게든 자녀의 혼례를 치르려 하는 부모의 행동은 지금까지 직장 생활하면서 꾸준히 나갔던 돈을 회수하고자 하는 마음에서 비롯된 것이다. 한편, 예식장에 와서 결혼식을 보지 않고 예식이 진행되는 시간에 밥을 먹는 하객도 많다. 우리가 어쩌다 이런 특이한 결혼 문화를 갖게 되었을까.

경조사에 현금을 주고받는 일은 없어져야 할 문화로 인식되고 있다. 하지만 대다수가 그렇게 생각한다고 해도 실제로 사라질 가능성은 높지 않다. "우리 이제 그만. 딱 여기까지만 합시다"라는 합의가 모든 사회 구성원 간에 원만하게 합의되어 칼같이 지켜진다면 좋겠지만, 그게 쉬운 일이었다면 축의금·조의금은 물론 핵무기와 선행학습도 진작에 없어졌을 것이다. 그리고 우리는 선물 안에 그 사람의 마음과 정성이 들어 있다고 믿는다. 축의금과 조의금도 마찬가지다.

이런 말을 들어 봤을 것이다. '기쁜 일에는 굳이 찾아가지 않아도 된다. 축의금만 보내도 된다. 하지만 슬픈 일에는 꼭 찾아가야 한다.' 나 역시 같은 생각이다. 회식이 회사 인간관계의 정점이라고 말했지만, 그 무게감은 장례식에 비한다면 너무나 가벼운 것이다. 경조사, 특히 조사는 조직원 간 인간관계에 그 전과는 차원이 전혀 다른, 새로운 국면을 펼쳐 보이기도 한다.

서장에서 최 서기가 박 팀장의 모친상에 조의금을 전했던 행동을 기억하는가? 맞서 싸운 것은 사실이지만, 옛 상관의 어머니께서 돌아가셨는데, 조의를 표하는 것이 예의가 아닐까. 이것이 최 서기가 가졌던 생각이었다. 결과적으로 최 서기는 어진 선택을 했다. 파국과 갈등의 인간관계 상태에서 박 팀장이 정년퇴직하고, 그것으로 최 서기와 박 팀장의 인간관계가 마무리되었다면, 최 서기가 행복했을까? 그렇지 않을 것이다.

혹시 다수의 조직원들이 알 정도로 심하게 싸운 상대가 있는가? 만약 그 이후 상대방의 가족이 유명을 달리했을 때 조의를 표하지 않는다면, 그와의 인간관계가 회복될 가능성은 무척 낮아질 것이다. 하지만 상가를 찾아가 정중한 태도로 조문함으로써 위로의 마음을 전한다면 어떻게 될까. 그런다고 해서 갑자기 둘도 없는 친구가 되거나 하지는 않겠지만, 새로운 인간관계가 형성될 수도 있다고 본다.

다른 경우도 한번 생각해 보자. 일 때문에 전화를 주고받고, 청사 복도에서 마주치면 서로 인사를 주고받는 사람이 있다고 가정해 보자. 같은 부서에서 근무한 것도 아니고 친한 척하기에는 어려움이 있지만, 전화 통화를 하면서 높은 업무 지식과 인간미에 호감을 느꼈던 사람이라고 가정해 보자. 그런데 그의 가족이 운명하셨다는 소식을 듣게 되었다.

'서로 잘 아는 사이도 아닌데, 조문을 드려도 될까.' 걱정이 앞섰지만, 상대방의 아픔을 함께 나누고 싶은 순수한 마음으로 상가에 가서 조의를 표했다고 가정해 보자. 아마도 지금까지 가졌던 인간관계보다는 조금 더 깊어진, 새로운 인간관계를 맺게 되지 않을까, 짐작해 본다. 그 역시 여러분과 비슷한 마음을 갖고 있었다면, 더더욱 여러분의 조문에 감동을 받고 고마움을 표할 것이다.

조문하는 일이 인간관계의 새로운 계기가 된다고 해서 전략적인 자세로 장례식장에 가는 공직자는 없으리라 믿는다. 조직 안에서 인간관계를 원활하게 하기 위해 조문하는 것이 아니다. 동료, 선후배와 슬픔을 함께하고, 그들의 마음을 위로하기 위해 조문하는 것이다. 어진 마음을 갖고 있다면, 좋은 벗들이 여러분과 함께할 것이다. 덕불고 필유린德不孤 必有隣.

지금까지 2부에서는 〈9급이 마주하게 될 조직과 조직원〉이라는 제목으로 정부 조직의 직장문화, 조직 안에서 여러분에게 직접적인 영향을 미치는 고참과 사이좋게 지낼 수 있는 방법에 대해 살펴봤다. 기성세대에 비해 상대적으로 자유롭게 의사 표현을 해 왔던 여러분으로서는 정부 조직에 깊이 뿌리박혀 있는 완고함이 무척이나 낯설 것이다. 게다가 인간관계를 맺는다는 것은 누구에게나 쉽지 않은 일이다.

이 점을 다시 한 번 강조하고 싶다. 정부 조직에서는 기본적인 예의와 공손한 태도만 갖추고 있어도 무방하다. 억지로 상관에게 절대복종할 필요는 없다. 그 선택은 더 힘든 삶으로 이어진다. '나는 당신을 인격체로서 존중합니다. 나는 당신을 미워하지 않습니다'라는 신호를 줄 수 있는 정중한 인사만으로도 여러분의 평판은 충분히 좋게 형성될 것이다. 인사만 잘해도 성공한다는 말은 결코 과장이 아니다. 마지막으로, 공식적인 자리에서 고참과 상사의 체면을 깎아내리는 일은 그들과 사이가 나빠지는 가장 확실한 방법이라는 점을 잊지 않길 바란다.

조직에 적응하고 고참과 좋은 관계를 유지하는 것이 여러분의 공직 생활에 실질적으로 더 큰 영향을 미친다. 적어도 한국 정부 조직에서는 그렇다. 그래서 '조직 적응이 우선'이라고까지 말하고, 이를 직무보다 먼저 살펴본 것이다.

하지만 명목상으로는 인간관계보다 중요한 것이 일이다. 여러분의 공식적인 임무는 조직원과 사이좋게 지내는 것이 아니라 직무를 수행하는 것이다. 3부에서 이를 살펴보도록 하겠다.

3부 9급이 마주하게 될 일과 손님

주어진 일을 완수한다면
제때 퇴근할 수 있다.
제때 퇴근하지 못하는 동료들을
살핀다면 금상첨화.

규정 숙지, 정부 일의
거의 모든 것

공무원이 된 후에 주변 사람들이 자주 묻는다. 몇 시에 퇴근하느냐고. 여러분도 이 질문을 자주 받게 될 것이다. 지금은 저녁 여섯 시라고 자신 있게 대답할 수 있지만, 항상 그런 것은 아니다.

공무원은 정말 여섯 시에 퇴근하는가? 상황에 따라, 업무에 따라, 부서에 따라, 상관에 따라, 팀이나 부서 분위기에 따라 천차만별이다. 심지어는 똑같은 업무가 주어진다 해도 어떤 사람은 정시 퇴근하고, 어떤 사람은 밤늦게까지 일한다.

9급은 정말 여섯 시에 퇴근하는가

우선, 야근과 휴일 근무를 하고 싶지 않아도 반드시 해야 할 상황이 있다는 것을 기억해 두자. 태풍, 홍수, 폭설, 지진, 감염, 재난 발생에 따른 비상근무와 복구 작업, 국정감사 수감受監이 대표적이다. 국회나 지방의회가 예산안을 심의하고 의결할 때 역시 이와 같은 상황이다. 행정부는 의회에 해당 부서의 예산안을 설명해야 하므로 초과근무를 감수해야 한다. 선거 업무도 마찬가지고, 국제 경기 대회와 지역 축제를 지원하는 일도 그러하다. 조직의 최고 의사결정권자가 강조하는 업무 때문에 초과근무를 하기도 한다. 새마을 청소, 캠페인, 태극기·민방위기 게양, 민방위 비상소집 훈련처럼 업무 강도가 강하지는 않지만, 반드시 초과근무를 해야 할 때도 있다.

사무실에서 하염없이 일해야 하고 하염없이 대기해야 할 때 신입 공채생이 물어볼 때가 있다. "주임님, 언제까지 대기해야 하나요?" 마음으로는 아마도 이렇게 묻고 있었을 것이다. "언제 집에 갈 수 있나요?" 몸과 마음은 한없이 지치고, 어쩐지 일이 끝날 기미가 보이지 않기에 하는 질문일 것이다. 보통은 자신이 담당이 되어 주도적으로 일할 때보다는 다른 직원의 업무를 지원할 때 이런 질문을 하게 되는 것 같다. 물어보는 이들에게는 "아직 한참 멀었어요", "이 비가 그치고, 비상근무가 해제됐다는 통보가 올 때", "의회에서 예산안이 의결되고, 과장님, 팀장님, 담당 주임님이 사무실로 복귀하시면"과 같은 대답을 한다.

물론 하염없이 대기하는 일이어서 그렇게 물어봤을 것이다. 화재나 지진처럼 비상 상황이 실제로 발생해서 이재민 임시 숙소를 준비하고, 이재민에게 구호품을 전달하면서 시민을 직접 돕는 일에 투입되었다면 그렇게 물어보지 않았으리라 생각한다.

현실에서 직접 물어보는 이들이 너무나 힘들어했기에 그 당시에는 차마 말하지 못했지만, 공식적으로는 이렇게 조언해 주고 싶다. 앞에 예시한 재난, 국정감사, 예산, 축제, 선거 업무 지원과 같은 일은—비록 자신이 주도적으로 하는 일이 아니라 할지라도—초과근무가 아니라 여러분이 반드시 해야 하는 고유 업무로 받아들일 것을 권한다. 권한다는 표현을 쓰기는 했지만, 고유 업무로 받아들이는 것이 마땅하다.

공무원의 공식적인 업무 시간이 아침 아홉 시부터 저녁 여섯 시까지라는 인식 때문에 초과근무를 힘들어하는 심리가 있을 것 같다. 그러나 그 일을 맡아 주도적으로 일해야 하는 담당 직원은 옆에서 보조 인력으로 일하는 여러분보다 훨씬 더 무거운 짐을 지고 있다. 앞서 말했듯이 여러분도 언젠가는 전 직원을 동원해서 전 직원의 도움을 받지 않고는 도저히 자신의 일을 완수할 수 없는, 그런 무거운 업무를 맡아 수행하게 될 것이다.

이처럼 여러분의 의지와는 관계없이 반드시 당위적으로 해야 할 일이 있는 한편, 여러분이 맡은 업무를 완수하기 위해 여러분의 의지로 야근과 휴일 근무를 해야 할 때도 있을 것이다. 야근과 휴일 근무를 해서라도 반드시 마무리해야 할 일이 남아 있다면 그렇게 해야 한다고 대다수의 신입 공채생이 인식하고 있다. "할 일이

태산같이 많이 남아 있지만, 그래도 저는 정시 퇴근하겠습니다"라고 말하는 신참을, 아직까지는 본 적이 없다(들어 본 적은 있다).

원론적으로 말한다면 정시 퇴근은 얼마든지 가능하다. 사람마다 생각이 다르겠지만, 나는 정시에 퇴근하는 공무원이 유능한 공무원이라고 생각한다. 자신의 업무를 잘 파악하고 있다면, 관련 규정을 충분히 숙지하고 있다면, 문서 작성과 문서 작성 프로그램에 능숙하다면, 그리고 '미움받을 용기'[40]를 갖고 있다면, 얼마든지 정시에 퇴근할 수 있다.

다만, 앞서 말한 바와 같이 재난, 국정감사, 예산, 축제, 선거 업무 지원 등 여러분의 고유 업무가 아니라고 해도, 여러분의 의지와는 관계없이, 여러분이 반드시 해야 하는 임무가 있다. 그 임무는 업무 시간과 상관없이 반드시 완수되어야 한다.

지진이 발생했다고 가정해 보자. 그 지역의 소방관, 경찰관, 지방공무원, 중앙정부 관계부처 공무원이 그야말로 총출동한다. 구조, 구급, 수색, 응급조치, 병원 이송, 재난 현장 관리, 거주민 대피 조치, 이재민 대피소(주로 학교, 체육관, 관공서 청사) 설치·운영, 이재민 구호, 상황실 설치·운영, 타 기관 응원 요청, 특별재난지역 선포 검토, 피해 조사, 복구 활동, 복구비 지급, 손실보상……. 공직자는 이 모든 과정에서 맡은 바 책임을 다해 일하게 된다. 그러한 임무를 수행하는 과정에서 "언제 집에 갈 수 있나요?"라고 물어보는 것은 바람직하지 않다. 여러분의 고유 업무라고 생각하고, 그 일을 확 끌어안기를 권한다.

세 번만 읽어 보면 '직장의 신'이 된다

지금부터는 앞의 사례보다는 평화로운, 일상적인 시기의 정시 퇴근에 대해 이야기해 보자. 12장 〈규정 숙지, 정부 일의 거의 모든 것〉, 13장 〈문서, 정부 조직의 공식 언어〉, 14장 〈후회하지 않을 결정을 내리자〉는 모두 정시에 퇴근하기 위한 우리의 구체적인 행동 강령이다. 이렇게만 한다면 제때 퇴근할 수 있다!

정시에 퇴근하기 위해서는 일을 마쳐야 하고, 일을 마치기 위해서는 우선적으로 관련 규정을 충분히 알고 있어야 한다. 안타깝게도 자신이 하고 있는 업무에 있어 관련 규정이 어떤 것인지 모르는 공무원들이 의외로 많다. 당장에 해야 하는 업무가 많아서 관련 규정을 차분하게 살펴볼 시간이 없는 경우가 많은 것 같다. 하지만 시간을 내서라도 살펴보는 것이 결과적으로는 더 큰 이익을 가져다줄 것이다.

8일 이상 복무이탈한 사회복무요원은 수사기관에 고발해야 한다. 경찰 조사와 법원 판결을 받은 뒤에는 다시 소속기관에 복귀해서 남아 있는 병역의 의무를 다하게끔 일을 처리해야 한다. 병역법, 병역법 시행령, 병역법 시행규칙, 사회복무요원 복무관리 규정에 담당자가 해야 할 일이 다 나와 있다. 서장에서 최 서기가 이를 규정대로 처리하지 못해서 곤경에 처했던 일을 기억하는가?

법제처 국가법령정보센터 홈페이지(http://www.law.go.kr) 검색창에서 법률 제목을 입력하면 법률 조문은 물론이고, 시행령, 시행규칙, 별표, 별지 서식, 연혁에 이르기까지 해당 법률과 관련된 모든 것을 열람하고 다운 받을 수 있다. 우선 이 홈페이지를 '즐겨찾기'에 추가하자. 그리고 만약 여러분이 주민등록 담당자라면 업무 PC에 주민등록법, 주민등록법 시행령, 주민등록법 시행규칙* 등 관련 규정을 파일로 모두 다운 받아 두고, 필히 모든 규정을 종이에 인쇄해 둘 것을 권한다. 분량이 그렇게 많지도 않다.

중요한 일이어서 한 번 더 강조해서 말하겠다. 여러분이 맡은 업무와 관련된 법률, 시행령, 시행규칙은 모두 여러분의 업무 PC에 파일로 다운 받아 두고, 필히 모든 규정을 종이에 인쇄해 둘 것을 권한다.

그리고 이 규정을 세 번만 읽어 보라. 그 일의 권위자가 될 것이고 '직장의 신'이 될 것이다.

처음 임무를 부여받으면, 일반적으로 전임자나 고참으로부터 업무 인계를 받게 된다. 우선은 전임자로부터 충분히 업무 인계를 받고, 그 뒤에는 자신이 수행해야 하는 임무와 관련된 법령을 인쇄해서 처음부터 끝까지 대략적으로 훑어보는 것이 좋다. 당연하게도, 처음 읽을 때 모든 내용을 이해할 수는 없다. 하지만 민원을 받고, 일하고, 사례를 접하다 보면 그때 한 번 읽었던 규정이 떠오르게 된다. 한 번 훑어보고 일하다 보면 담당이 자주 인용하게 되는

---

* 여기에서 법체계를 간략하게 살펴보자. 헌법이 국가의 최고 규범이다. 그다음 단계가 법률이다. 국민의 권리를 제한하고 의무를 부과하는 사항은 반드시 법률로 규정해야 한다. 입법부인 국회 의결로 제정·개정된다. 시행령(대통령령)은 법률에서 위임된 사항과 법률 시행에 필요한 세부사항을 규정한다. 대통령을 의장으로 하는 행정부 국무회의 의결로 제정·개정된다. 시행규칙(총리령, 부령)은 법령 시행에 필요한 세부사항을 규정한다.

조문이 그리 많지 않다는 사실도 곧 알게 될 것이다. 시민이 규정을 위반할 때 과태료를 부과하게 되는 조문이 바로 그것이다.

주민등록 담당의 경우에는 주민등록법 제10조(주민은 주민등록사항을 거주지 관할 지방자치단체의 장에게 신고해야 한다), 청소 담당의 경우에는 폐기물관리법 제8조(정한 장소 외에 쓰레기를 버려서는 안 된다)와 제13조(쓰레기 종류와 성질에 따라 구분해서 버려야 한다), 광고물 담당의 경우에는 옥외광고물법 제3조(광고물을 게시하려는 사람은 지방자치단체의 장에게 허가를 받거나 신고해야 한다) 같은 조문 말이다.

동 주민센터 주민등록 업무를 예로 들어서 설명해 보자. 주민등록 업무는 '민원대의 꽃'이라고 불린다. 화려해서라기보다는 가장 중요해서 붙여진 별칭으로 보는 게 타당할 것 같다. 주민등록은 국민으로서의 기본권이 부여되는 데 꼭 필요한 절차이고, 출생, 사망, 가족관계, 국적, 국외이주 등 개인의 신분에 있어 매우 중요한 사안이기 때문에 아주 꼼꼼하게 다뤄져야 할 직무다. 따라서 관리자들은 아주 꼼꼼한 베테랑 직원에게 주민등록 업무를 부여한다(최근에는 신입 공무원에게 주민등록 업무를 맡기기도 하는데, 조직 내·외부에서 모두 이를 비판적으로 바라보고 있다).

주민등록 담당이 업무 인계를 받는다면 주로 신규 주민등록증 발급, 주민등록증 분실·재발급 처리, 출생신고 처리, 사망신고 처리 등의 업무에 대해 전임자로부터 설명을 듣게 될 것이다. 그리고 민원인이 오면 주로 '주민망'에서 마우스를 클릭, 클릭해서 업무를 처리하게 된다. 실무에서는 마우스 클릭이 주된 일이지만, 이 모든 클릭은 관련 규정에 의거해서 처리하는 과정에 있는 것이다.

예를 들어, 서울 ○○동 1번지에 부부가 살고, 남편이 세대주로, 아내가 세대주의 아내로 주민등록이 되어 있다고 가정하자. 그리고 부부 사이가 좋지 않아서 이혼 절차를 밟은 뒤 법원에서 최종적으로 이혼 결정이 났다고 가정하자. 이혼 결정 이후, 이 사실을 가족관계의 등록기준지* 관할 부서(서울은 주로 구청 민원여권과 가족관계 등록팀)에 신고했다고 가정하자.

이러한 내용이 '주민망'을 통해 동 주민센터로 통보되면,** ○○동 주민등록 담당은 그 통보에 따라 세대주의 배우자를 세대주의 동거인으로 바꾸는 일을 해야 한다. 이제 두 사람은 부부가 아니라 남남이니까. '주민망'에서는 클릭, 클릭하는 일이지만, 이 행동은 주민등록법 제14조의 규정에 따라 주민등록표를 정정하는 일이 된다. '가족관계등록 신고로써 혼인, 이혼, 출생, 사망, 국적 등에 변화가 생기면 이로써 주민등록 신고를 갈음한다'는 규정이 주민등록법 제14조의 규정이다.

동 주민센터에 근무하다 보면, 민원인들이 주민등록에 대해 명확한 개념을 갖고 있지 않은 상태에서 자신의 전반적인 상황에 대해 막연하게 문의하는 경우를 자주 보게 된다. 한 가지 예를 들어

---

* 가족관계등록부를 특정하기 위한 주소. 호주제가 있었던 시절의 본적지와 유사한 개념이다. 호주제가 폐지된 현시점에서는 본적지와 같은 큰 의미를 갖고 있지는 않다. 담당자 입장에서는, 신고인이 일정한 주소를 등록기준지로 정하면 그 등록기준지의 지방정부가 가족관계 관련 업무와 서류를 관할한다, 하는 정도의 의미로 받아들여도 무방하다.

** 담당자들은 이를 '11호 통보'라고 부른다. 혼인, 이혼, 출생, 사망, 국적 등의 변경 내용이 주민등록법 시행령 별지 제11호 서식에 기재되어 통보되기 때문이다. 왜 11호 통보라고 부르는지 모르는 채 이 용어를 쓰는 담당자들도 많다.

보자. 민원인 A는 대한민국 국적을 갖고 있지만, 미국에 살고 있는 영주권자이고, 한국 서울에는 살고 있지 않다. 즉 서울에는 주민등록이 되어 있지 않다. 그런데 한국에 와서 1년 정도 사업을 할 계획을 갖고 있고, 그래서 주민등록을 하려 하고 있다. 이를 공식적으로 표현하면 민원인 A는 '재외국민 거주자로서 주민등록'을 원하고 있는 것이다. 이는 주민등록법 제10조의 2에 규정되어 있다.

하지만 이렇게 자신이 하고자 하는 바를 정확하게 표현하는 민원인은 드물다. 그럼에도 불구하고 유능한 주민등록 담당은 민원인과 대화를 나누면서 민원인이 하고자 하는 바를 알아듣는다. 민원대에서 민원인들과 만나고, 대화하고, 업무를 처리하면서 베테랑이 되는 것이다.

주민등록법과 함께 가족관계의 등록 등에 관한 법률, 재외국민등록법, 국적법까지 한 번 훑어본다면 보다 전문성을 띠고 일할 수 있게 된다. 인감 담당은 인감증명법을, 청소 담당은 폐기물관리법, 자원의 절약과 재활용촉진에 관한 법률을, 광고물 담당은 옥외광고물법을 꿰차고 있다면 업무를 처리하는 데 있어 언어와 태도가 보다 세련되어지고 깊어진다. 일정 부분 시행착오를 겪을 수밖에 없지만, 결과적으로 일하기 훨씬 수월해진다. 관련 규정을 충분히 잘 알고 있으면 민원인도, 상사도, 고참도, 상급기관 담당자도 여러분을 절대로 함부로 대하지 않는다! 업무에 대해 말할 때 규정과 전문 용어가 넘쳐 나고, 큰 틀에서 쉬운 표현으로 상대방을 이해시켜 주는데, 누가 여러분을 함부로 대할 수 있겠는가. 자발적으로 여러분을 존중할 수밖에 없다.

다시 한 번 말하지만, 여러분은 맡은 업무의 규정에 통달해야 한다. 업무의 거의 모든 것이다. 느린 것처럼 느껴져도, 정시에 퇴근할 수 있는 가장 빠른 길이다. 규정을 꿰차고 있는 담당자는 절대로 무시당하지 않는다.

그리고 앞서 4장 〈신참 공무원이 하는 일 I〉에서 말했던 내용을 한 번 더 반복하겠다. 충분히 숙지한 법 규정의 내용을, 민원인에게 쉽고 자세하게 설명해 드리기 바란다. 친절하게 응대하기가 어렵다면 진중하게라도 응대해야 한다. 이야기했듯이 절대로 얄밉게 말해선 안 된다. 얄밉게 말해서 상대방이 그 말에 반응하면 응대하는 시간만 더 길어질 뿐이다. 타인의 마음에 낸 상처는 내게로 다시 돌아올 수 있으니, 부드러운 말을 쓰도록 노력하자. 나 역시 그저 매일 노력할 뿐, 이미 이 경지에 올라와 있어서 이렇게 말하는 것은 절대 아니다.

"안 된다는 규정 좀 보여 줘 봐!"

사례를 하나 더 들어 보자. 어떤 회사의 사장이 직원에게 자신의 인감증명서 발급을 부탁했다고 해 보자. 이때 인감증명서 발급을 직원에게 맡긴 사장은 '법령에서 규정한 서식의 위임장'을 써서 직원에게 줘야 한다. 그럼에도 불구하고 임의로 만든 서식의 위임장을 가져와서 발급을 요청하는 대리인이 있다. 담당자는 발급을 거부해야 한다. 이때 담당자에게 화를 내면서 '왜 안 되는지 규정을 보여 달라'고 요구하는 대리인이 가끔 있다.

비슷한 사례 하나 더. 미국에 있는 재외국민* 아들의 인감증명서를 아버지가 발급받으려 한다. 재외국민 위임자가 국외 체류 중인 때에는 법령에서 규정한 서식의 위임장에 '재외공관在外公館**의 확인'을 받아서 위임장 원본을 국제우편으로 대리인에게 보내 줘야 한다. 그럼에도 불구하고 재외공관의 확인을 받지 않은 위임장으로 아들의 인감증명서 발급을 요청하는 아버지가 있다. 담당자는 발급을 거부해야 한다. 역시나 이때 담당자에게 화를 내면서 '왜 안 되는지 규정을 보여 달라'고 요구하는 대리인이 가끔 있다.

규정을 몰라서 규정을 제시할 수 없는 담당자는 계속 민원인의 비판을 들을 수밖에 없다. 하지만 규정을 세 번 읽어 본 담당자는 어렵지 않게 해당 조문인 인감증명법 시행령 제13조 제1항을 찾아서 제시할 수 있다.

법제처 국가법령정보센터 홈페이지(http://www.law.go.kr)에서 '인감증명법 시행령'을 입력하고 해당 조문인 제13조를 출력해서 주면 된다. 국가법령정보센터 홈페이지는 해당 조문만 출력할 수 있는 기능도 제공한다. 제13조 앞의 네모를 체크하고 프린터 아이콘을

---

* 쉽게 말하자면 '외국에 사는 한국 사람'. 재외국민등록법 제2조(등록 대상)에 규정되어 있는 엄격한 의미의 법적 정의는 '외국의 일정한 지역에 계속하여 90일을 초과하여 거주하거나 체류할 의사를 가지고 그 지역에 체류하는 대한민국 국민'을 말한다.

** 외국에서 외교, 무역 통상, 자국민 보호 업무를 보는 대한민국 외교부의 파견 기관. 이 경우는 미국에 있는 대한민국 대사관이나 영사관.

누르면 일부 인쇄가 가능하다(이 사이트는 알면 알수록 편리하다).

제13조(인감증명서의 발급) ①법 제12조 제1항에 따라 인감증명서를 발급받고자 하는 때에는 본인 또는 그 대리인(17세 이상인 사람에 한한다)이 인감증명서발급기관에 신청하여야 한다. 이 경우 대리인이 인감증명서의 발급을 신청할 때에는 별지 제13호서식, 별지 제13호의 2서식 또는 별지 제13호의 3서식의 인감증명서 발급 위임장(위임자가 재외국민인 경우로서 해외에 체류 중인 경우에는 위임사실에 대하여 재외공관의 확인을 받은 것을 말한다)과 함께 위임자 본인[해외거주(체류)자인 본인이 재외공관의 확인을 받아 위임장을 제출하는 경우와 수감자인 본인이 수감기관의 확인을 받아 위임장을 제출하는 경우는 제외한다] 및 대리인의 주민등록증등을 제출하여야 한다.

이 내용이 포함돼서 출력된 종이를 보여 주면 된다. 이때 주의할 점 두 가지. 첫째, "자, 왜 안 되는지 나와 있는 규정이에요." 얄밉게 말하거나 예의 없이 종이를 전달해서는 안 된다. 말과 행동 모두 끝까지 예의 바른 자세를 견지해야 한다. 예의 바르게 행동하기가 어렵다면 최소한 사무적인 자세까지는 유지해야 한다. 그러지 않으면 말투와 태도를 문제 삼을 것이다. 둘째, 명확한 규정도 제시했고 말과 행동 모두 조심했음에도 불구하고 여전히 이해하지 못하고 화를 내는 민원인도 있다. 최선을 다했음에도 불구하고 화를 내는 분들을 응대하는 방법은, 더 이상은 없지 않을까 싶다.

수많은 공시생들이 9급 공채 필기시험에 합격하기 위해 다섯 과목을 공부한다. 매일, 하루에 여덟 시간 이상, 2년에서 3년 동안, 길게는 그 이상까지, 눈물이 나도록. 합격 후 행정의 최일선에 서게 됐다고 생각해 보자. 민원인에게 능숙하게 막힘없이 설명할 수 있도록 업무 규정을 익히기 위해 투입해야 할 시간과 노력과 공부량은 어느 정도 될까?

어디까지나 주관적이고 직관적인 판단이지만, 합격생이 필기시험에 투입했던 공부량의 20%만 투입해도 '직장의 신'이 된다고 본다. 자신이 맡은 일의 근거 법령을 세 번 읽는 데 드는 노력은 합격하느라 고생한 정도의 20%에 불과하다는 것이 내 생각이다. 능숙하게 일해서 좋은 행정 서비스를 제공하는 것은 사회에, 시민에게, 그리고 스스로에게 이익이 되는 일인데, 이 정도 투자는 할 만하다고 본다.

이런 궁금증이 들 수도 있겠다. '앞에서 9급 일이 만만치 않다고 했잖아요. 그런데 필기시험 합격에 쓰는 노력의 20% 정도로 9

급 일을 잘할 수 있다니, 뭔가 앞뒤가 안 맞는 것 같은데요?'

앞뒤가 맞다. 9급 일이 만만하다는 의미가 아니라 9급이 되기 위해 투입해야 하는 공시생의 노력이 그만큼 상식을 넘어서 있다. 단군신화에서 곰은 21일 동안 쑥과 마늘만 먹으면서 햇빛을 보지 않고 동굴에서 살다가 사람이 되었다. 하지만 9급 공시생은 이미 사람인데도 곰보다 더 힘들게 살아야 9급이 될 수 있다.

민원인과의 권력 다툼에서 발을 빼자

철학자: 사적인 분노는 타인을 굴복시키려는 도구에 불과하네.

공채생: 그러면 사적인 분노에 대해 묻겠습니다. 아무리 선생님이라도 별다른 이유도 없이 민원인에게 매도를 당하면 화가 나시겠죠?

철학자: 나지 않네.

공채생: 거짓말하지 마세요!

철학자: 만약 면전에서 욕을 먹었다면 그 민원인이 숨겨 놓은 '목적'이 뭔지 생각할 걸세. 면전에서 욕을 먹었을 뿐 아니라 상대의 언동으로 진짜로 화가 났을 때는, 상대가 '권력 투쟁'을 위해 싸움을 거는 것이라고 생각하게.

공채생: 권력 투쟁이요?

철학자: 만약 자네가 정말로 화를 낼 때까지 민원인이 욕을 그만두지 않는다면, 그 목적은 '싸우는 것' 자체에 있네.

공채생: 싸우려고 하다니, 원하는 게 뭐죠?

철학자: 이기고 싶은 거지. 이겨서 자신의 힘을 증명하고 싶은 걸세.

공채생: 잘 이해가 되지 않네요. 좀 더 구체적인 예를 들어 주시겠어요?

철학자: 가령 자네가 민원인에게, 가족이라 해도 외국에 있는 재외국민 아들의 인감증명서를 발급해 갈 수 없는 이유를 원칙을 들어 친절하게 잘 설명해 드렸다고 해 보세. 인감증명법 시행령 제13조 제1항에 따라 재외국민 위임자가 외국에 있을 때에는 재외공관의 확인을 받아 위임장을 제출해야 한다고 말일세. 원칙을 받아들이기

어려웠던 민원인은 부모 자식 간인데도 이렇게 서류를 엄격하게 받는 것은 행정 편의주의적인 발상이며, 잘못된 일이라고 주장했지. 서로 한 치도 물러서지 않는 언쟁이 계속되고, 결국 자네에게 인신공격을 하기에 이르렀네. 그러니까 네가 멍청한 거야, 융통성 없는 세금충들, 너 같은 놈들 때문에 이 나라가 발전이 없는 거야, 기타 등등.

공채생: 그런 말을 들으면 이쪽에서도 더는 참을 수가 없지요.

철학자: 이런 경우 상대의 목적은 어디에 있을까? 자네와 함께 제도의 문제점에 관한 의견을 나누면서 이성적인 토론을 하고 싶었던 걸까? 아니지. 상대방은 자네를 비난하고 도발하고 권력 투쟁을 함으로써 평소 못마땅했던 정부미(政府米)*를 굴복시켜서 인감증명서를 발급받고 싶은 걸세. 여기서 자네가 화를 내면 상대가 의도한 대로 두 사람은 권력 투쟁에 돌입하지. 그러니 어떠한 도발에도 응해서는 안 되네.

공채생: 그러면 면전에서 인신공격을 받는 경우는 어떻게 해야 하나요? 그저 참기만 합니까?

철학자: 아니. '참는다'는 발상은 자네가 아직 권력 투쟁에 사로잡혀 있다는 증거일세. 상대가 싸움을 걸어오면, 그리고 그것이 권력 투쟁이라는 것을 알아차렸다면 서둘러 싸움에서 물러나게. 상대의 도발에 넘어가지 말게. 우

---

* 정부가 국민들의 배고픔을 해결하기 위해 품종을 개량해서 생산했던 쌀. 일반미보다 품질이 떨어져서 공무원을 얕잡아 부르는 말로 쓰이기도 한다.

리가 할 수 있는 일은 그뿐이네.

공채생: 하지만 분명 오해임을 알면서도 그것을 빌미로 시비를 걸어오거나 모욕적인 말을 하는데도 화를 내서는 안 됩니까?

철학자: 화를 내지 말라는 것이 아니라 '분노라는 도구에 의지할 필요가 없다'는 걸세. 화를 잘 내는 사람은 참을성이 없어서가 아니라 분노 이외의 유용한 커뮤니케이션 도구가 있다는 것을 알지 못하는 걸세. 명확한 규정이 있고 자네가 옳다고 판단한다면, 민원인의 의견이 어떻든 간에 이야기는 거기서 마무리되어야 하네. 그런데 많은 공채생들이 권력 투쟁에 돌입해서 민원인을 굴복시키려고 하지. 권력 투쟁에서 물러나 인감증명법 시행령 규정을 보여 주는 것만으로 충분하네. 이때 민원인이 '내가 정녕 논리에서 이 하찮은 정부미에게 밀려 패했다는 말인가?' 또는 '이놈 말이 틀린 건 아닌데 왠지 얄미워'라는 느낌을 갖지 않도록, 겸손한 자세와 부드러운 말씨로 상대방을 높여 주는 것이 서로에게 이익이 된다는 말일세.

기시미 이치로·고가 후미타케. 2014.《미움받을 용기》. 인플루엔셜. pp.116-123의 내용을 패러디한 것.
강경한 민원인들과 매일 전투를 벌이며, 그 전투를 반드시 승리로 이끌어 내려 노력하는 공채생들이 있다. 원작의 품격을 떨어뜨린 것 같아 송구한 마음이 들지만, 전투에 지친 그들이 스스로의 마음을 부드럽게 하는 데 도움이 될 것이라 생각해서 인용해 봤다.

문서, 정부 조직의
공식 언어

고참과 관리자로부터 이 말을 지긋지긋하게 듣게 될 것이다. 공무원은 문서로 말한다. 정부가 내리는 의사결정은 자격 있는 결재권자의 관인이 날인되거나 서명이 기재된, 공식적인 문서로 공표된다.

대한민국 대통령 선거 이후, 어떤 후보가 대통령 당선인으로 확정되어 당선인의 지위를 갖게 되는 때는 방송사가 '○○○ 후보 당선 확실'이라고 발표하는 때가 아니다. 개표가 끝난 후 중앙선거관리위원 전체 회의에서 개표 결과를 확정하여 당선인을 결정한다. 당선인이 결정된 후에는 대한민국 중앙선거관리위원장이 당선인을 공고하고, 당선증을 당선인에게 교부한다.[41] 이 무게감 있는 공식적인 절차는 모두 문서로 이루어진다.

공무원은 문서로 말한다

여러분도 정부의 일원이 되면 문서를 기안하고, 결재하고, 생산하고, 시행하고, 발송하고, 편철하고, 보관하게 된다. 이 장에서는 문서와 문서 작성에 대해 좀 더 구체적으로 설명하도록 하겠다. 법규정 숙지와 쌍벽을 이루는, 매우 중요한 일이다.

공무원이 생산하는 문서의 종류는 다양하지만, 실무자가 자주 다루는 공문은 크게 계획서와 보고서, 그리고 시행문으로 분류할 수 있을 것 같다. 계획서와 보고서는 문서의 내용을 보고받는 사람이 정부 내부의 상급자다. 시행문은 필요에 따라 누구에게나 전해질 수 있다. 문서를 받는 사람이 기관 내부의 장일 수도 있고, 외부 기관의 장일 수도 있고, 국민 개인일 수도 있고, 회사, 법인, 단체일 수도 있다.

우선, 우리가 가장 흔하게 접할 수 있는 정형적인 시행문 예시를 소개한다면 다음과 같다. 행정 효율과 협업 촉진에 관한 규정 시행규칙 별지 제1호서식이다. 서울특별시라는 지방정부에 근무하는 공무원이라면 행정기관명에 '서울특별시'가, 발신명의에 '서울특별시장'이 기재된다. 기획재정부에 근무하는 공무원이라면 기획재정부와 기획재정부장관이 기재되고, 행정안전부에 근무하는 공무원이라면 행정안전부와 행정안전부장관이 기재된다. 여러분은 기안자에 그 이름을 올리게 되며, 문서에는 원칙적으로 기관장의 직인이 찍히게 된다.

■ 행정 효율과 협업 촉진에 관한 규정 시행규칙 [별지 제1호서식] 〈개정 2016. 7. 11〉

행정기관명

수신
(경유)
제목

_____

발신명의   직인

_____

기안자 직위(직급) 서명   검토자 직위(직급) 서명   결재권자 직위(직급) 서명
협조자
시행   처리과명-연도별 일련번호(시행일)   접수   처리과명-연도별 일련번호(접수일)
우편번호   도로명 주소   /   홈페이지 주소
전화번호   팩스번호   /   공무원의 전자우편 주소   /   공개 구분

다음으로 계획서를 살펴보자. 정부 조직에서 일반적으로 기안하는 계획서에 수록되는 내용은 대략 다음과 같다. 기본 형식이라고 받아들여도 무방하다. 당연하게도, 이 기본 형식에서 필요에 따라 일정한 내용이나 소제목을 추가 또는 제외할 수 있을 것이다. 그리고 보고를 받는 상관이 내용을 한눈에 쉽게 이해할 수 있도록 표와 그래프를 적절하게 활용하면 좋을 것이다. 본문 중에 본질적이지 않으면서 설명을 길게 해야 하는 내용이 있다면 붙임 문서로 정리해서 본문 뒤에 수록한다.

계획서에 수록되는 내용

앞부분	• 배경: 이 계획서를 작성하게 된 배경 • 법적 근거: 이 일과 관련된 법률, 시행령, 시행규칙
중간 부분	• 추진 개요: 일시 또는 기간, 장소, 내용 • 추진 방법: 계획과 목표를 이루기 위한 구체적인 방법과 전략
뒷부분	• 행정사항: 주무부서와 타 부서에서 앞으로 해야 할 구체적인 일 지정

보고서는 목적에 따라 각각의 문서 형식이 다양할 수 있어서 이 책에서 모든 케이스의 보고서를 소개할 수는 없다. 참고할 만한 책을 이후에 소개하도록 하겠다.

계획서와 보고서를 잘 쓰는 방법에 대해서는 얄팍한 스킬을 우선적으로 제공하도록 하겠다. 우선 전임자 또는 상급기관 담당자가 작성한 문서를 선례 답습할 것을 권한다. 다음과 같은 장점이 있다.

첫째, 시간과 비용을 절약할 수 있다. 뭔가 혁신적인 계획을 수립하거나 정책분석, 정책평가, 프로그래밍 흐름도 수준의 체계적인 보고서를 작성하는 일이 아니라면, 처음부터 지나치게 힘 뺄 필요가 없을 것 같다.

둘째, 전임자가 작성한 문서는 관리자가 이미 결재한 문서이기 때문에 관리자도 '이 정도 내용이면 결재할 수 있다'고 판단한 문서다. 따라서 관리자가 결재하지 않을 만한 논리적인 이유가 별로 없다. 정기적이고 형식적인 계획서와 보고서라면 더더욱 그러하다. 기존 문서에 오타나 오류는 없는지 확인해서, 문장을 다듬는 정도로 작성한다면 큰 문제가 없을 것이다.

당연하게도, 위에서 소개한 얄팍한 스킬만 습득해서는 안 된다. 공직 근무하는 중에, 중요하고 복잡한 사안에 대해 판단하고, 그 판단에 따라 계획서나 보고서를 작성해야 할 때가 어느 날 반드시 올 것이다. 이때는 얄팍한 스킬에서 그치지 말고 반드시 심화 과정에 이르기를 바란다. 우선 그에 관한 책 세 권을 여기에 소개해 둔다.

첫 번째 책으로, 《대통령 보고서》[42]라는 책을 추천한다. 노무현 정부 시절, 대통령 비서실 혁신담당관들이 주축이 되어 구성된 동아리 '대통령 비서실 보고서 품질향상 연구팀'이 지었다. 보고서의 여러 종류, 그리고 그 종류에 따른 예시 내용이 제시되어 있어서 보고서 작성할 때 사전처럼 곁에 두고 참고할 수 있는 좋은 책이다.

두 번째 책으로, 《7가지 보고의 원칙》[43]이라는 책을 추천한다. 〈나 어떡해〉라는 곡으로 MBC 대학가요제 제1회 대상을 받은 '샌드 페블스'의 남충희 저자가 지었다. 배경이 정부가 아니라 기업이고, 회사와 상사에게 몰입하고 헌신하는 개인의 양상이 책에 많이 제시되어 있다는 점에서, 공직자로서의 삶과 개인으로서의 삶의 균형을 이루고자 하는 이 책이 추구하는 바와 전적으로 일치하는 것은 아니다. 하지만 보고할 때 논리적·구조적 사고가 필요하다는 점, 그리고 관리자는 실무 담당자의 명확한 판단을 바라고 있다는 점을 소개한 부분이 무척 좋았다. 정부 조직의 사무직 노동자에게 도 반드시 필요한 내용이다. 보고서도 중요하지만, 보고할 때의 자세와 요령도 중요하기 때문에 읽어 보면 많은 도움을 받을 수 있을 것이다.

세 번째 책으로, 《행정조사방법론》[46]이라는 책을 추천한다. 서울과학기술대학교 행정학과 남궁근 명예교수가 지었다. 국내에서 연구·조사 방법론 교재로 가장 많이 선택받는 책이다. 대학생과 대학원생은 물론 교수와 전문가에 이르기까지 이 책을 많이 참고한다.

'우리 부서에서 행한 정책의 효과를 평가해서 보고하라, 우리 부서에서 행한 사업의 시민 만족도를 조사하라, 우리 관내에 지하철역이 조만간 개통되는데 시민들이 원하는 역 이름이 무엇인지 조사하라.' 상사로부터 이런 지시를 듣게 되면 무척이나 막연한 마음이 들 것이다. 이때 이 책을 찾아보면 도움을 받을 수 있을 것이다.

어떻게 조사해야 하나? 어떤 자료를, 어떻게 모아야 하나? 어떤 방법으로 분석해야 하나? 주관적인 생각으로 평론을 쓰면 되는 것인가, 객관적인 수치를 제시해야 하는 것인가? 어떤 지하철역 이름을 원하는지 누구에게 물어봐야 하나? 누구에게 물어볼지 결정함에 있어 어떤 기준을 세워야 훗날 공정성 시비가 없을까?

이 책은 조사 설계, 척도 구성과 측정, 표본 추출, 자료 수집, 분석 방법 등 연구와 조사에 관한 엄밀한 내용을 알려 주고 있다. 여러분이 직접 조사를 수행해야 하는 담당자가 되었을 때 참고한 다면 도움이 될 것이다.

물론 이 책들 외에도 좋은 책이 많이 있다. 여러분에게 보다 잘 읽히는 더 좋은 책이 있다면 그 책을 선택해서 참고하면 될 것이다.

기존에 없었던, 새로운 문서를 만들어야 한다면

공직에 있으면서 중요하고 복잡한 사안에 대해 판단하고, 그 판단에 따라 계획서나 보고서를 작성해야 할 때가 있을 것이라고 앞서 말했다. 만약 정형적이지 않은 업무 또는 여러분이 잘 알지 못하는 분야의 업무에 대해 문서를 작성하라는 지시를 받게 된다 면, 상당히 막연한 마음이 들 것이다.

이때는 '먼저 자료를 수집'하라고 조언해 주고 싶다. 인터넷과 기사 검색으로 충분하지 않다면 큰 도서관에서 관련된 책 서너 권 을 대출해서 읽어 볼 것을 권한다. 학술지 논문을 찾아 읽어 보는 것도 많은 도움이 될 것이다. 자료를 충분히 확보해 두게 된 이후 에는 막연한 마음이 많이 사라지게 될 것이다.

"정보! 정보! 정보가 필요해! 점토가 없는데 무슨 수로 벽돌을 찍겠나!"[45]

셜록 홈즈가 한 말이다. 세기의 명탐정도 벽돌을 굽기 위해 진흙이 필요한데, 하물며 우리처럼 평범한 9급 공채생이 자료 없이 중요한 문서를 만들 수 있겠는가. 자료를 모으자. 열심히 모으자.

논문 검색에 있어서는 다음의 경로를 추천한다. 회원 가입과 로그인이 필요하다. 여러분이 근무하고 있는 기관이 다음 기관들과 협약을 맺고 있다면 여러분이 일하고 있는 기관의 모든 PC 또는 지정된 일부 PC에서 자동으로 로그인이 될 것이고, 개인이 로그인할 때보다 더 많은 자료에 접근할 수 있다.

- 전자국회도서관(http://dl.nanet.go.kr)
- 누리미디어 DBpia(http://www.dbpia.co.kr)
- 한국학술정보 학술논문 검색(http://kiss.kstudy.com)
- 한국교육학술정보원 학술 연구 정보 서비스(http://www.riss.kr)

여기에서 권위 있는 기관이 작성한, 수준 높은 보고서에 접근할 수 있는 경로를 하나 소개하겠다. KDIKorea Development Institute · 한국개발연구원는 경제·사회 분야에 있어 대한민국 정부의 대표적인 연구기관이다. KDI 홈페이지(http://www.kdi.re.kr)와 KDI 경제정보센터 홈페이지(http://eiec.kdi.re.kr)를 통해 정부 부처와 민간기업 연구소 등 권위 있는 기관의 문서에 접근할 수 있다. 한국 정부뿐 아니라 UN, OECD, IMF, 세계은행 등 국제기구의 한국 관련 자료에도 접근할 수 있다.

필요한 때에 이 경로를 통해 자료에 접근하는 것도 좋은 방법이다. 하지만 그보다는 KDI 홈페이지 회원 가입 후 뉴스레터 수신을 신청해서, 정기적으로 KDI의 뉴스레터 메일을 받아 보는 것을 여러분에게 추천하고 싶다. 이렇게 하면 국내·외 기관에서 발간한 최신 보고서, 정책자료, 동향자료, 보도자료를 놓치지 않고 체크해 볼 수 있다. 뉴스레터를 신청할 때 거시경제, 산업, 노동, 재정, 복지, 교육, 국토 인프라 등 관심 분야를 체크해 두면, 그에 대한 최신 자료와 자료 접근 경로를 뉴스레터가 제공해 준다. 단기적인 보고서 작성을 넘어 장기적인 관점에서, 여러분이 공무원으로 일하는 데 적지 않은 도움을 줄 것이라 생각한다. 주요 정책에 대한 최신 자료와 수준 높은 문서를 틈틈이, 대략적으로 훑어보는 것만으로도 안목과 실력을 높이는 데 도움이 된다.

정형적이지 않은 업무에 직면했을 때 어떻게 하는 것이 좋은지 이야기하고 있었다. 지금까지 내가 받았던 비정형적인 업무 지시 가운데 기억나는 몇 가지를 소개하면 다음과 같다.

▲ 구청장 공약사업 중 독서인증제 계획 수립
▲ 구청장 공약에 따라 신설된 도서관팀의 내년도 업무 계획 수립
▲ 지방공단, 지방문화원, 문화재단 개념 정리
▲ 구청 산하기관(도시관리공단, 문화재단, 복지재단) 직원 인건비 비교

여기에서는 독서인증제 계획안을 소개하도록 하겠다. 학생들이 책을 많이 읽도록 하겠다는 취지로 구청장이 후보자 신분이었

을 당시에 공약으로 내건 것이다. 후보자는 같은 맥락으로 '100권 책 읽기'라는 타이틀의 독서 운동도 공약으로 내세웠다. 신설된 도서관팀에서 이 공약에 대한 구체적인 계획을 수립하는 일이 나에게 주어졌다. 한두 줄의 공약 제목을 토대로 전임자가 작성했던 1페이지 분량의 간략한 공약사업 계획서가 내게 주어진 정보의 전부였다.

앞서 말했듯이, 진흙 없이 벽돌을 구울 수는 없다. 독서인증제에 대한 지식과 정보가 없으니, 이에 대한 자료를 찾아볼 수밖에 없었다. 독서인증제가 어떤 것인지 대략적으로 알고 있다 해도, 구체적인 계획을 수립해야 하는 실무자 입장에서는 그 독서인증제를 '어떻게, 어떤 방법으로' 실행할 것인지, 그 방법론이 매우 중요하다. 이를 위해서도 자료를 찾아야 할 필요가 있다.

인터넷 검색을 통해 대략적인 정보를 모을 수 있었고, 좀 더 깊게는, 교사, 학부모, 전문가 모두가 독서인증제에 대해 비판적인 시각을 갖고 있음을 알게 되었다. 특히 책 내용과 관련된 몇 가지 단답형 문제에 답을 입력하는 미션 클리어 방식으로 독서 이력을 저장·관리하는 전산 프로그램에 대해서는 더더욱 격렬하게 비판하고 있음을 알게 되었다.

그리고 한편으로는, '진해 기적의 도서관'에서 초등학생이 책을 읽은 뒤 독서기록장에 독서활동을 남기면 자원봉사자가 '책 도장'을 찍어 주는 프로그램이 있다는 정보를 접하게 되었다. 여기서 독서활동이라 함은 인상 깊었던 문장 하나를 독서기록장에 적는 것, 책을 읽은 뒤 책 내용을 독서기록장에 그림으로 그리는 것처럼 가벼운 활동을 말하는 것이었다. 완성된 독후감을 쓰는 것이 아니었다. 그리고 읽은 책에 대해 학생들이 도서관 자원봉사자와 대화를 나누고, 자원봉사자가 '책 도장'을 찍어 주는 프로그램이었다.

정보를 접한 순간, 이 프로그램에 무척 호감이 갔다. 인증 방식이면서도, 자원봉사자와 소통하는 과정이 있기 때문에 인위적인 느낌이 들지 않았다. 무엇보다 학생들의 독서 흥미를 반감시키지 않고, 학생들에게 큰 부담을 주지 않는다는 점이 가장 마음에 들었다.

상사들의 검토를 받은 뒤, 진해 기적의 도서관에서 시행하고 있는 이 프로그램을 그대로 도입한다는 사실을 분명하게 밝히고, 그 방식 그대로 '100권 책 읽기' 사업을 시행하게 되었다. 구청장이 공약으로 내걸었던 독서인증제와 100권 책 읽기 운동은 이러한 내용으로 계획이 세워지고, 집행되었다.

기존에 없었던, 뭔가 새로운 것을 만들고, 계획하고, 집행해야 하는 일이 쉽지는 않다. 하지만 자료를 확보해 두고, 자료를 읽으며 곰곰이 생각을 거듭하다 보면 길이 열리리라 생각된다. 많이 부족하지만, 참고 차원에서 그 당시의 계획서를 이 책의 끝에 부록으로 수록해 둔다(부록 문서 #2).

계획서 예시: 원천기술 자립역량 강화 방안

다른 도서관의 훌륭한 프로그램을 그대로 도입한 나의 부족한 계획안은 이 정도만 소개하고, 대한민국 정부 최고의 인재들이 생산한 계획서를 한번 살펴보자. 여기에 소개할 계획서는 과학기술정보통신부, 산업통상자원부, 중소벤처기업부, 특허청 등 관계부처가 합동으로 작성해서 2019년 8월에 발표한 20페이지 분량의 문서로서, 제목은 다음과 같다. 〈핵심 원천기술 자립역량 강화를 위한 소재·부품·장비 연구개발 투자전략 및 혁신대책〉.

이 계획안이 발표된 배경은 다음과 같다. 2019년 7월 일본 정부는 반도체와 디스플레이 생산에 필수적인 품목에 대해 한국을 대상으로 수출 규제를 단행했고, 8월에는 수출 허가 절차에서 간소화 혜택을 적용받는 백색 국가 목록white list에서 한국을 제외했다. 그동안 일본 수입에 상당 부분 의존해 왔었던 필수 품목 공급에 차질이 발생하자, 핵심 전략 품목의 국산화로 공급 안정성을 확보하고, 근본적으로는 핵심 원천기술 보유와 이를 위한 연구개발이 이루어져야 한다는 주장이 힘을 받게 되었다. 이 계획안은 이에 대한 대책으로 수립된 것이다. 대한민국 정부에서 생산하는 계획서가 어느 정도의 수준인지 관심 있는 독자는 전문을 확인해 보기 바란다. 과학기술정보통신부 홈페이지 보도자료 메뉴에서 이 문서에 접근할 수 있다.

이 계획서는 Ⅰ. 수립 배경 Ⅱ. 추진전략 Ⅲ. 주요과제 추진일정으로 구성되어 있다. 당연히 추진전략이 중심 내용이다. 20페이지 전문 가운데, 추진전략을 간략하게 요약한 페이지가 있다. 이를 중심으로 계획안을 살펴보자.

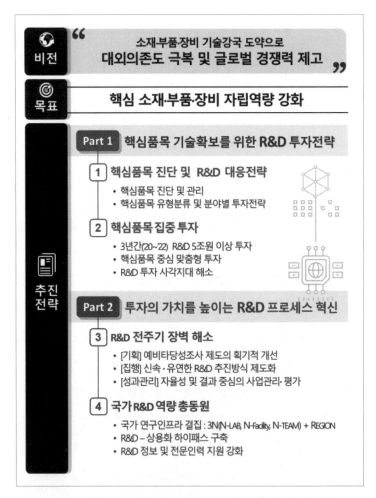

비전
"소재·부품·장비 기술강국 도약으로 대외의존도 극복 및 글로벌 경쟁력 제고"

목표
핵심 소재·부품·장비 자립역량 강화

추진전략

Part 1 핵심품목 기술확보를 위한 R&D 투자전략

1 핵심품목 진단 및 R&D 대응전략
• 핵심품목 진단 및 관리
• 핵심품목 유형분류 및 분야별 투자전략

2 핵심품목 집중 투자
• 3년간(20~22) R&D 5조원 이상 투자
• 핵심품목 중심 맞춤형 투자
• R&D 투자 사각지대 해소

Part 2 투자의 가치를 높이는 R&D 프로세스 혁신

3 R&D 전주기 장벽 해소
• [기획] 예비타당성조사 제도의 획기적 개선
• [집행] 신속·유연한 R&D 추진방식 제도화
• [성과관리] 자율성 및 결과 중심의 사업관리·평가

4 국가 R&D 역량 총동원
• 국가 연구인프라 결집: 3N(N-LAB, N-Facility, N-TEAM) + REGION
• R&D – 상용화 하이패스 구축
• R&D 정보 및 전문인력 지원 강화

자료: 과학기술정보통신부, 산업통상자원부, 중소벤처기업부, 특허청 등 관계부처 합동. 2019.
〈핵심 원천기술 자립역량 강화를 위한 소재·부품·장비 연구개발 투자전략 및 혁신대책〉. p.4.

추진전략은 크게 두 방향이다.

첫 번째 방향은 R&D연구개발 투자다. 반도체, 디스플레이, 자동차, 전기전자, 기계·금속, 기초화학 등 6대 분야의 100개 이상 핵심 품목을 대외 의존도와 전문가 의견을 토대로 정밀 진단한다. R&D 차원에서 관리가 필요한 핵심 품목을 특별위원회가 목록화한다. 다음으로 핵심 품목을 4개 유형으로 분류해서 각 유형에 적합한 투자를 시행한다. 중·장기적으로 기술 자립을 위한 핵심 원천 기술 개발을 중점 추진하고, 공급기업의 기술 개발과 수요기업의 생산 단계를 연결하는 계획이 포함된다. 그리고 2020년부터 2022년까지 3년 동안 핵심 품목 R&D에 5조 원 이상을 집중 투자한다.

두 번째 방향은 R&D 프로세스 혁신이다. R&D 전체 주기에서 연구개발의 걸림돌을 제거한다는 계획이다. 기획 단계에서는 대형 R&D 사업에 예비 타당성 조사를 면제하고, 시급한 대응이 필요한 소재·부품·장비 R&D의 예비 타당성 조사는 특별위원회 심의를 거쳐 비용−편익 분석이 아니라 비용−효과 분석을 적용한다. 집행 단계에서는 신속한 R&D 추진을 위해 정부가 직접 연구기관을 지정할 수 있는 근거를 마련한다. 연구 인프라를 결집한다는 차원으로 정부가 연구실, 테스트 베드 시설, 연구협의체를 지정·운영한다. 이때 지역 특성을 토대로 R&D를 추진함으로써 부가적인 효과를 높인다는 구상이다. R&D 통합시스템을 만들어 부처별로 분산되어 있었던 R&D 정보를 통합 제공한다. 끝으로 소재·부품·장비 분야 인력을 양성한다. 이를 위한 방법으로는 전공 대학원생 확대, 지역 거점대학에 연구실 설치, 지역별 우수 연구그룹 지원, 기업과

연계된 계약학과 신설, 반도체 클러스터 주변 폴리텍 캠퍼스를 반도체 특화형으로 전환, 국외기업 M&A와 투자를 통한 기술력 확보 지원을 제시했다.[46]

나는 과학기술정책에 대해 논할 만한 전문지식을 갖고 있지 않다. 정부가 내놓은 이 대책이 옳은 방향을 제시한 것인지 그릇된 방향을 제시한 것인지 논평할 수 있는 전문성이 없다. 투자 규모가 충분한 것인지 부족한 것인지도 알기 어렵다. 다만, 일본의 수출 규제가 한국의 경제 발전에 심각한 위기로 인식되고 있는 시점에 대한민국 정부가 내놓은 대책안이 이 정도의 무게와 수준을 갖고 있다는 것을 예시로 소개하는 것이다.

이 책을 통해 우연히 이 문서를 접하게 되었을지라도, 훗날 이 정책이 과연 한국의 소재·부품·장비 R&D에 기여했는지, 그리고 한국의 소재·부품 산업이 일본으로부터 수입하는 제품에 크게 의존하는 한계를 넘어 마침내 핵심 원천기술을 보유하는 데 기여했는지 확인해 보는 것도 좋은 경험이 될 것 같다.

여러분에게 어려운 문서 작성 미션이 주어진다 해도 너무 괴로워하지 않길 바란다. 상사들이 9급 공채생에게 최고 수준의 문서를 원하는 것은 아니다. 신참 9급 공채생에게 맥킨지McKinsey 보고

---

* 미국에 본사를 둔 세계적인 경영 컨설팅 회사. 맥킨지 앤드 컴퍼니(McKinsey & Company)에서 작성한 보고서를 말한다.

서*나 노벨 경제학상을 받을 논문을 기대하는 관리자는 없다. 여러분의 의견을 참고하거나 페이퍼의 틀 또는 초안을 잡기 위해 지시하는 경우가 많다.

그리고 9급 시절에 고생을 심하게 하는 것이 마냥 나쁜 것만은 아니다. 장기적으로 볼 때 여러분에게 복이 될 수도 있다. 첫째, 앞으로 비슷한 어려움을 겪었을 때 가뿐하게 해결해 낼 수 있다는 자신감을 갖게 될 것이다. 힘든 경험은 틀림없이 여러분에게 소중한 자산이 된다. 둘째, 앞으로 그런 어려운 일을 겪게 될 가능성이 조금이라도 낮아진다. 확률상 그렇다는 것이다.

여러분은 상급자의 지시와 의도를 정확하게 확인하고, 여러분의 능력 범위 안에서 최선을 다하면 된다. 상사의 성향, 그리고 임무가 부여된 상황과 맥락을 함께 고려한다면 더욱 좋을 것이다. 여러분에게 과제를 부여한 상급자가 발군의 스피드를 원하는지, 간략한 페이퍼를 원하는지, 논문처럼 깊이 파는 페이퍼를 원하는지 알아 둘 필요가 있지 않겠는가?

상급자가 스피드를 원하는데, 논문 다섯 편을 확보해 며칠을 할애해서 읽고 있다면, 상급자는 아마도 화를 낼 것이다. 관리자가 논문처럼 깊이 파는 페이퍼를 원하는데, 빈약한 내용의 페이퍼를 두 시간 만에 완성해서 보고한다면, 상급자는 여러분이 성의가 없다고 생각할 것이다.

상사의 의도를 잘 모르겠다면 지시를 받을 때 '언제까지 해야 되나요?', '이런 내용이 포함되어야 한다는 말씀이시죠?' 등 궁금한 것을 물어보고, 대화를 통해 확인하면 된다. 지시를 받은 뒤에 나름 작성해 보다가 궁금한 것이 생겼을 때 다시 물어보는 것도 좋은 방법이다(이러한 대화가 소통이다. 관리자와 같이 영화 보고, 영화 보고 나서 스파게티 먹는 의전을 소통이라고 표현하는 조직이 있다. 안타깝다). 며칠 동안 고생해서 작성했는데, 상급자가 원했던 방향이 아니어서 다시 작성하는 것보다는, 일하는 중간에 상급자로부터 점검을 받는 것이 훨씬 낫다. 상사들도 여러분이 헛고생을 하지 않기를 바란다.

후회하지 않을
결정을 내리자

계획서와 보고서에 대해 상당히 많은 분량을 할애해서 설명했다. 그만큼 문서를 작성하는 일과 상사에게 보고하는 일은 중요하다. 이에 대해 추가적으로 세 가지를 권하고 싶다.

첫 번째, 보고를 받는 상사를 심리적으로 안심시켜 줄 것을 권한다. 무겁고 복잡한 사안을 보고받을 때 희열을 느끼는 상사는 많지 않다. 9급 공채생이 무겁고 복잡한 사안을 보고할 일 역시 그리 많지 않다. 나의 경우는 대부분 "특별한 사안은 아닙니다"라는 말로 보고를 시작했다. 항상 그런 것은 아니지만, 대부분의 경우에 상사의 얼굴에서 긴장감이 누그러지는 것을 관찰할 수 있었다.

두 번째, 보고는 상사만을 위해 하는 것이 아니라는 점을 기억해 두길 바란다. 보고는 일을 위해, 시민을 위해, 조직을 위해, 그리고 나를 위해 하는 것이기도 하다.

예를 들어 보자. 여러분이 동 주민센터 순찰 담당이 되었다고 가정해 보자. 어느 날 순찰 중에 길 위에 구멍이 크게 나 버린, 너무나 당황스럽고 황당한 현장을 발견했다. 맨홀 뚜껑이 부서져서 맨홀에 빠져 버린 것이었다. 지나가는 사람이 맨홀에 빠지면 크게 다칠 수 있을 것 같다. 어떻게 해야 할까?

여러분이 신참 공채생임에도 불구하고 모든 조치를 완벽하게 수행했다고 가정해 보자. 즉, ①이 맨홀이 하수관 맨홀임을 확인하고, ②관리주체인 구청 치수과에 연락해서 '지금 바로 기동반을 보내서 조치해 주세요'라고 요청하고, ③기동반이 오는 사이에 동 주민센터 동료·선배 직원에게 지원을 요청해서 행인과 차량이 맨홀에 빠지는 일이 없도록 접근 금지 표지판과 안전 띠로 현장을 완벽하게 통제한 뒤, ④동료·선배와 함께 현장을 단 한순간도 비우지 않고 대기하다가, ⑤마침내 기동반이 도착해서 새로운 뚜껑을 끼워 설치하고 도로까지 포장해서 모든 일을 완벽하게 마무리했다고 가정해 보자, 이 말이다.

이걸로 완벽하다고 생각할지 모르겠지만, 이러한 임시 조치가 이루어진 다음에는 반드시 직속 상관에게 보고해야 한다. 여러분이 소속돼 있는 동 주민센터의 행정팀장과 동장에게 이 사실을 반드시 알려야 한다는 말이다. 위의 예로 본다면 ②번이나 ③번 조치 이후에 보고하는 것이 적절한 타이밍이 아닐까 싶다.

보고해야 할 당위성은 다음과 같다. 행정팀장과 동장은 관내에서 벌어지고 있는 일을 다 알고 있어야 한다. 특히 이런 안전 이슈와 사고 동향은 더더욱 그러하다. 또한 여러분이 완벽하게 처리했다고 생각해도 여러분이 미처 챙기지 못한 부분이 있을 수도 있다. 경험 많고 지혜로운 상사들이 혹시라도 있을 수 있는 여러분의 미진함을 보완할 수 있도록, 반드시 보고하라.

보고하지 않은 사안에서 심각한 문제가 발생하면, 관리자로부터 이런 말을 듣게 될 것이다. "그 사안에 대해 보고받은 일이 없어! 왜 내게 보고를 하지 않았나!" 반드시 직속 상관에게 보고함으로써, 만에 하나 발생할 수 있는 책임에서 면피하도록 하라. '보고는 나를 위해 하는 것이기도 하다'는 말을 이해했으리라 믿는다.

민감한 사안은 '후회하지 않을 결정'을 내려야 한다

세 번째, 그럴 일이 많지는 않겠지만, 무겁고 복잡하고 민감한 사안에 있어서만큼은, 여러분이 충분히 고민을 많이 한 뒤에, 누구에게도 휘둘리지 않고 명확하게 중심을 잡아서, '후회하지 않을 결정'을 할 것을 권한다. 이때는 다이어그램을 그리거나 표를 작성해서 체계적으로, 구조적으로 사안을 분석해 보는 것도 좋을 것이다. A라는 조치를 취할 때 발생하게 되는 기대 효과와 부작용—장점과 단점—이 그 주된 내용이 될 것이다. 그 이후, 필요에 따라 직속 상관과 상의하거나 고참들의 경험과 지혜를 참고하는 것도 좋을 것이다. 이따금 해당 사안에 대해 잘 알지도 못하면서 말을 쉽게 하는 고참이 있는데, 이런 고참 말은 듣지 않는 게 좋다.

상사도 고참도 여러분의 공식적 책임을 나눠 갖지 않는다. 내가 발의하고 내가 기안해서 내 이름이 기재된 공식 문서로 인해 훗날 문제가 발생한 경우에는 다른 사람이 아닌, 내가 책임을 져야 한다. 품의제도에 따라 계선을 거쳐 관리자들이 함께 결재한 문서라 해도 관리자는 관리자로서 책임을 지고, 담당자는 담당자로서 책임을 져야 한다.

자신의 생각이 충분히 체계적으로 잘 정리되면 그 생각의 결과에 따라 보고서를 작성하고 상관에게 보고하면 된다. 만약 여러분의 소신이 옳다는 확신이 있다면, 상관과 견해가 다르다고 해도 그 소신을 밀고 나갈 것을 권한다. 대부분의 경우, 무겁고 복잡한 사안에 대해 담당자보다 더 많이, 더 깊이 생각해 본 관리자는 많지 않다. 따라서 담당자가 배에 힘주고 소신을 밝히면 상관이라고 해도 담당자 의견을 꺾기가 부담스러워진다. 무겁고 복잡한 사안에서 담당자가 확신과 소신을 갖지 못하면 상사와 주변 환경에 휘둘리게 된다.

9급 공채생이 내려야 할 무게 있는 판단으로 어떤 것이 있을까. 사실 특별한 일이 많지는 않다. 앞으로 그런 일이 있을 수 있다고 충분히 마음의 준비를 해 두는 것이 앞으로 이 직업을 갖고 일하는 데 유리하다는 것을, 분명히 해 두고 싶은 것이다.

내가 겪었던 사례를 하나 소개하도록 하겠다. 기획예산과에서 도시관리공단 관련 업무를 맡고 있을 때였다. 도시관리공단은 앞서 언급한 바와 같이 지방정부가 출연한 지방정부의 산하기관이다. 문화재단과 복지재단도 마찬가지로 지방정부가 자본금을 출연해서 설립한 지방정부의 산하기관이다. 각 기관의 대표 업무로는 도시관리공단은 공영주차장과 거주자 우선 주차구역 관리, 문화재단은 문화행사 개최와 문화 프로그램 운영, 복지재단은 기부금 모금과 복지 대상자 지원을 들 수 있다.

지방정부 산하기관이라 해도 도시관리공단은 기획예산과에서 지방공기업법에 따라 관리하고 있었고, 문화재단과 복지재단은 각각 문화체육과와 복지정책과에서 지방자치단체 출자·출연 기관*의 운영에 관한 법률(이하 지방출자출연법)에 따라 관리하고 있었다.

지방출자출연법은 2014년에 제정되었다. 법률 조문 중에, 출자·출연 기관의 설립 목적, 주요 업무, 비용 부담, 경영실적 평가, 경영진단 등 구체적인 사항은 지방정부의 조례**로 정한다는 내용이 규정되어 있다(지방출자출연법 제4조, 제21조, 제31조 등). 이러한 규정을 흔히 '조례 위임 규정'이라고 한다. 2015년 가을에 기획예산과에

---

* 지방자치단체 출자·출연 기관은 도시관리공단과 마찬가지로 지방정부가 자본금을 출연하여 설립한 기관을 말한다. 문화, 예술, 장학 등의 분야에서 주민의 복리 증진, 주민 소득 증대, 지역경제 발전에 기여할 수 있는 사업을 그 대상으로 한다(지방출자출연법 제2조, 제4조). 대표적으로 문화재단과 복지재단이 있다.

** 지방정부가 법령의 범위 안에서 그 지방의 사무에 관해 제정하는 규정으로서 지방의회의 의결에 의해 제정된다(지방자치법 제22조).

와서 도시관리공단 업무를 맡게 되었던 나는 전임자로부터 지방출자출연법의 조례 위임 규정에 따라 'ＯＯ구 출자·출연 기관의 운영에 관한 조례'를 입안해야 한다는 업무 인계를 받았다.

엄밀하게 말한다면, 도시관리공단 담당인 나는 문화재단, 복지재단 업무와 무관하다고도 볼 수 있다. 하지만 그 당시에는 지방공기업(도시관리공단)과 출자·출연 기관(문화재단, 복지재단)에 대한 개념과 지식이 부족한 상태에서 업무 인계를 받았기에 그해 안으로 조례 입안을 마무리하겠다는 일정을 잡았다.

그런데 관련 법률을 자세하게 읽고 현실을 돌아보니, 이 조례가 불필요한 조례가 될 수 있다는 생각이 들었다. 앞서 말한 것처럼 지방공기업과 출자·출연 기관은 근거 법률도 다르고, 관할 부서도 다르다. 게다가 문화재단과 복지재단에 관한 조례(개별 조례)는 이미 제정되어 있었다.

문화재단과 복지재단에 관한 규정을 '출자·출연 기관의 운영에 관한 조례'(총괄 조례)에 규정해 두면 기획예산과에서 이들 재단 업무의 일부, 특히 '출자·출연 기관 운영심의회'에 관한 일을 담당해야 하는 상황이 된다. 운영심의회가 개최될 때 문화재단과 복지재단의 업무를 잘 모르는 기획예산과 도시관리공단 담당이—쉽게 말해서 내가—회의를 주관하는 게 과연 효율적인 일인가? 재단 담당자와 심의위원 사이에 어중간하게 끼어서 회의를 원활하게 주재하지 못하게 될 것 같았다. 예상되는 최악의 경우로는, 총괄 조례에 의해 구성된 심의위원회와 개별 조례에 의해 구성된 심의위원회의 의사결정이 충돌할 경우를 떠올려 볼 수 있었다.

마침내 나는 이 조례가 불필요한 '옥상옥屋上屋**'이라는 결론을 내렸다. 이미 제정되어 있는 각 재단의 개별 조례에 필요한 내용을 수록해서 개정하는 것만으로도 법적 근거가 충분하다고 판단한 것이다. 법제처 간부가 지방정부를 찾아와 실시한 교육과 자문 결과에서도 내 판단에 오류가 없음을 확인할 수 있었다. 이에 대한 문서를 작성해서 팀장과 과장에게 보고하고, 공감을 얻었다.

이 업무에 대한 경험이나 정보가 없는 독자는 지금까지 한 설명을 이해하기 어려울 수 있을 것 같다. 9급 공채생의 업무는 단순작업이 아니라고 누차 강조하지 않았던가. 이해하기 어려운 게 자연스러운 일이다. 이 의사결정을 이해하기 쉽게 그림으로 표현한다면 다음과 같다.

---

* 지붕 위의 지붕이라는 뜻으로 불필요한 구조를 비유적으로 말한다.

총괄 조례냐, 개별 조례냐

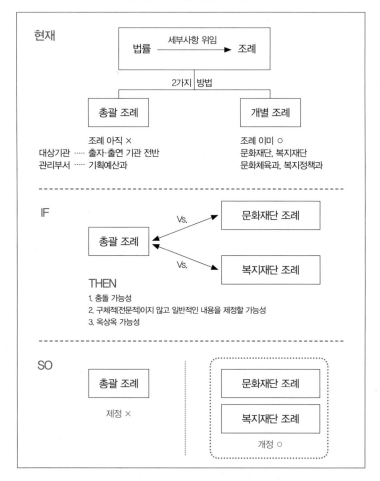

문제는, 그동안 다른 일이 너무 바쁘다는 핑계로 이 일을 1년 동안 미뤄 왔다는 점이었다. 의사결정 번복에 이르기까지의 시간이 너무 많이 경과한 것에 대해 사과 말씀을 드리기는 했지만, 1년 전에는 '곧 조례안을 제출할 것'이라고 말해 놓고, 1년이 지나서는 "기

획예산과에서는 이 조례를 안 만들겠습니다"라고 선언하니, 문화체육과의 문화재단 담당과 복지정책과의 복지재단 담당이 나를 곱게 봐 주실 리가 있겠는가? 게다가 그분들은 나보다 공직 경력이 한참 높으신 고참들이셨다. 이제 욕먹을 일만 남았다고 생각했다.

마침내 기획예산과 사무실에서 나, 나의 팀장, 문화재단 담당자, 복지재단 담당자 등 네 명이 모였다. 1년 전의 계획을 스스로 번복한 후배의 결정을 얼마든지 강하게 비판할 수 있었을 텐데, 다행히 선배들은 이 사안을, 그리고 나를, 처음부터 끝까지 이성적으로 대했다. 지금에 와서 돌이켜 생각해 봐도 선배들의 인격에 감사할 따름이다. 선배들은 'ㅇㅇ구 출자·출연 기관의 운영에 관한 조례'가 훗날 번거로움을 일으킬 수 있으므로, 각 재단의 개별 조례를 개정해서 위임 규정을 수록하는 것이 경제적이라는 나의 주장에 적극 공감하지는 않았지만, 크게 반론을 제기하지 않았다. 결국 조례는 입안되지 않았고, 따라서 제정되지 않았다.

'일 안 하려고 무진장 애쓰네.' 비판할 사람들이 있을 것 같다. 의사결정 번복에 이르기까지 너무 긴 시간이 경과한 것은 내게 책임이 있다. 하지만 나는 불필요한 조례를 새롭게 만들지 않음으로써 기획예산과는 물론 구청 전체의 업무 효율성을 보이지 않게 향상시켰다고 판단한다! '일 안 하려고 무진장 애쓴다'는 비판이 두려워서 이후에 발생할 것이 자명한 비효율에 눈을 감는 것도 바람직한 공직자의 자세는 아닐 것이라 생각했다.

뭔가 그럴싸한 사례를 제시하지 못하고, 일 안 하는 방향으로 심지를 굳게 정해서 '후회하지 않을 결정'을 내린 사례를 소개해서 미안하다. 이때 작성한 문서도 이 책의 끝에 부록으로 수록해 두었다(부록 문서 #3). 보는 사람에 따라 의견이 다를 수 있을 것이다. 참고만 해 두기 바란다.

손이 빨라야 일찍 퇴근할 수 있다

문서에 내용을 수록하는 일 못지않게 문서를 편집하는 일이 매우 중요하다. 특히 손이 빨라야 일을 빨리 끝낼 수 있다. 일찍 퇴근하기 위해서는 한글 워드 프로그램, 엑셀, 파워포인트와 같이 사무 소프트웨어를 능숙하게 쓸 줄 아는 것이 절대(!) 필요하다.

특히 한글 워드 프로그램은 사무직이라면 평생 써야 하는 소프트웨어다. 우리가 생각하는 것보다 훨씬 많이 활용한다. 가급적이면 마우스 클릭 안 하고, 키보드 위에서만 손을 놀릴 수 있도록 웬만한 단축키는 다 외워서 쓰고, 중요한 기능은 다 쓸 줄 아는 게 좋고, 스타일이나 매크로 같은 고급 기술까지 익혀 둘 것을 권한다.

문서 편집 중 '한 개의 작업'을 할 때 단축키를 써서 작업을 완료한 시간과 마우스 클릭해서 작업을 완료한 시간의 차이가 그렇게 크지는 않을 수 있다. 예를 들어, 한 페이지를 통째로 삭제하는 작업에 있어, 마우스로 한 페이지 전체 드래그, `DEL` 버튼을 눌러 삭제하는 시간과, `F3`, `Alt`+`PAGE DOWN`, `DEL` 버튼을 눌러 삭제하는 시간이 크게 차이가 나지 않을 수 있다. 하지만 이렇게 단축키를 써서 절약한 시간이 모이면 무시할 수 없는 시간 격차가 벌어진다. 단축키를 써서 문서 작업을 완료한 전체 시간과 마우스 클릭해서 문서 작업을 완료한 전체 시간은 어마어마한 차이가 난다. 문서 페이지가 많을수록 더더욱 그러하다.

군 복무 기간 동안 행정병으로 일했는데, 군대 선임은 문서 작업 스피드를 높이기 위해 단축키를 외워 쓰도록 강권했다. 지금 생각해 보면, 군 복무 기간 동안 행정병으로서 한글 워드 프로그램을 익히게 된 일이 정시 퇴근하는 데 크게 도움이 되었던 것 같다.

지금까지 12장, 13장, 14장에 걸쳐 제때 퇴근하기 위해 우리가 해야 할 구체적인 행동 강령을 살펴봤다. 이런 의문이 들 법도 하다. '아니, 제때 퇴근하려면 업무에 있어 거의 프로페셔널이 되어야 한다는 얘기잖아! 장난해?' 만약 이런 생각이 들었다면 내용을 잘 파악한 것이다. 앞서도 말하지 않았는가. 9급 공채생이 하는 일은 고등학교 졸업한 사람이면 누구나 다 할 수 있는 단순한 일이 절대 아니라고. 업무에 정통하는 것이 빨리 퇴근할 수 있는 가장 확실한 방법이다. 돌아가는 길인 것처럼 보이지만, 실제로는 그 길이 가장 빠른 길이다.

공시생이 단기간에 빠르게 공무원 시험에 합격할 수 있는 길이 무엇인가? 수험 교재(기본서)를 여러 번 반복해서 읽고, 강의를 여러 번 반복해서 수강하고, 강의 수강 외에 혼자서 공부하는 시간을 매일 여덟 시간 이상 확보해서 집중력 있게 공부하고, 교재에 수록된 기출문제는 남김없이 다 풀고, 시험일이 다가올 즈음에는 실제 시험과 동일한 환경이 주어지는 모의고사에 응시함으로써 실전 감각을 키우고, 시험 당일에는 최고의 컨디션을 유지해서 시험에 임하는 것 아닌가? 돌아가는 길인 것처럼 보이지만, 이 길이 가장 빠른 길이다.

업무도 이와 같다.

특별한 고객은
특별하게 관리한다

행정의 최일선에 있는 평범한 9급 공채생이라면 운명처럼 만날 수밖에 없는 민원인 고객에 대해 생각해 보자. 앞서 충분히 설명한 것처럼 이 시대의 시민들은 공무원을 무척이나 날카로운 시선으로 지켜보고 있다. 이 가운데 일부 특별한 고객은 각별하게 응대해야 할 필요가 있다.

특별한 고객이란

누가 특별한 고객일까? 이 책에서 말하는 특별한 고객은 쉽게 표현하자면 '악성 민원인'과 '고질 민원인'을 말한다. 국민권익위원회에서는 '악성 민원', '고질 민원'이라는 부정적인 표현을 쓰지 않고, 특별한 관심과 배려가 필요한 민원이라는 의미로 이를 '특별 민원'이라 일컫고 있다. 부정적인 내용에 부정적인 표현을 붙이지도 못하는 현실. 아버지를 아버지라 부르지 못하고 형님을 형님이라 부르지 못했던 서자 홍길동의 비애. 이것이 현재 9급 공채생을 둘러싼 행정 환경이다. 사실은 악성 민원에 시달리는 감정 노동자에게 특별한 관심과 배려가 필요한 상황이다.

2019년 9월 전국공무원노동조합에서 악성 민원 사례를 접수받았다. 이 가운데 상당히 충격적인 사례가 있어서 그대로 소개한다.

면사무소에서 일한 지 7년 차, 결혼한 지 5년 차. 딸아이는 집에만 가면 종알종알 유치원에서 있었던 일들을 이야기합니다. 조금 팍팍하긴 해도 사랑스러운 아이들과 아내를 보며 하루하루 살아가고 있었습니다.

시간이 흐르는 만큼 요령도 붙어 여러 민원들을 상대할 수 있었지요. 어느 날부터 시작된 한 민원을 제외하면요.

"이 ××야! 지금 나 무시하는 거야?"

"선생님, 욕설은 하지 마시고요. 얼마나 힘드신지는 알겠습니……"

"싸가지 없는 ××야! 니들이 하는 게 뭐야! 세금이나 축내는 ××야! 당장 해결하라니까!"

"네, 선생님. 조금만 진정하시고······."

물어 물어 들은 민원 내용은 이랬습니다. 이웃과 함께 수도를 공동으로 쓰는 공사를 한 이후 요금 문제가 불거져 이웃과 불화가 생긴 겁니다.

"저 집 쓰레기 태우는 냄새가 너무 심하게 나니 처리해 달라니깨! 쓰레기 소각 냄새를 측정해 달라고!"

갈등이 커지자 민원인은 이웃에게 앙심을 품고, 면사무소에 수차례 이웃에 대한 민원을 넣기 시작했습니다. 하지만 그것이 뜻대로 되지 않자 전화상으로 수없이 욕설을 퍼붓는 것은 물론, 담당 직원인 제 이름을 알아내 비난을 쏟아 냈죠.

"××! 내가 그렇게 우스워!"

심지어 면사무소로 찾아와 접수를 하던 중 책상 위에 있던 제 명패로 모니터를 쾅쾅 치며 욕설을 하기도 했습니다. 열심히 달래 돌려보내기는 했지만 충격적인 일이었죠.

"잘 대응 좀 해 봐. 자네가 우리 면의 이미지를 좌우하는 것이니 잘해야 해."

팀장님도 그 사태를 보았지만 별 관심은 없었습니다. 특별한 조치를 취하지도, 별 격려조차 없었죠. 점점 커지는 폭탄을 안고 있는 것 같았고 하루하루가 지옥 같았습니다.

"마지막이야! 당장 처리 안 하면 총으로 쏴 죽여 버린다!"

그날 오전에도 민원인은 전화를 걸어 욕설과 고성을 질렀습니다. 총으로 쏴 죽이겠다고 저를 협박했죠. 그날따라 싸한 느낌이 들었지만, 평소처럼 하는 폭언으로 알고 전처럼 대응을 했습니다.

그날 오후 평소처럼 일을 보고 있던 날, 면사무소 입구에서부터 한 남성이 걸어왔습니다. 손에는 긴 총을 들고 있었고, 잘못 본 줄 알고 다시 봤으나, 다른 사람들도 놀라 웅성거렸습니다. 그 민원인이었죠.

"그동안 계속 날 무시했지! 내가 죽여 버린다고 했지!"

민원인은 천장을 쏘았고 조명이 깨져 떨어졌습니다. 비명 소리가 들렸고, 총구가 저를 향했습니다.

"여기서 이러시면 안 됩니다! 총 내려놓으세요!"

이후 출동한 경찰이 민원인을 제압하는 데 성공했고, 다친 사람 없이 상황이 종결될 수 있었습니다. 재판을 받지는 않았다는데, 그 뒤로 저는 휴직원을 내어 어떻게 되었는지는 모르겠네요.

그 후로도 계속 불안과 두려움에 시달립니다. 길을 걸을 때도 흠칫흠칫 놀라고, 일을 하다가도 숨이 막힙니다. 다 그만두고 싶다가도 우리 아이들은 어쩌지 싶어 하루하루 버팁니다. 그러다 보면 언젠가 좀 괜찮아질 날이 올까요.

충격적인 일이다. 인명 사고가 없었던 이 사건도 충분히 충격적인 일이건만, 2018년 8월에는 공무원 두 명이 숨지는 충격적인 사고가 발생했다. 면사무소에 들이닥친 민원인이 공무원을 향해 총탄을 발사한 것이다. 이 사고를 일으킨 민원인을 특별한 고객이라 말할 수 있을까. 이 일은 살인이고 범죄다. 위 사례에서 민원인이 재판을 받지는 않았다고 하는데, 만약 그것이 사실이라면 이 역시 충격적인 일이다. 관공서에서 총을 쐈는데 재판을 받지 않았다니, 믿고 싶지 않은 일이다.

내가 겪었던 특별한 고객

다행스럽게도 나는 특별한 고객을 많이 만나지는 않았다. 게다가 앞서 예시한 극단적인 사고와 비교한다면 평화롭기까지 한 민원 제기였다고도 말할 수 있다. 그렇다고 해서 '이런 험한 일을 겪지는 않았으니 다행이야……' 안심하기보다는, 우리에게도 언제든 특별한 민원이 올 수 있다고 생각하면서 이를 준비하는 것이 좋겠다.

특별한 고객은 무엇이 그토록 특별할까. 내가 지금까지 접했던 특별한 고객의 몇 가지 특성을 요약해 봤다.

첫째, 막말을 하고, 욕을 한다.

자신이 퇴직한 경찰서 형사과장이라면서 타인의 주민등록표 등·초본 발급을 담당자에게 요구한 고객이 있었다. 형사과장이면 얼핏 들어도 중요한 직책인데, 그분이 하는 행동은 중책을 맡았던 전직 경찰관이라 말하기에는 많이 부족한 것이었다. 오히려 경찰이 체포해야 하는 게 아닌가, 싶을 정도로 담당자에게 심한 욕을 했다. 등·초본 담당을 돕기 위해 형사과장과 담당 사이에 섰더니, 형사과장이 내 가슴팍을 떠밀었다. 넌 또 뭐냐고. 황당했다. 가슴을 펴고 그에게 다가서려 하는 순간, 언제 나타났는지 모르게 남자 고참들이 형사과장과 나 사이를 막아섰고, 나를 뜯어말렸다. 그 뒤의 일은 모르겠다. 고참들이 동 주민센터 밖으로 나를 데려가 편의점 의자에 앉혀 놓았기 때문이다.

인감 업무를 맡고 있을 때였다. 법무사라고 자신을 밝히면서 타인의 인감증명서 발급 내역을 전화로 확인하려 한 고객이 있었다. 굉장히 높은 지위에 있는 사람이라 여겨져서 무척 조심스럽게 응대했다. "아, 죄송하지만 누군가의 인감증명서 발급 내역을 타인이 전화로 확인하실 수는 없습니다." 하지만 수화기 너머 들려온 법무사의 대사는 높은 지위에 있는 교양인이 하는 대사라고 하기에는 많이 부족한 것이었다. "나 법무사라니까, 근데 이 새끼들이……."

지금이라면 욕설은 못 들은 걸로 하고, 인감증명법 제14조의 3과 인감증명법 시행령 제18조(인감에 관한 서류의 열람) 규정을 읽어 주며 사무적으로 응대했을 것 같다. 하지만 공직 입문 2년 차 시절의 나는 법무사에게 큰소리로 맞섰다. "새끼? 지금 나한테 욕한 거예요? 법무사면 욕해도 되는 거예요? 거기 사무실 어디예요?"

유무형의 폭력에 저항할 힘이 있는 직원에게도 이러할진대, 힘 없는 직원들에게는 오죽할까. 모든 전직 경찰관님들과 모든 법무사님들이 이렇게 무례할 리 만무하다. 극소수일 뿐이다. 이 같은 단발성 민원은 그 순간만 버티면 지나간다. 하지만 다음 케이스는 그렇지 않다.

특별한 고객의 두 번째 특성은 집요하다는 것이다. 민원을 반복적으로 제기한다.

광고물 업무를 맡고 있을 때였다. '응답소(서울특별시의 모든 민원을 통합 관리하는 온라인 시스템)'를 통해 제기된 민원이 있었다. 특별하게도 민원 내용에 주소 'ㅇㅇ동 ***번지'와 '광고물'이라는 텍스트만을 남겼다. 불법 간판에 대해 행정지도 또는 단속을 해 달라는 것이 광고물 민원의 가장 일반적인 케이스인 만큼, 민원 내용은 미루어 짐작할 수 있었다. 하지만 어떤 간판을 그 대상으로 하는 것인지는 짐작할 수가 없다.

번화가에는 건물 한 개에도 10개가 넘는 간판이 있을 수 있다. 해당 주소의 10개가 넘는 간판 모두를 대상으로, 옥외광고물법의 엄격한 규정을 적용해서 모든 일을 처리하기란 쉽지 않다. '법대로' 하면 시정명령(불법 간판이니 철거하세요), 행정대집행 계고(철거 안 하면 우리가 강제로 뗄 거예요), 행정대집행 영장 전달(**월 **일 간판 떼러 갈 테니 그리 아세요), 행정대집행(실제로 간판 철거), 비용 징수(원래는 광고주가 떼야 하는데 우리가 돈 들여서 뗐으니까 그 비용을 내세요)의 절차를 밟아 나가야 한다. 국민의 재산에 불이익을 주는 처분인 만큼 그 절차가 엄격하다.

민원 내용에 주소 '○○동 ***번지'와 '광고물'이라는 텍스트만 적혀 있고, 간판도 지정되어 있지 않고, 어떤 조치를 취해 달라는 것인지 기재되어 있지 않은 민원을 받아서, '법대로' 엄격한 절차를 밟아 나가는 것이 바람직한 일일까?

법대로 처리할 때 간판을 내건 술집 주인, 식당 주인, 카페 주인들이 '법을 위반해서 죄송합니다' 이렇게 자신의 불법 행동을 성찰하거나 '공무 수행에 얼마나 노고가 많으십니까' 이렇게 격려해 줄 것이라 생각하는가? 당연히 그렇지 않다. 강하게 불만을 표시한다. 다른 간판은 놔두고 왜 우리 간판만 단속하느냐. 민원이 들어와서 그렇습니다. 그 민원이 뭐냐고 물어보면 나는 뭐라고 대답해야 할까? "이곳 주소하고 '광고물' 석 자가 적혀 있는 민원이었어요"라고 대답하면, 광고주들이 "아, 네, 그렇군요" 하면서 순응할까?

구체적으로 어떤 간판에 대해 어떤 조치를 원하는 것인지 여쭤보려 응답소 시스템에 기재되어 있는 민원인 전화번호로 전화를 걸었다. 여러 차례 전화했지만, 받지 않았다. 결국 해당 주소 건물에서 가장 위험해 보이는 간판에 대해 행정지도하고, '현장 확인 및 행정지도 실시'라는 내용으로 처리사항을 통보했다.

이후부터 특별한 민원이 제기되었다. 처음 민원도 매우 특별한 민원이었는데, 이후부터는 민원 내용에 반말과 욕설이 포함되기 시작했다. 전화 통화나 대면할 때 욕하는 시민은 봤어도, 기록으로 남아 스스로에게 불이익이 될 수 있는 텍스트로 욕하는 민원인은 처음이었다. 여전히 구체적인 간판은 지정하지 않았다.

같은 답변을 작성할 수밖에 없었다. 그러면서도 민원이 제기될 때마다 전화를 걸었다. 해당 주소 건물에서 어떤 간판에, 어떤 조치를 원하는지 묻기 위해서. 하지만 통화가 되지 않았다.

다시금 같은 내용의 답변을 남기자, 주소가 더 늘어났고, 욕설은 더 심해졌다. 하지만 여전히 구체적인 간판도, 원하는 내용도 기재되지 않았다. 2개월 동안 이어졌고, 열여섯 건의 민원이 제기되었다. 감정 노동에 종사하는 노동자들에 비해서는 그렇게 특별하다 할 만한 내용도 아니지만, 적지 않은 부담이 되었다.

기록하고, 공문을 남기자

이 반복 민원은 어느 날 민원인이 더 이상 민원을 제기하지 않음으로써 종결되었다. 다행스러운 일이었다. 그 뒤로도 이와 관련해서 특별한 일은 없었다.

하지만 특별한 고객의 특별한 민원은 언제, 어디서든 확대되어 불거질 수 있음에 주의하자. 가장 흔한 예는 민원인이 감사과에 문제를 제기하는 것이다. '나쁜 공무원이 시민의 말에 귀 기울이지 않고, 마땅히 해야 할 일을 아무것도 하지 않고, 태도가 불친절했으며, 자신에게 나쁜 말을 했다'고 말이다. 민원인은 자신에게 불리한 정보는 말하지 않고, 자신에게 유리한 정보만을 감사과에 전달한다.

민원인의 주장을 접수한 감사과 담당은 이 사안이 어떤 것인지 확인하게 된다. 우선은 민원인의 주장으로부터 상황 파악을 시작할 수밖에 없다. "민원인에게 욕을 했다던데, 사실인가요?" 전혀 사실이 아닌 것에 대해서는 아니라고 하면 되겠지만, 시간이 흐르면 과거의 일은 기억이 잘 안 나게 마련이다. 게다가 우리는 하루에도 여러 차례 민원을 받는 사람들이다. 어제 먹었던 점심 식사 메뉴도 기억이 안 나는데, 일주일, 보름, 한 달 지난 사건을 쉽게 기억해 낼 수 있겠는가. 순진무구한 여러분은 감사과 담당에게 '기억이 잘 안 난다'고 대답할 것이다.

이렇게 되면 여러분에게 억울한 일이 발생할 수 있다. 기억이 잘 안 나는 사안에 대해서는 민원인의 주장이 사실로 받아들여지게 되는 것이다. 감사과 담당으로서는 그렇게 판단할 수밖에 없다. 여러분이 가짜 정보에 대해 '그건 사실과 다르다'고 적극적으로 주장하지 않거나 '맘대로 하세요' 무심한 태도를 취한다면 더더욱 그렇게 된다.

여러분이 느끼기에 이 고객은 뭔가 특별하다, 이 사안은 뭔가 특별하다, 하는 생각이 든다면, 공식 문서로 기록을 남길 것을 권한다. 왜 이 사안이 특별한지, 이 특별한 고객은 누구신지, 이 사안의 주된 쟁점과 팩트는 무엇인지, 앞으로 이 사안을 어떻게 처리할 것인지가 문서의 주된 내용이 될 것이다. 보고의 형식으로 상관의 결재를 받아 공식 문서로 등록해 두는 것이다.

담당자 입장에서는 '아니, 바빠 죽겠는데 별……' 이렇게 생각할 수도 있을 것 같다. 하지만 특별한 고객을 대함에 있어서 기록을 남기는 것은 시간과 노동력을 투입할 만한 충분한 가치가 있는 일이다.

첫째, 리스크를 관리할 수 있다. '2개월 동안 열여섯 번 민원을 제기하는 동안 담당자는 아무 일도 하지 않았다'는, 미래에 일어날 수 있는 항의에 대비할 수 있다. 시간이 흐른 뒤여서 기억이 잘 나지 않게 되면 민원인의 항의가 사실로 받아들여질 수 있는데, 이를 예방할 수 있는 것이다.

둘째, 특별한 민원을 기록으로 정리하다 보면 생각이 정리된다는 장점이 있다. 민원인의 요구에 응하는 것이 법과 규정에 부합하는데, 혹시라도 내가 미처 조치하지 못한 것은 없었나, 점검해 볼 수 있다. 앞으로 이 일을 어떤 방향으로 조치할 것인가, 하는 점도 정리해 볼 수 있다.

셋째, 감사과 담당에게 '자, 이 문서를 봐라. 이 사안에 대해 내가 전혀 손 놓고 있었던 게 아니다. 이 일 때문에 나도 많이 힘들었다'는 의사를 효과적으로 표명할 수 있다. 감사과 직원들은 이따금 조직원들로부터 오해를 많이 받는다. 어깨에 힘이 들어가 있다, 감사 실적 잡으려고 직원들을 쪼아 댄다, 직원들 편이 아니다……. 하지만 그들로서는 여러분이 잘 기억하지 못하는 사건에 대해 사건의 모든 것을 다 기억하고 있는—가끔은 가공도 하는—특별한 고객의 주장을 토대로 사건에 접근할 수밖에 없는 것이다. 민원인으로부터 1차 상처를 받고, 감사과로부터 2차 상처를 받고 싶지 않다면, 자신을 보호할 수 있는 자료를 자신이 만들어 둬야 할 필요가 있다.

공문을 남기는 것이 부담된다면 비공식적으로라도 기록을 남길 것을 권한다. 일기든 메모든 관계없다. 그래도 역시나 공문으로 기록을 남기는 것이 좋다. 이것은 공적인 일이니까.

앞에 예시한 특별한 민원에 대해 작성한 문서 일부를 여기에 소개한다. 민원을 처리하기 위해 수차례 전화 통화를 시도했지만 연결되지 않았던 사실, 반말, 욕설, 폭언이 포함된 민원에 대해서는 민원 접수를 제한할 것을 감사과 담당에게 건의했던 사실, 광고물 담당자 교육 중 강사에게 다수의 소상공인을 법률 위반자로 만드는 현 법령의 문제점에 대해 의견을 제시했던 사실까지 수록했다.

광고물 민원에 관한 보고

1. 보고 이유

가. 일반적으로 제기되는 민원과 달리, 민원 내용에 반말, 욕설, 폭언이 포함되어 있고, 구체적인 광고물이 적시되어 있지 않음.

나. 구체적인 광고물이 어떤 것인지 확인해 보려 해도 민원인과 전화 통화가 되지 않음.

다. 상호 소통이 되지 않는 상황이어서 향후 상호 오해가 발생할 가능성이 있으므로, 정리된 기록을 남겨 둘 필요성이 있음.

2. 민원 제기 내용 및 담당자 처리사항

연번	일자	민원 제기 내용	담당자 처리사항
1	****년 **월 **일	○○동 ***번지 광고판	구체적으로 어떤 광고물에 관한 민원 제기인지, 요청 내용이 어떤 것인지 '광고판'이라고 석 자만 적혀 있는 내용으로는 알기 어려움. 이를 확인하기 위해 통화 시도했지만, 통화되지 않음. 현장 확인 후 그 가운데 위험해 보이는 간판의 사업장을 방문하여 행정지도.
......	......	......	......
16	****년 **월 **일	"이 세금충아."	여전히 구체적인 상호와 광고물을 적시하지 않으신 관계로, 위와 동일하게 처리. 감사과 담당자와 통화하여 반말, 욕설, 폭언이 포함된 민원에 응답하지 않아도 되는 제도를 장기적으로 마련해 줄 것을 건의.

3. 향후 조치 계획

가. 전화 통화 시도 등 상호 소통 노력 계속.

나. 광고물이 특정되지 않는 동일한 민원이 다시 제기될 경우, 주소 언급이 공통적으로 제기되었던 건물에 입주한 사업장의 광고물에 민원을 제기한 것으로 우선 추정하여, 현장 방문 및 행정지도 실시.

*반말, 욕설, 폭언이 포함된 민원이라 해도, 그렇게 할 수밖에 없었던 사연이 있었을 것이라 생각하고, 민원인의 마음을 헤아릴 필요 있음. 그리고 담당자가 민원 해결을 위해 노력을 기울였음을 제시할 필요 있음.

다. 필요시 욕설과 폭언을 자제할 것을 요청.

라. 반말, 욕설, 폭언이 포함된 민원의 접수를 제한하고, 이에 대해 제재할 수 있는 규정, 매뉴얼, 조직문화가 만들어질 수 있도록 감사과에 공식적으로 의견 제시(담당자에게는 이미 전화 통화로 의견 제시함).

*〈옥외광고산업 진흥을 위한 포럼〉에서 강사에게 다수의 소상공인을 법률 위반자로 만드는 현 법률의 문제점에 대해 의견을 제시하고, 전문가로서 입법가들에게 현장의 의견을 전해 줄 것을 요청.

감사과에 문제 제기가 되는 것보다 문제가 더 확대되는 경우는 언론에 문제가 제기되는 것이다. 흔한 케이스는 아니다. 하지만 이 경우에도 특별한 사안에 대해 기록을 남겨 둔 것이 있다면 문제에 대응해야 할 여러분에게 도움이 될 것이다.

우리에게 실수가 있었다면 실수에 책임을 져야 한다. 하지만 특별한 고객이 생산해 낸 일방적인 주장 또는 가짜 뉴스로 인해 개인과 조직이 속절없이 매도당한다면, 이는 안타까운 일이다. 최선을 다해 스스로를 변호하는 것이 바람직하다. 이때 여러분이 작성해 둔 기록과 문서는 좋은 방어 수단이 될 것이다.

상처 난 마음도 정성스럽게 관리하자

극단적인 일로 받게 되는 충격도 크지만, 일상적으로 받아 한 층, 한 층 쌓이는 마음의 상처도 큰 것이다. 정부 조직과 공무원에게 불만을 갖고 있는 일부 시민들, 세상사에 지친 일부 시민들, 일이 뜻대로 풀리지 않는 일부 시민들은 우리에게 화를 내고 있다. 그리고 우리는 그들의 격한 감정에 그야말로 무방비로 노출되어 있다.

그들이 화내는 이유에 우리 탓이 전혀 없는 것은 아니겠지만, 그들도 심리 치료를 받아야 하고, 그들로부터 상처받는 우리 역시 심리 치료를 받아야 할 것 같다. 내가 정신의학과 의사는 아니지만, 많은 신참 공채생들이 진료를 받으면 '마음이 너덜너덜해진 상태'라는 진단을 받지 않을까, 짐작해 본다.

정말 심각한 상황이라면 정신의학과 의사에게 심리 상담을 받아 볼 것을 권해 본다. 나 역시 이 일을 하면서 두 번 심리 상담을 받아 봤는데, 많은 도움이 되었다. 건강보험이 적용되는 것인지, 약 처방이 없어서 그랬는지, 상담료가 만 원을 넘지 않았다.

처음 상담을 받았을 때 의사의 첫 질문은 이것이었다. 고지식하다는 말을 듣는 편입니까. 좀 그런 것 같습니다. 정신의학에서는 고지식한 것에서 융통성 있는 마음으로 변화하는 것을, 정신적으로 성숙한 것이라고 봅니다.

개인적인 생각이지만, 가급적 합리화를 많이 하는 일이 정신 건강에 도움이 되는 것 같다. 이를테면 이런 것이다. 그럴 만한 이유가 있었을 거야. 나한테 화를 내는 게 아닐 거야. 다른 일로 상처를 많이 받으셨나 봐. 집에서 가족과 싸워서 기분이 안 좋으신가 봐. 요즘 일이 잘 안 풀리시나 봐.

심한 말을 들을 때면 가슴을 어루만지면서 '내 마음을 다치게 하지 말자'라는 대사를 스스로에게 날리기도 했고, 옷에서 무언가를 털어 내는 동작을 하면서 '털어 버리자'라는 대사를 스스로에게 전한 적도 있었다. 나 개인적으로는 효과가 있었다.

쉬운 일은 아닐 것 같지만, 심리 상담과 같은 전문가의 도움을 받든, 전문가가 쓴 책을 읽든, 자신만의 비법을 마련하든, 어떻게 해서든지, 억지로라도 스스로의 마음을 어루만지고 위로하길 바란다. 다른 사람들이 우리 마음을 헝클어트릴지언정 우리는 우리 스스로의 마음을 보호해야 한다.

그럼에도 불구하고 도저히 희망을 찾을 수 없다면, 더 이상 견딜 수 없을 것 같다면, 이 일을 그만두고 싶을 정도로 너무나 힘들다면, 부모님께 죄가 될 만한 극단적인 선택이 떠오를 정도로 힘들다면 공채생은 어떻게 해야 할까. 다음 장에서 이에 대한 구체적인 솔루션을 제시하도록 하겠다.

16장

죽을 만큼
힘들다면

1장에서 공무원 입직 후 3년을 채우지 못하고 퇴사하거나 극단적인 선택을 하는 공무원의 수가 증가 추세를 보이고 있다는 기사와 통계를 소개했다. 공무원을 미래의 직업으로 고려하는 취준생과 공시생이라면 이 직업에 대해 나름 탐색의 시간을 가져 봤을 것이다. 하지만 고용 불안의 시대에 고용 안정성이 높다는 장점이 워낙에 크다 보니, 굳이 공무원이라는 직업의 단점을 철저하게 파헤치는 구직자는 많지 않은 것 같다. '일단은 합격이 우선'이라고 생각할 것이다.

실제로 연구 결과에 따르면, 공시생들은 일에 대한 흥미와 공직 업무의 특성을 고려하기보다는, 장기간의 수험 기간을 버틸 수 있을지 그리고 정말 합격할 수 있을지, 합격 가능성을 우선적으로 고려한다고 한다.[47] 현실이 팍팍하다 보니, 직업 선택에 있어 가장 중요하게 탐색되어야 할 요소가 오히려 후순위로 미뤄지고 있는 것이다.

무엇이 여러분을 힘들게 하는가

이 시대에 9급 공무원 일이 만만치 않음을, 이 책은 지금까지 꾸준히 주장해 왔다. 고용 불안의 시대에 안정적인 직업을 가졌다는 점, 국민들의 눈높이가 높다는 점, 조직문화가 무척 고루하다는 점, 무한 책임, 무한 친절, 무한 서비스를 요구받는다는 점, 아무도 9급을 위로하지 않는다는 점, 9급 일은 절대 단순 업무가 아니라는 점, 특별한 고객의 언행이 너무나 무례하고 집요하고 폭력적이라는 점, 그런 민원인을 악성 민원인이라 부르지 못하고 특별한 고객이라고 불러야 하는 행정 환경까지.

9급 일이 쉽지 않다고 들었는데, '어. 막상 해 보니 할 만한데' 하면 다행이다. 하지만 일도 사람도 다 끔찍하게 힘들다면 어떻게 해야 할까? 혹시 요즘 일이 너무 힘들어서 이 책을 집어 든 신입 9급 공채생이 있는가? 그만두고 싶을 정도로 너무나 힘들다면, 그리고 부모님께 죄가 될 만한 극단적인 선택을 생각하고 있다면, 다음과 같은 솔루션을 조심스럽게 제안해 본다.

첫째, '이 일을 그만둘 수도 있다'고 마음 깊은 곳에 잠정적으로 결정해 두면, 우선 마음이 안정될 것이다. 이 세상에 직업이 공무원만 있는 것도 아니지 않은가? 저성장과 고용 불안정의 시대에 공무원이 좋은 직업임에는 틀림없지만, 내가 싫다면 누가 대신해 줄 수 없다.

젊은 시절에 투입한 몇 년의 세월은 상당 부분 매몰비용이 되겠지만, 그 높은 경쟁률을 뚫고 이 직장에 들어왔다면 체력과 성실함, 그리고 집중력은 어느 정도 검증된 것이라고 봐도 무방할 것이다. 저성장 시대에 가능성이 높은 것은 아니지만, 그 정도 체력과 성실함, 그리고 집중력이라면 다른 분야에서도 충분히 성공할 수 있다고 본다.

앞서 밝혔듯이, 공무원 일을 시작하기 전에 4년가량 민간기업에서 일했다. 4대 보험이 적용되지 않는 작은 회사에서 일했기 때문에 대기업, 중견기업, 중소기업 상황은 잘 모르겠지만, 나는 개인적으로 느끼기에 공직의 업무량이 더 많고, 업무 강도도 더 강한 것 같다. 이 주장이 무척 낯설게 들리는 사람들도 많겠지만, 나 개인적으로는 그랬다. 공직 업무를 하면서 느끼는 책임감, 시민들의 요구에 대한 부담감이 무척 크게 느껴졌다. 공직은 사람 만나는 일을 의외로 많이 하고, 사람을 만날 때에도 조심해야 할 것이 많다.

《부의 추월차선》이라는 책에 다음과 같은 내용이 있다. 소프트웨어는 쉽게 복제가 가능하고, 일단 코드를 짜서 생산하면 제품을 한 개든 1만 개든 쉽게 판매할 수 있기 때문에 소프트웨어 개발자는 부를 거머쥘 가능성이 있다는 내용이다. 물론 그 소프트웨어가 소비자의 마음을 사로잡아서 많이 팔려야 가능한 것이다. 따라서 개발자는 소비자가 기꺼이 지갑을 열 수 있을 정도로 소비자에게 필요한 소프트웨어를 만들기 위해 노력을 기울여야 한다. 그 개발자가 기울인 노력을 저자는 다음과 같이 소개하고 있다.

평범한 사람들도 소프트웨어로 부자가 될 수 있다. 페이스북이나 아이폰 애플리케이션 개발자들은 빠르게 돈을 번다. 아이폰 개발자 니콜라스는 아이폰 게임 하나로 한 달에 60만 달러를 긁어모았다. 대단한 일이다. 한때 안정적인 직장에서 퇴직연금 계좌에 몇백 달러씩 부으며 서행차선의 인생을 살아가던 그가 갑자기 추월차선 한가운데를 내달리고 있다니. 물론 니콜라스가 추월차선을 쉽게 탄 것은 아니다. 선마이크로시스템의 엔지니어로 있던 니콜라스는 하루 여덟 시간 근무를 마치고 나서, 한 손에는 한 살배기 아들을 안고 한 손으로 코드를 짜며 애플리케이션을 완성했다. 아이폰 애플리케이션 코드를 짜는 방법은 어떻게 배웠을까? 그는 책을 살 여유가 없어서 인터넷을 뒤져 가며 배웠다고 한다.[48]

여러분은 어떻게 생각하는가. 니콜라스가 참 열심히 살았구나, 생각하는가. 나는 9급 공채생이 하는 노력이 니콜라스가 했던 노력보다 더 적다고 생각하지 않는다. 민원 업무를 보고, 상사가 원하는 계획서와 보고서를 만들고, 상급기관이 요구하는 자료를 작성하고, 일부 강경한 민원인, 상사, 고참의 비위를 맞춰 주고, 아침에는 새마을 청소, 저녁에는 광고물 단속과 캠페인에 동원되고, 눈치 보면서 늦게 퇴근하고, 회식 자리에 참석하고……

우리가 하는 일에 시장성이 없을 뿐이다. 현재 우리가 정부 조직에서 하고 있는 노력, 업무량, 마음 자세를 나 자신의 이익을 추구하는 일에 투입한다면, 높은 소득을 올릴 수도 있는 것이다. 당연하게도, 그 반대의 상황도 가능하다. 소비자가 원하는 재화와 서비스를 생산하지 못하면―그러니까 시장성이 없다면―, 1997년의 9급 1호봉 기본급 369,100원보다 더 낮은 소득을 올릴 수도 있고, 빚더미에 앉을 수도 있는 것이다. 현실이 녹록하지 않다는 건 여러분도 익히 알고 있을 것이다.

그러니 타인의 말에 흔들리지 말고, 현시점에서 나 자신과 나를 둘러싼 상황을 돌아보길 권한다. 내가 처한 상황, 나의 성향, 조직의 성향, 주위 사람들의 성향, 나의 주특기와 필살기, 그리고 정부 조직 바깥세상의 상황 같은 것 말이다. 다음 두 번째 제안과 연결된다.

둘째, 지금 하고 있는 공무원 일이 왜 이토록 힘든지 깊이 생각해 보고, 백지를 꺼내어 여러분을 힘들게 하는 요소가 무엇인지 종이에 검은 펜으로 차분하게 써 볼 것을 권한다. 상사와 고참이 날 힘들게 하는가? 동료와 사회복무요원이 날 힘들게 하는가? 민원인이 날 힘들게 하는가? 사람들이 나 보고 싸가지가 없다고 하는가? 일을 못한다고 질책하는가? 모두 다 나를 욕하는 것 같은가? 도움을 청할 사람이 도무지 보이지 않는가? 조직문화가 답답한가? 업무량이 너무 많은가? 업무 강도가 너무 하드한가? 일에서

의미를 찾을 수 없는가? 아니면 이 모두에 다 해당하는가?

공직 생활 가운데 힘들었던 일을 나도 이 기회에 정리해 봤다. 가장 힘들었던 시기는 역시 사람이 힘들었던 시기였다. 천오백 명이 일하고 있는 구청 조직에서 손꼽히는, 악명 높은 분을 팀장으로 모시고 구청에서 일할 때였다. 입직 3년 차였다. "업무만 잘하면 난 다른 건 따지지 않는다"고 말하는 팀장이었지만, 일도 잘해야 하고, 의전도 잘해야 하고, 모든 일을 하나하나 잘 챙겨 줘야 하는 타입이었다. 심기가 쉽게 불편해지는 타입이어서 심기 경호도 잘해야 했다. 일하는 과정에서 앞에 한 말과 뒤에 하는 말이 자주 달랐다("전에 하신 말씀과 다른데요." 아, 그 시절엔 왜 이 말 하는 게 그렇게 어려웠을까). 팀장과 담당자가 함께 논의해서 결론을 내려 일했음에도 불구하고, 결과가 안 좋으면 담당자를 질책했다. 왜 일을 이렇게 했느냐고(나 원 참). 무엇보다 갑자기 화를 잘 내서 팀원들이 모두 노심초사하며 지냈다. 손으로 팀원들의 목을 치는 일도 가끔 있었다.

이 시기는 개인적으로 신혼 시절이었는데, 다른 일을 알아보면 안 되겠느냐고 아내에게 물어보기도 했다. 아내의 대답은 당연히 "No"였다. 창업을 생각해 봤지만, 그럴듯한 아이템도, 모아 둔 자본금도 없었다. 예전부터 그림에 관심이 있었기에 일러스트 학원에 가서 일러스트 일로 생계를 유지할 수 있을지 원장에게 상담을 받아 보기도 했다. 상담을 받은 이후 다음과 같은 결론에 다다랐다. 최고 수준의 일러스트레이터가 될 자신도 없었고, 관계 업체로부터 일을 많이 받아 올 자신도 없었다. 결국 상담 이상의 행동은 하지 않았다.

그다음으로 힘들었던 시기는 구청 기획예산과에 있을 때였다. 일이 너무 많으면서도 일에서 의미를 찾기 힘들었던 시기였다. 오로지 구청장이 원하는 텍스트를 생산해 내는 것이 내가 있던 팀의 지상과제였다. 팀원들은 좋은 사람들이었지만, 불꽃 야근을 마다하지 않는 이들이었다. 일찍 퇴근하는 것을 선호하는 나와는 달리, 야행성 팀원들이 다수였기에 보조 맞춰 일하기가 많이 힘들었다. 아침 일찍 출근하고, 저녁 늦게 퇴근하니, 개인적으로 아침 아홉 시부터 저녁 여섯 시까지의 공식 업무 시간에 집중력을 발휘하기 어려웠다. 구청 청사가 감옥처럼 느껴졌다.

그 외에는 전반적으로 조직문화가 답답해서 힘들었던 것 같다. 해당 부서의 직원이라면 당연히 해야 할 고유 업무이건만, 평가를 받기 위해 문서를 따로 만들어 평가 부서에 보내는 일은 참 고역이었다. 구청장에게 사랑받고 예쁨 받기 위해 노력하는 소수의 야심가들이 구청 직원 다수의 노동력을 착취하고 국민을 위해 일해야 하는 시간을 빼앗는 일 역시 참 견디기 힘든 일이었다.

결과적으로 사람, 업무, 조직문화가 마음에 맞지 않을 때가 종종 있기는 했지만, 공직 업무가 적성에 안 맞은 건 아니었던 것 같다. 민원인으로 인한 스트레스가 없지는 않았겠지만, 다행히도 그 스트레스가 극심한 지경에까지 이른 적은 많지 않았던 것 같다. 퇴직이나 창업 같은 큰 변화를 일으키지는 못하고, 팀장, 부서장 상담과 인사고충 심사 청구라는 공식적인 절차를 밟아 다른 부서로 이동하게 되었다. 공식적인 절차를 이어서 소개하도록 하겠다.

공식적으로 도움을 청하라: 상담, 인사고충, 휴직

여러분을 힘들게 하는 요소가 무엇인지 스스로에게 밝힌 다음에는, 셋째, 고참, 서무주임, 팀장, 부서장에게 차례로 도움을 청할 것을 권한다. 이 선택지는 아주 좋은 선택지다. 구성원을 살피는 일은 팀장, 부서장이 해야 하는 고유 업무다. 어떤 일이 있을 때 상급자 한 사람 한 사람의 검토를 거쳐 계단을 밟는 것처럼 의사결정에 이르는 것이 정부 조직에서는 전통인데, 이 전통을 존중하는 일이 여러분에게 피해가 될 일은 없을 것이다. 고참, 팀장, 부서장은 직장에서 적어도 여러분보다는 실질적인 권력을 갖고 있다. 여러분이 상의할 일이 있어서 이들을 찾는다면, 그것은 그 권력을 인정한다는 신호가 되기 때문에 여러분이 상의하러 오는 것을 고참, 팀장, 부서장은 싫어하지 않는다.

도움을 청한 일이 받아들여진다면, 업무가 일부 경감될 수도 있고, 부서 내에서 자리를 옮길 수도 있다. 부당한 일이 개선될 수도 있다. 여러분의 뜻이 당장 받아들여지지 않을지라도 도움을 청한 사실이 축적되기 때문에 향후 행보에 도움을 받을 수 있다. '어려움에 대해 수차례 상담하고 도움을 청했는데도 받아들여지지 않았다'는 명분을 쌓을 수 있게 된다. 자리가 바뀌는 것만으로도 많은 것이 변화된다. 새로운 일에 적응하기 위해 분주하게 움직이다 보면 과거의 고통을 조금씩 잊을 수도 있다.

넷째, 여러분의 어려움을 타개하기 위해 존재하는 현행 제도를 적극 활용할 것을 권한다. 정부는 모범적인 고용주로서의 모습을 보여야 하기 때문에 직원들의 업무 환경을 개선하는 데 도움이 되는 공식적인 제도와 절차를 공식적인 문서로 규정하고 있다. 개인의 권익, 조직의 효율, 사회의 공익에 도움이 되기 위해 만들어진 공식 제도를 활용하지 않을 이유가 없다.

우선 인사고충 심사 청구 제도. 실무자들은 '고충을 쓴다'고도 표현한다. '일하는 데 있어서 이런 고충이 있으니, 개선해 주세요' 또는 '부서를 옮기게 해 주세요' 요청하는 제도다. 서장에서 최 서기가 민방위팀장과 맞선 후에 인사고충 심사 청구서를 써서 제출했던 일을 기억하는가? 일반적으로 정부 조직은 1년에 두 번 정기 인사가 있는데, 이 정기 인사 시즌에 인사고충을 접수받는다. 인사고충 심사위원회에서 여러분의 고충이 받아들여지면 부서를 옮길 수 있다.

나 역시 앞서 소개한 두 번의 어려웠던 시기에 모두 인사고충을 제출해서 동 주민센터로 자리를 옮겼다. '피할 수 없다면 즐겨라'라는 말이 있던데, 즐길 수 있는 정신력이라면 몸과 마음이 피폐해지기 전에 인사고충을 써서 그 자리를 피하는 것이 좋겠다. 고충을 쓰면 꼬리표가 달린다는 말도 있지만, 삶이 피폐해지는 것보다는 고충을 쓰는 것이 낫다. 자신이 말하지 않는 이상, 고충 썼던 사실이 구성원들에게 널리 알려지는 것 같지도 않다.

정부 조직의 근무 여건이 민간기업의 그것보다 좋다고 인식되는 이유 중 하나는 이처럼 직원들에게 필요한 절차가 공식적으로 제도화되어 있다는 점일 것이다. 따라서 절실한 상황이라면 이 공식 제도를 활용할 것을 권한다. 그럴 때 쓰라고 만들어 둔 제도니까.

만약 건강을 잃을 정도로 문제가 심각하다면 휴직원을 제출하라. 신체·정신상의 장애로 장기 요양이 필요할 때 진단서를 첨부하면 관련 규정(국가공무원법 제71조, 지방공무원법 제63조)에 따라 휴직을 신청할 수 있다.

내가 소속되어 있는 조직에서 쓰는 인사고충 심사 청구서와 휴직 신청서 서식을 이 책의 끝에 부록으로 남겨 둔다(부록 문서 #4, #5). 이 서식들을 작성해서 총무과에 제출하면 급한 불은 끌 수 있다. 이렇게 생각하면 여러분의 고민의 무게가 조금은 줄어들지 않는가?

큰 어려움에 처해 있지만, 공식적인 경로를 밟는 것이 두렵다면, 부모님께 문제를 상의해 보라. 여러분의 부모님은 여러분이 생각하는 것보다 훨씬 지혜로우시다. 소속된 조직의 노동조합 사무실을 찾아가 노조 임원과 상의하는 것도 권할 만하다.

우선은 이러한 방법으로 아주 힘들거나 극단적인 상황에서 벗어날 수 있기를 바란다. 짐작하고 있겠지만, 부서를 옮긴다고 해서 곧바로 꽃길이 펼쳐지는 것은 아니다. 하지만 섣부른 퇴직이나 극단적인 선택보다는 이 길이 바람직하다. 그렇지 않은가? 혹시 독자 가운데 퇴직을 결심한 공채생이 있다면, 이 책의 마지막 장, 〈공직자로서의 삶과 나 자신으로서의 삶〉을 읽어 보기 바란다.

17장

그래도 힘들어하는 동료를
그냥 둬선 안 된다

우리의 전통적인 상사들은 '우리는 하나', '재주보다 덕이 중요하다', '일만 잘하는 것으로는 부족하다' 같은 구호를 내세워 팀원들의 희생과 헌신, 그리고 단합을 장려했다. 이 말은 결국 자신의 말에 순종하도록 이데올로기를 조성했다는 말이다. 대의명분은 희생과 헌신, 그리고 단합이었지만, 이 모든 일은 자신의 영달─승진과 권력─을 추구하기 위한 것이었다(물론 모든 상사들이 그런 것은 아니다. 일부 소수의 상사가 그러했을 뿐이다. 다만 그 소수의 야심가들이 조직에 큰 영향력을 미치는 관리자가 되었고, 그들이 최고 의사결정권자에게 충성함으로써 조직에 비효율이 발생하게 된 것이다).

하지만 조직 안에서 최고의 권력을 갖고 있는 이들조차 사회 전체에 흐르는 도도한 물줄기를 바꿀 수는 없었다. 새로이 공직사회에 입문하고 있는 우리의 영민한 90년대생들은 상사들이 조직원들에게 적용하고자 했던 이 전통적인 이데올로기가 일신의 영달을 추구하기 위한 것임을 그 특유의 영민함으로 어렵지 않게 눈치챘고, 조직을 향한 희생과 헌신의 결과가 스스로에게 이익이 되지 않음은 물론 공공의 이익에도 보탬이 되지 않는다는 사실을 날카롭게 간파했다.

국가와 국민을 위한 희생과 헌신으로 인해 자신이 성취감과 보람을 느낀다면 90년대생들이 그 길을 걷지 않을 이유가 없다. 하지만 공직사회에서 성취감과 보람은 쉽사리 얻어지는 것이 아니다. 마침내 이들은 공직자가 아닌 샐러리맨의 삶을 선택하게 되고, 조직 안에서 개인주의자로서의 삶을 선택하게 되었다. 안타까운 일이지만, 현시점에서 이들이 한 선택을 나무라기가 어렵다.

이제는 직장 생활에서 동료에게 지나치게 사적인 관심을 갖지 않는 것이 바람직한 행동으로 여겨지게 되었다. 이 트렌드는 앞으로 더욱 가속화될 것 같다. 그렇다면 동료가 어려운 일을 겪고 있다 해도 우리는 우리의 정시 퇴근과 행복만을 위해 경주마처럼 앞서 달려 나가면 되는 것인가? 우리가 그토록 거리를 두고 싶어 하는 야심가들처럼? 그래서는 안 된다고 감히 여러분에게 조언해 주고 싶다.

내가 일찍 퇴근하는 것은 오로지 내 능력 때문인가

박애육영博愛育英. '박애주의 실천의 영재교육'을 건학 이념으로 하는 신라대학교[49]의 교가는 윤종신 씨가 작사·작곡하고, 김연우 씨가 불러서 유명하다. 교가 제목은 〈신라인의 노래: 꿈, 그리고 한 가지〉. 그 가운데 2절 가사의 일부를 소개한다.

숨 가쁘게 달려도 한 번씩 뒤돌아봐
미소를 나누던 친구 뒤처져 있는지
손을 내밀어 당겨 주는 나의 따뜻한 손은
그 누구보다 날 앞서게 하지

아름다운 노랫말이라고 생각한다. '친구를 돕는 일조차 경쟁에서 앞서 나가는 데 도움이 되느냐 안 되느냐로 판단하는 목적론적 세계관을 갖고 있다. 순수하지 못하다'고 오해하는 극소수의 사람이 있을지는 모르겠다만.

내가 일찍 퇴근하는 것은 오로지 내 능력 때문인가. 그럴 수도 있다. 규정에 통달하고, 시민 고객을 잘 응대하고, 현재 자신이 다루고 있는 문제에 대해 자료를 수집하고 깊이 있게 생각해서 자신의 생각을 잘 정리한 뒤, 단축키를 익혀 최고의 생산성으로 문서 작성을 마무리함으로써, 그리고 이 모든 일의 일정을 잘 관리함으로써 정시에 퇴근할 수도 있을 것이다.

하지만 그렇지 않을 수도 있다.

첫째, 여러분이 소속된 부서가 다른 부서보다 업무량이 많지 않아서 정시에 퇴근하는 것일 수도 있다. 부서의 성격에 따라 야근과 휴일 근무 여부가 달라지기도 한다. 총무, 인사, 감사, 기획으로 대표되는 주요 부서는 일반적으로 사업부서보다 야근과 휴일 근무가 많다. 최고 의사결정권자 의전이 고유 업무인 총무과의 경우에는 아예 조를 짜서 직원들이 교대로 휴일에 출근하기도 한다. 휴일에도 활동하는 최고 의사결정권자를 지원하고 수행하기 위해서다. 한편, 관내에 대형 싱크 홀이 발생했다면 도로관리과, 치수과 등 사업부서는 즉시 현장에 투입되어 현장을 관리하고, 복구 작업을 해야 한다. 야간이든 휴일이든 관계없다. 복구가 완료되어 차와 보행자가 이상 없이 다닐 수 있을 때까지 현장과 사무실을 지키고 있어야 한다.

둘째, 옆에 있는 동료가 여러분보다 더 많은 일을 맡고 있어서 여러분이 정시에 퇴근하는 것일 수도 있다. 업무분장할 때 업무량을 정확하게 n분의 1로 나누는 일은 불가능에 가까운 것이니까.

힘들어하는 동료에게 도움을 주자

여러분이 신참이라 해도 어떤 조직원이 일 때문에 야근에 시달리는지, 어떤 조직원이 일 때문에 힘들어하는지는, 굳이 고도의 분석력을 동원하지 않아도 어렵지 않게 알 수 있다. 표정만 봐도 알

수 있다. 일이 힘든 사람은 말수도 적다. 게다가 일하느라 늦게 퇴근하는 사람과 저녁 먹고 유튜브 보다가 퇴근하는 사람을 구분하는 일이 뭐 그렇게 어려운 일이겠는가.

그리고 여러분이 신참이라 해도 사무실 일에 조금만 관심을 기울인다면, 지금 누가 어떤 일로 일 폭탄을 맞았구나, 어떤 일 때문에 저 사람이 많이 바쁘겠구나, 하는 정도는 알 수 있다. 2014년 7월, 기초연금 지급이 시작되었는데, 그즈음에 노인복지 담당에게 업무 폭탄이 떨어지는 것은 당연한 일 아니겠는가. 2018년 9월, 아동수당 지급이 시작되었는데, 마찬가지로 그즈음에는 아동복지 담당에게 일 폭탄이 떨어졌다. 다음 날 조직의 모든 간부가 참여하는 공약사업 보고회가 있다면, 공약 담당은 보고회 준비에 눈코 뜰 새가 없을 것이다.

이때 온정, 따뜻한 마음을 발할 것을 여러분에게 권하고 싶다. 여러분에게 주어진 일을 모두 완수했다는 전제하에(자신이 두 발로 온전히 서지 못하는 상태에서 누구를 도와준다는 것은 안정되지 못한 일이다).

그날 여러분이 해야 할 일을 모두 마쳤다면, 옆에서 봤을 때 힘들어하는 동료와 고참에게 "뭐 좀 도와드릴까요?"라고 말을 건네보자. 대부분의 동료와 고참은 "아니에요. 괜찮아요"라고 말할 것이다. 실제로 복잡한 일을 다른 사람에게 맡길 수는 없기 때문이다. 이때 이렇게 말해 볼 것을 권한다. "뭐 단순 작업이라도 도와드릴 거 있으면 말씀하세요."

일손이 필요한 사람이라면, 잠시 생각에 잠겼다가 여러분의 호의를 받아들이면서 단순한 작업을 여러분에게 부탁할 것이다. 신청서에서 중요사항 누락 여부 검토, 첨부 서류 누락 여부 검토, 회의자료 스테이플러 찍기, 회의장 세팅, 회의장 책상 위에 회의자료 놓기 같은 것들이다. 여러분 입장에서는 그다지 큰 노동력이 들지 않는 일이면서도, 그 일을 하는 담당자 입장에서는 큰 도움이 되는 일들이다. 여러분은 덕을 쌓아서 좋고, 상대방은 도움을 받아서 좋다. 여러분이 대가를 바라지 않고 온정으로 베푸는 이 작은 행동이 결과적으로는 여러분에게 큰 이익으로 돌아올 것이다. 언제 돌아올지는 알 수 없지만, 언젠가 돌아온다는 것은 확실하게 말할 수 있다.

여기에서 주의할 점이 있다. 동료에게 도움을 주는 과정에서 여러분이 작은 실수를 범했다고 상상해 보자. 세상 사람들은 그 성향이 너무나 다양해서 '도와준 것만으로도 고마운데, 실수를 지적해서 무엇 하랴. 고마운 마음만 간직하자'고 생각하는 사람이 있는 반면, 여러분의 실수를 지적하면서 "여기 이 부분이 다 틀렸잖아. 이렇게 도와주는 건 도와주는 게 아니야"라고 말하는 사람도 있을 것이다.

후자의 경우라면 가급적 일을 돕지 않는 것이 바람직하다. 일을 도와주었음에도 불구하고 도와준 일에 실수가 있었다는 이유로 여러분을 공격할 사람이 많지는 않을 것이다. 하지만 이런 사람은 평소에 잘 관찰해 두었다가 가급적이면 일로 엮이지 않도록 조심하는 것이 좋겠다. 선의로 일을 돕겠다는 마음도 자제하는 것이 좋다. 동료에게 도움을 주지도 못하고 자신에게는 지적이 돌아온다면 서로 마음이 많이 상하지 않겠는가. 마음 상할 일은 만들지 않는 것이 좋다.

3부에서는 〈9급이 마주하게 될 일과 손님〉이라는 제목으로 업무에 적응하기 위한 내용을 살펴봤다. 규정 숙지, 문서 작성, 중요 사안에 관한 의사결정, 특별한 민원에 대한 응대, 지식 노동과 감정 노동. 우리 공채생에게 쉬운 일은 하나도 없다. 현대 한국 사회와 시민들은 무한 책임과 무한 친절의 서비스, 그리고 최고의 전문성과 살신성인의 자세를 우리에게 요구하고 있다.

여러분은 사회의 요구를 얼마나 받아들일 수 있는가. 시민들의 요구 수준에 어느 정도까지 다다를 수 있는가. 사회와 시민이 요구하는 이상적인 공직자상에 가까워지기 위해 노력할 마음은 갖고 있는가.

4부에서는 공직자로서의 삶과 나 자신으로서의 삶을 생각해 보고자 한다. 공적인 삶과 사적인 삶이 일치하거나 조화를 이루는 것이 가장 바람직한 일이 될 것이다. 하지만 그것이 그렇게 쉽게 이루어질 수 있는 일일까. 만약 그렇지 못하다면 어떻게 하는 것이 좋을까. 무엇을 내려놓고, 무엇을 짊어져야 할까. 혹시 '제3의 길'도 있을까.

4부 의미 있는 삶

아무리 냉정한 사람이라고 해도
쌀과 구호품을 전달받는
복지 대상자가 눈물을 흘리며
여러분에게 고마움을 표한다면,
여러분의 마음 깊은 곳에서
뜨거운 무언가가 올라오는 것을
느낄 수 있을 것이다.

18장

공직자로서 의미 있는 삶이란 무엇일까

공직자로서 의미 있는 삶이란 어떤 것일까. 사회와 공익, 국가 발전에 기여하고, 민생에 관심을 가져 국민 삶의 질 향상에 공헌한 공직자라면, 누구라도 그 공직자의 삶이 의미 있다고 말하지 않을까.

우리는 작은 일에 힘쓰는 사람이 큰일을 이룰 수 있다고 배워 왔다. 그래서 공익에 기여하는 것이 중요하지, 조연이든 주역이든 역할과 그 비중은 중요하지 않다고 배워 왔다.

하지만 작은 일에 힘써 작은 보람을 이룬 하급 공직자의 역경과 성공담은 우리에게 잘 알려져 있지 않다. 사회에 큰 영향력을 미친 고위 공직자의 이야기만이 기록으로 남아 우리에게 전해지고 있는 것이 사실이다. 역사서에 기록되어 공직자로서 의미 있는 삶을 살았다고 여겨지는 고위 관료의 삶을 잠시 살펴보자.

자신만의 브랜드를 남긴 관료들

'관포지교管鮑之交'로 유명한 관중管仲. 잘 먹고 잘살고자 하는 인간의 욕망을 인정하면서 춘추 시대 제나라에 자본주의 경제 질서의 기반을 잡았다. 사적 소유권을 명확하게 하고 정부의 세금과 수탈을 줄여 나갔다. 한편으로는 정부에서 소금을 생산함으로써 국가 재정을 탄탄히 했다. "나를 낳아 준 이는 부모지만, 나를 알아 준 이는 포숙이다"라는, 우정 이야기에서 영원히 사라지지 않을 최고의 명대사를 남겼다.[50]

유방의 재상이었던 소하蕭河. 진秦나라 함양에 입성해서 모든 장수들이 금은보화가 있는 창고로 달려갔을 때 그는 승상부와 어사부의 법령, 그리고 도적문서圖籍文書를 입수해서 보관했다. 지금으로 말하자면 법조문, 공문서, 인구·주택 총조사 결과, 그리고 지도 같은 그래픽 정보를 확보했다는 말이다. 데이터를 기반으로 산천, 요새, 호구, 백성의 살림살이를 파악하여 국정을 수행했다. 유방이 전선에서 싸울 때 후방에서 병력을 보충하고 군량을 보급했다.[51]

우리 역사에서 자신의 브랜드를 남긴 공직자 역시 재상들이다.

정도전은 귀족들의 토지 수탈로 일반 백성들이 송곳 하나 꽂을 땅이 없음을 한탄하면서 새 왕조를 열어 전제, 즉 토지 제도를 개혁하고자 했다. 황희는 그만의 특별한 정무 감각으로 24년 동안 정승 직책을 맡아 국방, 4군 6진, 농업 생산성 향상, 예법 정비 등 국정 전반에 있어 세종의 특급 참모로 일했다.

김육金堉은 일평생 대동법의 시행을 추진한 관료였다. 충청감사로 제수된 1638년부터 그가 사망한 1658년까지 지속적으로 상소문을 올렸고, 마침내 개혁의 기폭제가 되는 호서대동법과 호남대동법이라는 결실을 맺었다. 충청도와 전라도에 대동법이 확대 시행된 것이다. 곡창지대인 전라도에 대동법이 실시된 것은 큰 의미를 가진다. 그는 죽기 전에 왕에게 바치는 마지막 글에서도 호남대동법이 후퇴해서는 안 된다는 간언으로 자신의 상소문을 마무리한다.[52]

대동법은 토지 1결당 쌀 12두를 납부하는 차등 납부 세금 체제이면서도, 복잡·다양해서 혼란스러운 여러 가지 납세 품목을 쌀로 통일한 세금 체제이기도 하다. 1608년 경기도에서 시작해서 1708년 황해도를 끝으로 마침내 100년 만에 전국적인 납세 제도가 된다. 《대동법: 조선 최고의 개혁》[53]에 따르면, 저자는 대동법 실시 이후 백성이 납부해야 할 공물가가 1/5~1/6 정도로 낮아진 것으로 분석하고 있다. 대동법이 시행되지 않았다면 땅을 소유하지 못한 농민들의 민생이 악화되고 그들의 세금 부담 능력이 급격하게 소진되었으리라는 것이 저자의 분석이다. 참으로 높은 개혁 성과가 아닐 수 없다.

정조 시대의 정승이었던 채제공蔡濟恭은 신해통공辛亥通共이라는 개혁 정책을 시행했다. 당시 기득권 세력이었던 시전의 독점권을 상당 부분 박탈해서 새로운 상인들이 자유롭게 상업 활동에 종사할 수 있도록 한 것이다. 독점이 사라지면 산업이 발달하고 소비자는 이익을 얻는다.

역사 드라마는 인물들의 정치적 상황과 인간적 고뇌, 그리고 사랑과 야망을 주된 소재로 한다. 정책의제 설정, 정책결정, 정책 집행과 같은 건조한 정책 과정을 드라마의 소재로 삼는다면 높은 시청률을 담보하기 어려울 것이다. 그래서 명재상이 추진한 정책 과정보다는 장희빈, 이방원, 정도전, 한명회와 같은 문제적 인간들의 운명과 의지, 욕망과 이상, 갈등과 파국, 그리고 영예와 치욕이 우리에게 더 많이 알려져 있다. 높은 시청률을 보장해 주지는 않지만, 대동법과 신해통공처럼 민생을 위해 사심 없이 일했던 의지를 생각해 본다면, 이들의 공적인 삶은 충분히 의미 있다고 말할 수 있지 않을까?

자신만의 브랜드를 남긴 지방공무원들

이처럼 자신만의 정책과 브랜드를 남긴 공직자는 대부분 고급 관료들이다. 한국의 현대사에도 의미 있는 정책을 남긴 공직자는 대부분 대통령, 국무총리, 장관, 청와대 수석에 국한되는 것이 사실이다. 역사적으로 큰 의미를 갖는 시점에, 역사의 현장에서 일했던 정부 공직자들의 기록 역시 이들 고위 관료가 대부분 독점하고 있다.[54] 하급 공채생이 자신의 업적과 공적인 삶의 보람을 역사에 남기는 일은 흔하지 않다.

하지만 최근에는 자신이 만든 정책 브랜드, 그리고 일하면서 느꼈던 공직의 보람을 기록으로 정리한 책이 지방공무원 저자를 중심으로 출간되기 시작했다. 이들은 자신에게 주어진 권한이 많지 않음에도 불구하고, 시민의 행복, 사회에 기여하고자 하는 이상, 공익을 높이고자 하는 사명감, 그리고 업무에 대한 순수한 열정으로 큰 성과를 이뤄 냈다.

순천시 공무원 최덕림 과장은 무려 8년 동안 순천만 세계정원박람회장 조성 사업의 실무자로 일했다. 2013년 성공적으로 열린 '순천만 국제정원박람회'는 산업통상자원부가 후원하는 '소비자 선정 최고 브랜드 대상'을 받았다. 일회성으로 끝나는 행사와 달리, 순천만 국제정원박람회는 '순천만 국가정원'으로 그 명성을 이어가고 있다. 대한민국 정부는 그를 '지방행정의 달인'으로 선정했다. 그의 저서《공무원 덕림씨》[55]에 그의 고군분투가 기록되어 있다.

고창군 공무원 김가성 과장은 '고창 청보리밭 축제'라는 이름의 지역 대표 축제를 만들었다. 이미 지역에 존재하고 있었던 보리밭 풍광을 관광 상품으로 선보인 것이다. 그래서 그는 스스로를 대동강 물을 판 봉이 김선달에 비교하기도 한다. 3천만 원의 예산을 들여 첫 행사를 열었고, 180억 원에 이르는 경제 효과를 창출했다고 한다. 국내 식품 대기업이 자사의 일부 상품에 고창 보리를 쓰기로 협약을 맺는 성과가 이어지기도 했다. 더 나아가 지역 특산물인 고창 복분자로 만든 술, 냉면, 분말을 시장에 내놓았다. 역시나 그의 저서 《180억 공무원》[56]에 그의 고군분투가 기록되어 있다.

영월군 공무원 이형수 과장은 봉래산에 '별마로 천문대'를 세운 주역이다. 그 역시 고창군 김가성 과장과 비슷한 맥락에서 '영월 이 선달', '별을 파는 공무원'이라는 별명을 갖고 있다. 역시나 '지방행정의 달인'이라는 영예가 그에게 주어졌다. 저서를 남기지는 않았지만, 행정학과 교수가 천문대 건립을 추진했던 그의 정책 과정을 분석해서 논문을 썼다. 논문 제목은 〈약자의 설득전략: 어느 하위직 지방공무원의 개혁활동에 대한 현상학적 보고서〉[57]. 그의 막내딸은 〈내 안의 별을 찾아서〉라는 제목으로 아빠의 전기문을 썼고, 이 글은 고등학교 국어 교과서에 실리기도 했다.

이들과 관계된 문헌을 살펴보면, 이들의 성공 공식을 다음과 같이 도출해 볼 수 있다. 첫째, 이전에 없었던 구상을 펼친다. 불현듯 떠오른 아이디어도 있고 오랫동안 구상해 온 아이디어도 있다. 보리밭 풍광을 팔기도 하고, 하늘의 별을 팔기도 한다. 문학적이고 낭만적인 요소가 있다. 둘째, 그의 구상에 조직원들이 눈총을 날린다. 그 현실적인 이유는 주로 예산이다. 지금까지 해 본 적 없는 일이라는 것도 이유가 된다. 셋째, 불굴의 의지로 조직원들의 냉소를 이겨 낸다. 이때 동원하는 도구는 상급자가 마냥 무시하기만은 어려운 그만의 열정적이고 탄탄한 문서, 외부 전문가의 의견과 시민들의 성원, 마지막으로 최고 의사결정권자의 승인이다. 넷째, 이전에 없었던 놀라운 결실을 맺는다. 큰 보람을 느낀다. 다섯째, 한 번 더 역경이 찾아온다. 가장 주된 이유는 감사다. 조직원들의 시샘도

한몫한다. 여섯째, 문제점이 오해로 밝혀지면서 해소되고 정책이 안정된다. 시민과 동료, 그리고 가족 모두에게 인정받는다.

우리는 공직의 보람을 느끼고 있는가

지금껏 멀리는 중국 춘추 시대 재상 관중부터 가까이는 21세기 순천, 고창, 영월의 공직자에 이르기까지, 훌륭한 공직자들의 높은 이상, 불굴의 의지, 그리고 혁혁한 성과를 살펴봤다.

자, 이제 스스로를 돌아보자. 우리는 입직 후 공직의 보람을 느낄 수 있을까? 신참 공채생은 입직 이후 공직의 보람을 느끼고 있는가?

정부 조직에서 시민을 대상으로 공적인 일을 한다는 것은 대의명분으로만 본다면 참으로 보람된 일이다. 공익과 사회적 약자를 위해 일한다는 보람, 사회 발전에 기여한다는 보람, 나랏일을 한다는 자부심은 분명 아무에게나 주어지는 것이 아니다.

하지만 이 일을 하면서 보람을 느끼기가 그리 쉬운 것만은 아니다. 구청 기획예산과에서 일했던 시절을 잠깐 소개한 바 있다. 기획예산과는 그 조직의 주요 부서로 인식되지만, 나는 그곳에서 일할 때 그 어떤 보람도 느낄 수 없었다.

공약사업 추진 상황에 대해 평가하는 일이 내가 소속된 팀에서 하는 주된 업무 중 하나였다. 구청장이 관심을 기울여 힘쓰고 있는 사업에 대해서는 잘하고 있다고 칭찬하고, 구청장이 질책하는 사업에 대해서는 더 가열한 노력이 필요하다고 지적하는 것이 내가 해야 할 일이었다. 답은 이미 정해져 있었다. 그러한 평론을 쓰면서 보람을 느끼는 사람도 있을 것이다. 하지만 나는 그렇지 못했다.

일반행정직 공무원보다 이타적이라 인식되는 사회복지직 공무원은 좀 다를까? 사회복지직 공무원들은 분명 사회적 약자를 돌보는 업무에 대해 자긍심을 갖고 있다. 하지만 이들의 근무 여건은 무척이나 열악하다.

공익광고에서 여성 사회복지직 공무원들은 할머니 집을 찾아가서 말벗이 되어 드리면서 불편하신 점은 없는지 살펴본다. 할머니는 그녀를 가족처럼 반갑게 맞이한다. 사회복지직 공무원은 새로운 복지정책이 나왔음을 할머니께 알려 드리면서 오래오래 사시라고 덕담을 전한다. 서로 담소를 나누고 웃으며 헤어진다.

공익광고에서 표현하는 사회복지직 공무원들의 근무환경과 실제 근무환경은 큰 차이가 있다. 모든 복지 대상자들이 공익광고에 나오는 할머니처럼 이들에게 친절한 것은 아니다. 힘없는 여성 사회복지직 공무원들은 사무실에서도 사무실 바깥에서도 물리적·심리적 위험에 무방비로 노출되어 있다. 게다가 상급기관에 보고해야 할 문서는 끝이 없다. 복지 업무는 언제나 증가 추세에 있다. 줄어들 가능성은 없어 보인다. 문서 작성을 위해 밤에 일하는 이들의 모습은 공익광고에 표출되지 않는다.

약자를 살피는 일이 사회복지직 공무원들의 핵심 업무인 것과 마찬가지로, 정부 서비스를 원하는 시민으로부터 신청서를 받고, 소득과 재산 상황 등 수혜 요건을 검토하고, 수혜 여부를 통보하는 정형적인 사무원으로서의 일 역시 이들의 핵심 업무다. 하지만 이들이 냉철한 지식 노동에도 종사하고 있다는 사실을 조명해 주는 공익광고는 없다. 복지 대상자와의 관계가 함께 웃음꽃을 피울 수 있는, 좋은 관계만 존재할 것이라 생각하는가? 그렇지 않다. 자긍심을 갖고 있는 이들조차 공직의 보람을 느끼기란 쉽지 않은 일이다.

일반행정직 공무원은 어떨까? 모두 그런 것은 아니지만, 일반적으로 민원대 직원들은 특별한 자긍심을 갖고 있지 않다. 그렇다 해도 이들 모두는 높은 집중력을 발휘해서 일한다. 주민등록 담당자로 일했을 때 출생신고와 사망신고를 처리하는 일이 무거운 일이라는 것을 인식하고 있었다. 따라서 털끝만큼의 실수도 없이 처리하기 위해 최고의 집중력을 그 일에 쏟았다. 모든 주민등록 담당자가 그렇게 그 일을 처리할 것이라 믿는다. 인감증명서는 큰 규모의 금액이 오가는 거래에 첨부 서류로 쓰이는 경우가 많기 때문에 대리인이 서류 발급을 요청할 때 담당자로서는 세심하게 검토하지 않을 수 없다. 규정에 부합하지 않으면 민원인을 돌려보낼 수밖에 없다.

그러다 보니, 민원대 직원들이 자주 듣는 말은 다음과 같다. 뭐가 이렇게 복잡해요? 다른 동에서는 해 주는데, 여기는 왜 안 된다는 거야? 법의 취지가 중요하지 규정을 문자 그대로만 해석하면 되냐? 내 세금으로 먹고사는 사람들이 왜 이렇게 말이 많아!

매일 민원인의 부정적인 감정을 받아들이며 일하는 우리가 공직 업무에서 쉽사리 보람을 느낄 수 있을까?

내가 느꼈던 공직의 보람

대다수 하급 공채생들은 시민과 동료로부터 칭찬을 받을 때 보람을 느낄 것이다. 나 역시 그러하다. 하지만 안타깝게도 칭찬받을 만한 일을 많이 하지 않아서 그런지 보람을 느꼈던 때가 많지는 않았다.

관내에 위치한 음악 대학 학생들이 동 주민센터에서 음악회를 연 적이 있었다. 지금은 이런 행사가 상당히 일반화되었지만, 당시에는 사람들로부터 큰 이목을 끌었다. 담당자는 그해 1년 차 신참 공채생이었는데, 담당 교수와 협의, 상급자 보고, 일정 관리, 포스터와 팸플릿 제작, 주민 홍보, 심지어는 음악회 사회까지 모든 일을 눈부시게 해냈다. 주민, 관람객, 학생, 주최 측 모두 기분 좋게 음악회를 즐겼고, 행사 후 호평이 이어졌다. 나는 옆에서 보조 인력으로 거들기만 했는데도 무척 보람을 느꼈다.

땅이 꺼져서 구멍이 나 있다는, 싱크 홀 민원 신고를 받은 적이 있었다. 동 주민센터 뒷다이 직원들과 함께 트럭에 임시로 현장을 통제할 수 있는 여러 연장을 싣고 현장으로 출동했다. 5분 만에 도착했던 것으로 기억한다. 신고했던 시민이 깜짝 놀라서 큰 소리로 말했다. "어우, 이렇게 빨리 오다니 감동적입니다!"

집 근처에 사는 주민들이 자신의 집 앞에 쓰레기 무단투기를 많이 해서 너무 괴롭다는 민원인이 있었다. 이웃이 버렸어도 늘 자신이 처리했는데, 이젠 많이 지친다는 것이었다. 스트레스를 많이 받는다는 얘기를 듣고, 최대한 이야기를 경청하려 노력했다. 무단투기 단속반에 신고하는 방법, 근처 주민들에게 경고 공문을 발송하는 방법, 무단투기하는 현장에 CCTV를 설치하는 방법 등을 이야기하면서, 끝으로 이렇게 말씀드렸다. "도저히 혼자 힘으로 치우기 어려울 정도로 무단투기가 심할 때에는 그냥 지금처럼 편하게 전화 주세요. 제가 트럭 갖고 가서 치워 드릴게요." 사실 바람직한 방법은 아니다. 시민들이 자발적으로 무단투기를 하지 않도록 행정지도하거나 불법 행동에 대해 제재를 가하는 것이 우선일 것이다. 하지만 민원인이 너무 힘들어하는 것이 느껴져서 그렇게 말씀드렸더니, 감사 인사와 함께 마음이 무척 편안해졌다는 말을 들을 수 있었다.

주민등록 업무를 처음 맡았을 때 거주자, 재외국민, 재외국민거주자, 외국국적동포, 외국인의 개념이 명확하게 자리 잡지 않은 채로 일을 하려니 적지 않은 어려움이 있었다. 다른 민원 창구 직원들 역시 이를 잘 모르면 주민등록 담당을 쳐다보게 되어 있다. 결국 나 자신이 필요성을 느껴 이들 개념을 정리한 페이퍼를 만들었다. 사내 인트라넷 게시판에 이를 공유했다. 조회 수가 높지는 않지만, '이해하기 쉽게 잘 정리되었네요. 감사합니다'와 같은 직원들의 댓글을 보면서 뿌듯함을 느꼈다.

참 싱겁지 않은가. 내가 느꼈던 보람이 의미 없는 것이라고 생각하지는 않지만, 앞서 예시한 명재상들과 '지방행정의 달인'들이 했던 일과 굳이 비교해 본다면, 내가 한 일은 너무나 작고 가벼운 일들이다. 조직에서 좌절했던 경험은 손꼽을 수 없이 많지만, 보람 있었던 일은 이처럼 손가락으로 헤아릴 수 있을 정도로 드물다. 내가 특별히 염세적인 성격을 갖고 있어서 이렇게 느끼는 건 아닐 것이다.

정부를 향한 시민들의 시선이 그 어느 때보다 날카로운 시점이다. 이 특별한 시점에 시민들의 격려를 듣는 일은, 현실적으로 쉬운 일이 아니다. 하급 공직자의 눈부신 활약으로 세상이 확 바뀔만큼 대한민국이라는 국가의 법과 제도 기반이 허술한 것도 아니다. 하급 공직자가 정책 과정에 참여할 경로가 전혀 없는 것은 아니다. 하지만 정책의제 설정에는 시민과 시민단체, 정당, 언론이 주로 참여하고, 대통령, 중앙정부 행정기관, 국회가 마침내 정책을 공식적으로 결정하고 법제화를 완성한다. 우리의 주된 역할은 이미 결정된 정책을 집행하는 것이다.

대부분의 하급 실무자가 보람을 느끼는 때는 '당연히 해야 할 일이어서 열심히 했을 뿐인데, 유독 고마움을 표하는 시민을 만났을 때', 이 정도일 것이다. 가벼운 일상이지만, 실무자에게는 무게 있는 감동으로 남아, 팍팍한 현실에 다시금 기꺼이 뛰어들게 만드는 동력이 된다.

오해하는 사람들이 있을까 싶어서 조금 더 설명을 해 두겠다. 나랏일을 함에 있어 작은 일도 큰 일도 모두 의미가 있다. 우리가 하는 일이 굵직한 정책에 비해 싱겁고 가벼운 일로 보일 수는 있어도 우리는 이 일에 최선을 다함이 마땅하다. 그 과정에서 분명히 일의 의미를 찾을 수 있다. 공직자로서 일의 의미를 찾지 말자는 것이 아니다.

내가 강조하고 싶은 것은 이것이다. 정부와 공무원에 대한 기대가 높은 2020년 현시점에, 수직적이고 경직적인 조직 안에서, 법과 규정에 따라 일해야 하는 위치인 하급 공채생에게 있어, 보람을 찾는 것이 마냥 손쉬운 일만은 아니라는, 그 '현실'을 말하고 싶은 것이다.

'도전하라. 혁신하라. 용기를 내라. 관행을 타파하라. 높은 성과를 내라. 시민의 의견에 경청하라. 시민과 함께 호흡하라. 그 과정에서 보람을 느껴라.' 하급 공채생들에게 주어지는 피상적이고 일방적인 강요가 과연 우리들의 공직 생활에 의미를 부여할 수 있을까? 날개를 묶어 놓고 날개를 펴서 창공을 날아오르라고 하는 격려가 온당한 것인가? 막상 날개를 펴도 여차하면 새총을 쏴서 떨어트릴 거면서.

역사서에 기록을 남길 만한 정책을 남기기도 어렵고, 일상의 보람을 자주 느끼기도 어려운 우리 하급 공채생들은 어디에서 삶의 의미를 찾아야 할까? 공권력이 땅에 떨어지고, 시민들의 눈높이는 하늘에 닿아 있는 21세기 초엽에, 의사결정 권한이 유력자와 최고 의사결정권자에게 집중되어 있고, 하급자를 독립적인 인격체로 존중하지 않는 한국의 정부 조직에서, 하급 공채생으로 일하는 우리의 미약한 처지에서, 우리는 어떤 자세로 일하는 것이 나와 사회에 도움이 될까?

이제 이 책의 마지막 장에 내가 여러분에게 권할 수 있는 충언을 조심스럽게 권하고자 한다.

NEWS

'극한직업' 사회복지사…한 9급 공무원의 하루

수도권 한 구청에서 9급 사회복지직 공무원으로 일하는 장모 씨(29세·여). 오늘도 아침 7시 30분 뜨기 싫은 눈을 억지로 떴다. 전날 새벽 퇴근으로 몸이 무거워서가 아니다. 동료들 사이에서도 기피 대상인 민원인 A 씨를 또 만나러 가야 하기 때문이다.

원래는 어제 A 씨에 대한 복지 수급 관련 확인 조사를 마무리해야 했다. 하지만 대낮부터 그는 만취한 상태였다. 혀가 꼬부라질 대로 꼬부라진 A 씨와 대화를 진행할 수 없어 '내일 다시 올 테니 술 드시지 말고 계시라'고 당부하고 발걸음을 돌렸다. 하지만 A 씨가 기피 대상이 된 진짜 이유는 현장 조사를 하러 온 동료 여직원을 성추행한 전력이 있어서다.

오전 9시가 못 돼 사무실에 들어서니 업무 시간 전인데도 급여 관리부서 동료 B가 이미 전화기를 붙들고 씨름 중이다. 최근 일용소득이 있는 수급자 명단이 확보됐고 수급 기준을 넘긴 사람들에게 급여 중지를 통보한 후폭풍이다.

어렵게 사시는 분들이다 보니 생계가 걸린 복지 수당 중지 선언은 청천벽력과 같은 소식이 아닐 수 없다. 항의 전화가 오는 것도 이해는 된다. 하지만 욕설은 기본이고, 협박도 다반사다. 법을 바꿀 힘이 있는 것도 아니고 '원칙이 그렇다'는 말만

되풀이하게 된다. 생계가 걸린 민원인은 또 험한 소리를 한다. 무한 반복이다.

직접 사무실로 찾아와 드러눕는 경우도 가끔 있다. 그럴 때 남자 직원들이라도 있으면 그나마 안심이 되지만, 장 씨가 다니는 구청의 복지 부서 30여 명 직원 중 남자 직원은 4명뿐이다. 그나마 이들도 외근으로 자리를 비우는 경우가 많다. 그럴 때 민원인의 거친 항의가 시작되면 정말 어떻게 해야 할지 막막하다. 다른 구청이나 동사무소에는 흉기를 들고 찾아오는 민원인도 있다지만 다행히 장 씨는 아직 그런 경험까진 하지 않았다.

B 씨가 힘겹게 전화 한 통을 끊는다. B 씨는 오늘도 밤늦게까지 야근이 분명해 보인다. 낮에는 계속 이런 전화를 받아야 하고 밤이 돼서야 겨우 업무를 처리할 수 있을 터다.

장 씨도 하루 업무 정리를 하고 오전 10시에 나가기 싫은 외근을 나섰다. 공용차를 타고 가면 좋지만 이미 다른 선배가 타고 갔다. 버스를 타고 A 씨의 집으로 어제와 똑같이 무거운 발걸음을 옮긴다. 복지 대상 확인 조사는 항상 긴장된다. 대부분의 조사 대상자들이 우리네 할머니, 할아버지, 삼촌, 이모 같은 분들이지만 그렇지 않은 경우도 적지 않다.

A 씨는 오늘도 취해 있다. 그래도 어제와 달리 의사소통은 가능하다. 빨리 조사를 끝내고 싶지만 이번 조사로 A 씨의 복지 수급 여부가 결정되는 만큼 대충할 수도 없다.

장 씨가 맡은 수급자는 거의 천 세대에 이른다. 일주일에 열 세대 정도를 방문한다. 방문만 하고 끝나는 것이 아니라 가구의 재산 소득, 자녀들과의 관계, 생활 패턴 및 양식을 한 번 방문하고 파악해 수급 여부까지 결정해야 한다.

술에 취한 A 씨가 집 안으로 들어오라고 한다. 하지만 들어가지 않고 문을 연 채 현관에 걸터앉았다. 사회복지직 9급 공무원으로 2년 반 동안 근무하면서 악성 민원인에 대처하기 위해 터득한 장 씨의 노하우다. 여차하면 집에서 나가야 한다. 대부분이 그렇지 않지만 여러 가지로 위험한 상황도 더러 경험하며 체득한 방식이다.

A 씨의 인생 역경을 듣다 보니 이미 오후다. 겨우 마무리를 한 뒤 편의점에서 삼각김밥으로 점심을 해결하고 사무실로 향했다. 원래 오늘은 하루 종일 상담 내역을 정리했어야 했지만 계획과 달리 이미 한나절이 갔다.

이렇게 업무가 밀린다는 건 야근은 물론이고 주말도 나와야 한다는 의미다. 다음 인사 땐 비교적 민원이 적은 과로 발령이 날 거란 희망을 품는다. 요즘은 모든 정책 사업이 복지와 연관돼 있어서 어느 부서든 사회복지직이 필요하다.

대학에서 사회복지학을 전공하고 처음 공무원이 됐을 때만 해도 각오는 했지만 이렇게 힘들 줄은 상상도 못했다. 간간이 들려오는 사회복지직 공무원들의 자살 소식을 들을 때마다 남의 얘기가 아니라는 생각에 가슴이 먹먹하다.

믿었던 공무원연금마저 '더 내고 덜 받는' 구조로 바뀐다는 소식도 최하급 공무원인 장 씨를 힘들게 한다. 박봉과 열악한 처우에도 사회의 그늘을 보듬는다는 자부심과 퇴직 후 혜택을 생각하며 버텼는데 이제 이마저도 사라질지 모른다.

그래도 맡은 바 책임은 다해야겠기에 사무실에 앉아 상담 내역 정리에 들어갔다. 오늘은 12시까지만 하고 가야겠다고 생각하며 장 씨는 다시 서류 뭉치를 집어 든다.

김세관 기자. 머니투데이. 2014. 9. 30.

공직자로서의 삶과
나 자신으로서의 삶

아무리 고용 안정을 중요시한다 해도 이 직업을 선택한 여러분에게 공직자로서의 사명감이 없을 리 없다. 아무리 냉정한 사람이라고 해도 쌀과 구호품을 전달받는 복지 대상자가 눈물을 흘리며 여러분에게 고마움을 표한다면, 여러분의 마음 깊은 곳에서 뜨거운 무언가가 올라오는 것을 느낄 수 있을 것이다.

하지만 앞서 살펴본 바와 같이, 우리가 아무 때나 쉽게 보람을 느낄 수 있는 여건에 있는 것은 아니다. 공직자로서의 삶과 나 자신으로서의 삶이 일치하거나 조화롭다면 좋겠지만, 그게 어디 쉬운 일일까.

이 장은 기본적으로 최종 합격 후 직장 생활을 시작한 신참 공채생을 독자 대상으로 하지만, 결과적으로 취준생, 공시생, 구직자 모두에게 도움이 되는 내용이 될 것이라 생각한다. 공무원이라는 직업에 대해 한 번 더 생각을 정리해 볼 수 있고, 이로써 진로 의사결정에 도움이 되는 정보를 얻을 수 있을 것이다.

팍팍한 현실을 받아들이자

1부에서 충분히 설명했다. 우리의 현실은 팍팍하다. 공직 입문 전에 월급을 제때 주지 않았던 회사에서 일했던 나 같은 사람은 이야기가 다르겠지만, 대부분의 9급 공채생들이 9급 1호봉의 보수에 큰 충격을 받는다. 강한 위계질서, 상관의 말에 신참이 토 달지 않기를 바라는 마음. 조직문화는 후진적이고 갑갑하다. 시민들의 시선은 전반적으로 날카롭고, 일부 특별한 고객은 범죄 수준의 폭력성을 보이고 있다. 시민들은 정부 조직의 모든 것이 못마땅하다. 우리에게 꽃길은 보이지 않는다.

우선은 이 팍팍한 현실을 있는 그대로 받아들이는 마음 자세가 필요할 것 같다. 쉬운 일은 아니겠지만, 이 시대에 이 직업을 선택했다면 이 시대에 맞는 비상한 각오가 필요하다고 말해 주고 싶다. 우선은 조직에 무난하게 적응해서 인간관계를 잘 맺고, 업무 능력을 높여 주어진 임무를 완수하는 것이 필요하다. 삼국지

최후의 승자, 사마의가 그랬던 것처럼 말이다. 공직자로서든 노동
자로서든 본연의 임무에 충실한 것은 여러분이 해야 할 당연한 의
무다.

팍팍한 현실을 받아들이자는 말을 부조리한 일에 순응하자는
말로 오해하는 독자가 없기를 바란다. 불법과 범죄, 부정한 지시
와 청탁, 여러분의 존엄성을 훼손하는 무례함을 받아들일 수는 없
다. 이 부조리함을 개선하고 싶다면 의연하게 맞서 싸워야 한다.

하지만 나와 여러분을 포함한 다수의 공채생들에게는 자신의
주장을 강력하게 펼칠 만한 힘과 세력, 의지와 전투력이 부족하
다. 신참 조직원이 자신의 주장을 펼쳐 전 조직원의 주목을 받는
것도 적잖이 부담스러운 일이 될 것이다.

이런 맥락에서 정부 조직 안과 밖의 부조리를 개선하기 위해
우리가 할 수 있는 첫 번째 의미 있는 사회적 행동으로서, 노동조
합 가입을 여러분에게 적극 추천하고 싶다. 나 역시 노동조합의
구성원으로 활동하고 있다.

아마 모든 이들이 노동조합의 활동이라고 하면 어느 정도 고정
적으로 형성된 이미지를 갖고 있지 않을까 싶다. 머리에 띠를 두르
고, 구호를 외치고, 시위하는 활동 같은 것 말이다. 나 역시 그러
했다. 나도 내가 노동조합 가입을 권유하는 조합원이 될 줄은 정
말 몰랐다. 그만큼 이 조직의 안과 밖에서 벌어지는 야만성과 폭
력성에, 나는 적잖이 충격을 받았다고 말할 수 있다.

나와 여러분 같은 하급 공채생들이 바라는 바가 뭐 그렇게 거
창할 것 같지도 않다. 공익과 고용 안정성을 해칠 만한 불법적인

지시를 받지 않는 것, 인격 모독과 무례한 처우를 당하지 않는 것, 비효율적인 야근과 휴일 근무에 동원되지 않는 것, 특별한 민원으로부터 보호를 받는 것, 그리고 범죄 수준의 특별한 민원에 대한 단호한 법적 대응. 이 정도가 아닐까. 가해자가 스스로의 행동을 성찰해서 개선해 준다면 좋겠지만, 그렇지 않다면 이 당연한 처우 역시 우리가 목소리를 낼 때 쟁취할 수 있는 것이다.

혼자 목소리를 내는 일이 쑥스럽다면 노동조합에 조합원으로 가입해서 조합원과 함께 우리 스스로의 목소리를 내자. "What is your name? Speak yourself." 방탄소년단이 2018년 9월 UN에서 한 연설의 마지막 부분이다.

그럼에도 불구하고 다시 한 번 말하겠다. 현재 우리를 둘러싼 환경이 우리에게 호의적이지 않음을 받아들이는 마음 자세가 필요하다. 이처럼 불리한 환경이 펼쳐지게 된 맥락에 우리의 잘못이 없을지라도, 결국 이 불리한 여건에서 일해야 하는 사람은 다른 사람이 아닌 우리 자신이다! 청렴과 투명성, 무한 책임과 무한 친절, 최고의 전문성과 최고의 직업의식이 요구되는 시점이다. 국민의 절대 대다수가 지지하는 대의명분에 맞서 봤자 비판만 받게 될 것이고, 도도하면서도 격렬하게 흐르는 물줄기를 응집력 없는 우리가 바꿀 수도 없다. 팍팍한 현실을 받아들이면서 자신이 맡은 일에 최선을 다하고, 그 과정에서 여러분만의 자유를 찾길 바란다.

공무원이라는 직업의 미래

지금은 하급 공채생이지만, 여러분도 이제 곧 인사이동으로 부서를 옮기고, 여러 임무를 거치며 경력을 쌓게 될 것이다. 여러분이 생각한 것보다 더 빠른 시점에 갑자기 후배를 맞이하고, 어느 날 갑자기 8급 승진 후보자가 될 것이며, 조직에서 쓴맛 단맛을 두루 맛보다가, 너무나 허무하게도 고참이 될 것이다. 그렇게 허탈하게 고참이 되기 전에 조직 안에서의 삶과 여러분 자신의 삶을 어떻게 꾸려 나갈 것인지 지금부터 천천히 생각해 봤으면 좋겠다.

자신의 인생을 소중히 가꿔 나가는 것은 스스로에게 이익이 되는 일이다. 게다가 백 세 시대가 도래했다. 서른까지 학교에서 공부하고, 예순까지 일터에서 일하고, 퇴직한 뒤 특별한 일 없이 일흔이나 여든까지 살다가 생을 마감하던 시절과는, 아주 많이 다른 시대가 오고야 말았다.

무엇보다 공무원이라는 직업의 미래가 지금보다 더 어두워질 것이다. 지금도 충분히 높은 책임성, 투명성, 전문성, 봉사심을 요구받고 있지만, 앞으로도 그럴 것임에 틀림없다.

퇴직 후 받게 될 연금은 현재 수준보다 더 줄어들 것이 확실하다. 2015년 공무원연금 개혁은 현행 제도의 틀을 유지하면서 기여율과 지급률을 조정함으로써 '더 내고 덜 받는' 모수 조정안으로 귀결되었다. 하지만 한창 개혁안을 논의했을 당시에는 공무원연금이 지닌 직역연금으로서의 성격을 폐지하고 국민연금과 동일하게 설계하는 방안, 국민연금으로 통합 이후 별도의 직역연금을 구성하는 방안과 같이 제도의 틀을 바꾸는 구조 개혁안이 논의되기도 했다.[58] 모수 조정안이든, 구조 개혁안이든 공무원연금은 현재 수준보다 더 줄어드는 방향으로 개혁될 것임에 틀림없다.

급격한 변화가 일어날 것 같지는 않지만, 공채 제도 역시 변화 가능성이 있다. '공정'을 중요한 사회 정의 덕목으로 받아들이는 현시점에서 공채 제도는 많은 청년 구직자들이 선호하는 인재 채용 제도다. 하지만 이 제도는 장점뿐 아니라 적지 않은 단점을 노출하고 있다.

《당선, 합격, 계급》이라는 제목의 책이 있다. '문학상과 공채는 어떻게 좌절의 시스템이 되었나'가 부제다. 문학 공모전과 공채 제도를 소재로, 한국적 맥락에서 이 제도의 유래, 의의, 그리고 장점과 단점을 논한, 매우 특별한 내용을 다루고 있는 책이다. 저자는 공채 시스템의 원조인 과거科擧 제도를 분석하면서, 그 폐해로 첫째, 사회적 낭비가 심했다는 점, 둘째, 정작 필요한 인재는 뽑지 못했다는 점, 셋째, 사회의 창조적 역동성을 막았다는 점을 지적한다. 이러한 공채 제도는 '또라이'를 걸러 내고, 조직에서 사고 안 치고 주위 사람들과 잘 융화하며 위에서 시키는 일을 원활하게 처리하는 '성실한' 사람들을 찾는 기능을 하게 된다.[59] 지금의 공채 제도의 한계점과 크게 달라 보이지 않는다.

따라서 특정 업무 분야에서 전문가를 양성하는 전문관 제도, 정부와 민간기업의 인재가 서로 자유롭게 교류하는 인사 제도가 새로운 인사 방향으로 제시되곤 한다.

물론 일반행정직이 주류를 이루는 정부 조직의 관성을 극복하기가 쉽지는 않을 것이다. 또한 채용 과정에서의 '공정'을 정부 조직 인사의 큰 매력으로 인식하는 청년과 구직자들로서는 이 방향이 반갑지 않을 수 있다. 한국인에게 공채가 호의적으로 받아들여지는 이유는 이 방식이 공정하다고 인식되기 때문이다. 성별, 나이, 학벌, 스펙, 외모, 경력, 집안 재산을 따지지 않는 이 채용 방식은 고용 불안정의 현시점에서 구직자들에게 너무나 소중한 경로다. 나 역시 이 제도의 수혜자다.

이런 맥락에서 공무원 채용 제도가 어떻게 변화할지 단언하기는 어렵지만, 업무에 전문성을 높이는 방향으로 정부 조직의 인사제도가 변화하리라는 것은 어렵지 않게 예측해 볼 수 있다. 여러분이 조직 안에서 나름 재무·회계·예산 분야의 경력자라고 자부해 왔는데, 어느 날 회계사가 특채로 재무과나 감사과에 배치되었다고 생각해 보자. 지금까지와는 사뭇 다른 양상이 펼쳐질 것이다. 위기가 될 수도 있고, 기회가 될 수도 있다.

조직 안에서 주특기와 필살기를 만들자

어느 날 허무하게 고참이 된다고 했다. 도무지 일이 줄어들지 않는다는 이유로 일과 조직에 매몰되면 순식간에 고참이 된다. 여러분이 '저 사람은 도대체 무슨 재미로 사나' 생각했던 그 고참 말이다. 부서를 네다섯 번 정도 이동하고 나서 어느 날 10호봉 고참이 되었다고 해 보자. 1호봉 시절보다는 보수가 높아지고, 신참으로서 갖게 되는 부담은 확 줄어들게 될 것이다.

하지만 정부 조직에서의 10년 경력이 여러분에게 과연 무엇을 남겨 줄 것이라 생각하는가? 워드 실력, 엑셀 실력, 파워포인트 실력, 문서 작성 실력, 모두 어느 정도는 향상되었겠지만, 그 어느 것도 획기적으로 늘지 않았을 것이다. 게다가 이 실력은 본질적인 내공이라기보다는 스킬이라고 봐야 할 것이다.

고용 안정성에 만족한 나머지 자신의 주특기와 필살기를 개발하지 않는다면, 여러분이 신참 시절에 좋게 보지 않았던 조직문화에 익숙해진 스스로를 마주하게 될 것이다. 게다가 사람을 대함에 있어 예의를 다하지 않았다면 좋지 않은 평판이 형성되어 있을 수도 있다.

따라서 여러분의 삶을 소중하게 여기는 마음으로, 이 조직에서 어떤 인재가 될 것인지, 그리고 이 조직보다 더 넓은 세상에서 어떤 사람이 될 것인가를 고민해 봤으면 좋겠다.

'벌써? 너무 이르지 않나? 이제 막 공무원이 됐는데?' 생각할 수 있을 것이다. 하지만 앞서 말했던 것처럼 어느 날 갑자기 고참이 된다. 조직과 일에 적응하고, 회식에 참석하고, 퇴근 후에 쇼핑하고, 그동안 열심히 공부하느라 못 만났던 사람들과 만나고, 좋은 사람을 만나 사랑하고 결혼하고 애 낳고 애 기르고 살아가다 보면, 어느덧 중년에 접어든 자신의 모습을 보게 될 것이다. 생각하는 대로 살지 않으면, 사는 대로 생각하게 된다고 했다.

기왕에 일을 한다면 그 업무에 정통한 '통通'이 되길 권한다. 여러분에게 이익이 된다. 현재 자신에게 의무로 주어진 일도 열심히 하되, 경력이 붙으면 여러분의 관심사를 고민해 보길 권한다. 인사·조직, 재무·회계·예산, 홍보, 문화·관광, 통계, 주민등록·인감·가족관계등록, 국민기초생활보장 제도, 노인복지, 장애인복지, 여성복지, 아동복지, 건축·도시계획, 스마트시티······.

'나는 이 분야에서 통이 되겠다'는 생각으로 경력을 잘 관리해서 조직 안에서 인재가 되길 바란다. 그 업무의 규정을 통달하고, 경력과 전문성을 쌓고, 사람들과의 소통에까지 노하우가 쌓인다면 그 누구도 여러분을 함부로 대하지 못하게 될 것이다. 전문가 수준의 지식과 경력을 쌓게 된다면 일하면서도 공무원교육원이나 인재개발원에서 돈을 받으면서 강사로 활동할 수도 있다. 여러분이 원하는 분야에서 인재가 된다는 것은 여러분에게 큰 행운이다.

최근에는 전통적으로 주요 부서라 여겨지는 총무, 인사, 감사, 기획 부서의 인기가 예전만 못하다. 이들 부서에서 일하기 위해서는 사생활을 일정 부분 포기해야 한다. 그러면서도 전문성을 갖추게 될 것이라 보장하기는 어려운 부서이기도 하다. 이는 90년대생 신참 공채생들에게 매력적인 조건이 아니다(정말이지 90년대생들은 영민하다). 나를 포함한 앞선 세대의 조직원들은 이들 부서의 명성만을 바라본 나머지, 사생활도 없고 전문성을 쌓기도 어려운 부서를 선호했다. 이 얼마나 안타까운 선택인가.

최근에 입직하는 신참 고급 관료들은 법제처와 같이 업무가 독립적으로 이루어지는 조직을 선호한다고 한다. 윗사람에게 사소한 일로 시달리고, 쓸데없는 의전에 시간을 낭비하는 대신 자기할 일만 충실히 하면 되는 조직을, 젊은 공무원들이 원하고 있다는 것이다.[60]

나는 이 조직에서 재무·회계·예산통이 되고 싶었다. 최고 의사결정권자와 유력자의 입김으로 고유 업무가 쉽게 흔들리고, 그들로부터 고유 업무가 가볍게 여겨지는 것을 보면서, 혼자 생각해 본 조직 안에서의 진로였다. 게다가 공무원 일을 그만두는 그때까지 써먹을 수 있는 유용한 업무다. 이 업무에 통달하면 비효율적인 일에 동원되지 않을 수 있겠다는 기대를 가졌고, 익숙하지 않은 기본 개념을 잘 정리해서 조직원들과 공유한다면 나도 좋고 조직원도 좋고 조직에도 기여할 수 있겠다는 사해동포적인 생각을 했다.

하지만 지식 노동, 육체 노동, 감정 노동 등 다방면으로 활용할 수 있는 노동력을 충분히 갖고 있었던 젊은 남자 직원에게 이 기회는 쉽사리 오지 않았다. 지금은 거의 포기했고, 복지 분야를 다음 전공으로 고려하고 있다. 잘될지 모르겠다. 나는 비록 뜻을 이루지 못했지만, 여러분은 직장 안에서 원하는 전공을 선택해서 전문가 수준의 직장인이 되기를 진심으로 기원한다. 개인, 다른 조직원, 조직 모두에게 이익이 된다.

쉬운 일은 아니지만, 이미 어느 정도 통달해 있는 자신의 업무 경력에 자격증을 추가해서 퇴직 후 새로운 인생 경로를 탐색하는 공무원도 있다. 고용노동부 공무원의 노무사 자격증 취득, 세무직 공무원의 세무사 자격증 취득을 예로 들 수 있을 것이다. 변호사, 회계사, 노무사, 세무사 자격증이 쉬운 자격증은 아니지만, 뜻을 세운다면 여러분이 도전하지 못할 자격증은 아니라고 생각한다. 이러한 전공으로 조직 내에서는 물론 정부 조직 밖에서도 특기를 발휘할 수 있다면 여러분에게 아주 좋을 것 같다.

또한 업무와 직접적으로 연결되지는 않더라도 외국어에 통달한다면 여러분에게 새로운 기회가 열릴 수 있을 것이다. 영어는 전 세계에서 통용되고, 프랑스어는 아프리카 대륙에서, 스페인어는 남미 대륙에서 써먹을 수 있다.

제3의 길: 담당자에서 전문가로

이쯤 되면 여러분은 이렇게 생각할 수도 있을 것 같다. '아니, 지금껏 힘들게 공부해서 여기 간신히 들어왔는데, 또 뭔가를 열심히 준비하라고?'

이렇게 답해 주고 싶다. 지금까지 우리가 해 왔던 공부와 노력은 의외로 우리 스스로가 선택하지 않은 경우가 많다. 국어·영어·수학으로 대표되는 고등학교 시절의 공부에서 우리의 선택권은 딱히 없었다. 대학에 들어갈 때 전공을 선택하기는 하지만, 자신의 적성과 전공의 미래 전망을 피상적으로 고려할 뿐이다. 마침내 9급 공시생을 선택했지만, 이 길이 우리가 주도적으로 선택한 것이었나? 이 길로 들어설 수밖에 없었던 여러 가지 이유가 있었을 것이다. 그리고 대입 시절과는 비교할 수 없을 만큼 더 열심히 공부해서 이곳 정부 조직에 들어왔을 것이다.

지금까지의 패턴과는 사뭇 다르게, 이제 진정으로 여러분이 선택해서 여러분의 삶을 설계해 보기를 권하는 것이다. '좀 이른 것 아닌가' 생각되는 지금부터.

무한 경쟁에 뛰어들어 다른 사람들을 밟고 올라서라는 것이 아니다. 삶의 의미를 더 깊게 하면서도 경제적으로도 이익이 되도록, 개인에게 이익이 되면서도 조직과 사회에도 이익이 되도록 주특기와 필살기와 진로를 생각해 보자는 것이다. 백 세 시대에 필요한 고민이기도 하다.

월급을 받고 있으니, 현재 여러분의 입장이 당장 생계유지를 걱정해야 할 형편은 아니다. 안정된 직장을 가져 금전적으로, 심리적으로 어느 정도는 안정된 현재 상태에서, 여전히 젊은, 20대와 30대의 유리한 연령대에서 여러분의 새로운 진로를 생각해 보라는 말이다. 여러분의 직업능력 향상, 인적 자본 향상은 여러분에게도 조직에게도 이익을 가져다준다. 쉬운 일은 아니겠지만 정부 조직원으로서의 목표와 나 자신으로서의 목표를 가급적 동일하게 만들 수 있다면 더 좋을 것이다.

주특기와 필살기를 갖추게 될 때 좋은 점이 하나 더 있다. 내가 하는 일 외에, 조직 바깥에 '더 큰 세계'가 있음을 알게 된다는 것이다. 더 큰 세계가 있다는 사실을 알게 되면 여러분이 조직에서 느꼈던 그 끔찍한 고통이 '찻잔 속의 태풍'이었다는 것을 알게 될 것이다. 찻잔 밖으로 나오면 거칠게 몰아치던 태풍도 실바람으로 변해 있을 것이다.[61] 따라서 정부 조직 안에서 다방면으로 고통을 겪고 있는 공채생일수록 더 큰 공동체를 바라봐야 한다. 이 세상에 관계를 맺어야 하는 사람들이 상사나 조직원들만 있는 것은 아니다. 이것이 내가 여러분에게 제시하는 '제3의 길'이다.

고백하건대 정작 나 자신도 입직 후에 여러분에게 권한 방식으로 내 미래를 내가 주도해서 설계하지는 않았다. 부모님의 권유로 행정학 공부를 새롭게 시작했다. 어문 계열의 문과 대학을 졸업한 뒤 공무원이 된 나로서는 사회과학적 소양이 많이 부족했다. 행정학, 행정법 모두 공무원 시험을 준비하면서 처음 접했다. 행정학을 새로운 전공으로 선택해서 주경야독의 길을 걸었다. 정부 조직 안과 밖에서 성공하겠다는 야심은 없었다. 그저 부족한 실력을 갖추자는 생각이었다.

밤에 학교를 다녀서 야근을 많이 못 하니까 더 열심히 일해야지, 하는 생각을 갖지는 않았다. 하지만 임무를 완수하지 못하면 '방송대 다니고 대학원 다니더니 겉멋 들어서 저러나 봐' 하는 엉뚱한 비판을 받을 수 있기 때문에 업무가 누락되는 일이 없도록 최선을 다했다. 결과적으로 일과 학업 모두 큰 문제 없이 균형을 잡아 나갔다고 생각한다.

방송대 행정학과 3학년 편입 후 2년 동안 가르침을 받아 졸업했다. 대학원 석·박사 통합과정 입학 후 3년 동안 수업을 들었고, 1년 동안 학위논문을 썼다. 이 4년 동안 학술지 논문을 세 편 썼다. 공무원의 책임성에 관한 논문 한 편, 근로빈곤working poor에 관한 논문 한 편, 노인일자리사업에 관한 논문 한 편이었다. 학위논문은 노인 빈곤을 주제로 썼다. 졸업 후 학위논문 일부를 수정·보완해서 학술지 논문을 한 편 더 썼다. 수업을 들으면서 연구 방법론과 다양한 통계 분석 방법론을 배웠고, 구조방정식, 의사결정나무모형 분석, 군집분석, 현상학적 방법을 활용해서 이 논문들을 작성해 나갔다.

정책학, 정책분석론, 정책평가론, 재정학, 공공선택론과 같은 이론 과목은 정부 조직에서 일하는 데 도움을 준다. 연구조사방법론, 행정계량분석, 빅데이터 정책분석론과 같은 과목은 실무자가 실제로 조사를 실시할 때 구체적이고 직접적인 지식과 기술을 제공해 주는 과목이다.

하지만 내가 소속된 조직에서 내가 연마한 기술을 활용할 가능성은 높지 않은 것 같다. 정부 조직에서 쓰임 받을 수 없는 것에 아쉬운 마음이 전혀 없는 것은 아니지만, 괜찮다. 지금 당장 쓸 곳은 없더라도 언젠가는 활용할 때가 있을 것이다. 또한 필요하다면 정부 조직 바깥에서도 쓸 수 있다.

조직에서 재무·회계·예산통이 되고 싶다는 뜻은 이루지 못했지만, 복지 부서에서 경력을 쌓아 그 분야에 통달한 실무자가 된다면 이 또한 내게 새로운 길을 열어 주리라 생각한다. 최근에 이에 대해 동료 사회복지직 직원들에게 조언을 구하고 있다. 복지 부서 근무는 괜찮지만 절대 사회복지직으로 직을 옮기지는 말라는 조언이 주를 이루고 있어서, 이 일이 쉬운 일이 아니라는 것을 다시금 느끼게 된다. 하지만 지금까지 해 왔던 일―구청장이 원하는 텍스트를 생산하는 일, 동 주민센터 뒷다이 일―보다는 더 전문성을 높이는 일이 되지 않을까, 생각하고 있다.

과거의 정부 조직은 하급 공채생이 자기계발하는 것을 좋아하지 않았다. 자신의 역량을 높이고자 하는 젊은 조직원들의 투자 행동을 이해하지 못했다. 하지만 2015년 〈백 세 인생〉이라는 노래가 발표된 이후로 양상이 많이 달라졌다(어디까지나 주관적인 느낌일 뿐이지만, 전혀 근거가 없다고 생각하지는 않는다). 그즈음의 한국 사회에서 '백 세 시대'라는 말은 낯설지 않았고, 많은 이들이 노후의 삶을 고민했다.

2017년 8월, 한국은 노인 인구가 전체 인구의 14%를 초과하는 고령사회에 진입했다.[62] 이제는 정년퇴직 이후에도 30년을 더 살아야 한다. 과거에는 자기계발하는 사람을 이기적인 사람으로 취급했지만, 지금은 퇴직을 앞둔 고참과 관리자들이 공인중개사 시험 준비를 하는 것을 어렵지 않게 볼 수 있다. 조직에 몰입할 것을 강요하면서 개인의 행동을 막아섰던 무형의 폭력도 이제는 많이 사라졌다.

2019년 9월에 《사회복지 공무원이 설명하는 국민기초생활보장 제도》[63]라는 책이 발간되었다. 현직 사회복지 공무원이 썼다. 국민기초생활보장 제도를 잘 모르는 친구와 공무원 저자가 대화를 나누는 형식으로 책이 서술되어 있다. 어려운 용어와 딱딱한 규정을 쉽게 이해할 수 있도록 풀어 썼기 때문에 사회복지 실무에 종사하는 공무원, 사회복지 전공 대학생, 사회복지 제도에 관심 있는 사람, 급여가 필요한 복지 대상자에게 두루 도움을 줄 수 있는 책이다.

사회복지 실무에 종사했던 14년 경력과 사회복지학 석사 학위를 받은 지식을 활용한 그의 저술 활동은 스스로의 업무 전문성을 높이고, 사람들에게 도움을 주면서, 금전적인 이익까지 얻을 수 있는 일이다. 자신에게도, 타인에게도, 사회에도 모두 이익이 되는 일이라 할 만하다. 저자는 국민기초생활보장 제도를 시작으로 한국의 복지 제도에 관한 쉬운 설명서를 분야별로 출간할 계획이라고 한다. 실무 경력과 심화된 지식, 그리고 타인을 돕고자 하는 선한 마음으로 정부 조직 안팎에서 성공한 좋은 사례가 아닐까, 생각해 본다.

사례 하나 더. 한국에서 행정 규모가 제일 큰 지방정부의 건축직 9급 공채로 시작해서 30년 넘게 건축 일을 한 공무원이 있다. 현직 공무원일 때 건축 분야 전문지식을 살려 책을 썼고, 퇴직 후에도 꾸준히 개정판을 내고 있다. 《알기 쉽게 풀어 쓴 160개의 건축+법 이야기》[64], 《건축법·조례 해설》[65]과 같은 책을 썼다. 역시나 자신에게 이익이 됨은 물론, 건축주, 건축 민원인, 건축사, 시공업체, 관계 공무원 같은 타인에게도 이익을 주는 일이다. 결과적으로 사회에 기여하는 일을 한 것이다.

10년 이상 장기 재직한 공무원은 정부 조직에 차고 넘쳐 난다. 하지만 그 긴 재직기간 동안 자신만의 내공과 자료를 축적해서 책을 내는 공무원은 소수다.

퇴직을 생각하는 공채생이라면

앞서 만약 퇴직을 결심했다면 이 장을 읽어 보라고 했다. 나 역시 입직 3년 차 시절, 모시기 힘든 팀장을 만나 퇴직을 생각해 본 적이 있었다. 여러분의 고통을 모두 이해할 수는 없지만, 그 마음에 어느 정도는 공감할 수 있다(고 생각한다).

현재의 상황이 너무나 고통스럽다면 퇴직하는 것도 좋은 방법이라고 생각한다. 공무원이 이 시대에 아무리 좋은 직업이라 해도 내가 싫다면 누가 대신해 줄 수 없다. 여러분의 고통에 공감하지 못하는 사람들의 말에 흔들리기보다는, 여러분의 주특기와 필살기가 무엇인지, 자신이 어떤 성격과 성향을 갖고 있는지 스스로를 진지하게 분석하고 탐색해 보길 권한다. 정부 조직 바깥의 상황도 살펴야 함은 물론이다.

공무원을 그만두고 다른 직업을 선택하게 될 때 감안하면 좋을 만한 사항을 두 가지만 제시하겠다.

첫째, '다른 일을 하면 이만큼의 대우를 받을 수 있나?' 하는 점을 생각해 보기 바란다. 절대로 밀리지 않는 월급, 직업능력을 높이지 않아도 호봉이 높아지면 자동으로 올라가는 월급, 공식적으로 규정된 휴가 제도와 휴직 제도, 정년 보장, 국민연금 가입자가 부러워하는 연금 수령액. 이런 근무 조건을 제공하는 민간기업이 한국에 많지만은 않다.

더 좋은 대우를 받을 수 있는 능력과 경쟁력이 있는 사람이라면 어떤 선택을 해도 상관없다. 앞서 말했듯이, 나는 공무원의 노동 강도가 애플리케이션 개발자의 그것에 비교해 약하다고 생각하지 않는다. 중요한 것은 생산성과 시장성이다! 여러분이 뛰어난 생산성과 시장성을 갖고 있지 않다면 공무원을 그만둘 때 무엇을 얻게 되고 무엇을 잃게 되는지 대차대조표를 만들어서 진지하게 검토해 보기 바란다.

둘째, '새롭게 시작하고자 하는 일을 좋아하고 잘할 수 있는가?' 하는 점을 생각해 보기 바란다. 공무원이라는 직업을 뒤돌아보지 않을 만큼 그러한지 말이다. 공무원 시절보다 월급이 낮아져도, 직업 안정성이 낮아져도, 새롭게 시작하고자 하는 일을 좋아하고 잘한다면 후회할 일이 없을 것이다. 그 일을 좋아하고 잘해서 높은 수준의 전문가가 된다면 결과적으로 보수와 직업 안정성이 오히려 더 높아지게 될 것이다.

국내 어느 데이터 분석 기업의 부사장은 10년 동안 융성했던 '스펙' 관련 키워드가 희미해지는 것을 보면서, 앞으로는 공채와 제너럴리스트가 사라지고 '좋아하는 일을 깊게 수련한 스페셜리스트가 살아남을 것'이라 예측하고 있다.[66] 기왕에 이 일을 그만둘 것을 선택했다면 더 좋은 결실을 맺어 자신을 위해 이익을 보태고, 사회에도 기여할 수 있기를 진심으로 기원한다.

공동체에 공헌하는 삶

우리가 전형적으로 인식하고 있는 공직자로서의 삶은 멸사봉공이다. 사욕은 버리고 공익에 힘쓰는 것이다.

하지만 일부 야심가들로 말미암아 이 시대 공직자로서의 삶이 다소 혼탁해진 느낌이 있다. 4차 산업혁명의 현대 사회에서 인간의 생각과 행동은 공무원이 아침에 거리에 나와서 피켓을 드는 캠페인으로 쉽게 변화되지 않는다. 지방정부의 캠페인으로 이웃 간 층간소음 분쟁 문제가 해결되리라 믿는 사람은 없다.

그럼에도 불구하고 공무원들이 그 형식적인 캠페인을 하는 이유는 상급부서에서 하급기관으로 서식을 내려보내 추진 실적을 요구하고, 평가 자료를 받아 순위를 매겨 포상금을 부여하기 때문이다.[67] 그 포상금을 받기 위해 또는 최고 의사결정권자에게 일 안 한다는 오해를 받지 않기 위해, 우리는 그 일에 큰 의미가 없음을 뻔히 알면서도 형식적으로 그 일을 하고 사진과 문서를 남긴다. 공익에 큰 도움이 되지 않을 줄 알면서도 하는 일이 정부 조직에는 꽤 많이 있다. 나는 이런 일을 '가짜 일'[68]이라고 표현한다.

이와는 달리, 자신이 주민등록상 어떤 상태인지, 어떤 행정 처리를 해야 하는지 잘 알지 못하는 재외국민에게 상담 서비스를 제공하는 일-쉽게 말해서 그에게 잘 설명해 주는 일-, 동 주민센터 직원들이 매일 관내를 순찰하는 일, 청소 민원을 해결해 주고, 꺼진 땅을 복구하는 일은 '진짜 일'이다.

안타깝게도 가짜 일이 진짜 일을 침범할 때가 많다. 아주 많다.

정부가 하는 일은 모두 공익에 기여한다는 인식이 언제나 옳은 것은 아니다.

오스트리아 정신의학자 아들러는 이렇게 말했다. '나는 공동체에 유익하다', '나는 누군가에게 도움이 된다'는 생각을 통해서 자신이 가치 있음을 실감하게 된다고. 공헌했다는 보람된 마음이 행복이라고. 아들러는 이때, 즉 자신이 가치 있음을 실감하는 데 있어 중요한 점이 있다고 말한다. 타인에게 도움을 줄 때 아무도 그일을 알아주지 않는다고 해도 '나는 누군가에게 도움이 된다'는 주관적인 감각을 갖게 된다면, 그것으로 족하다는 것이다.[69]

이를 종합해서 말한다면, 정부 조직 안에 있는 사람이라 해도 얼마든지 사익을 추구하는 행동을 할 수 있으며, 정부 조직 바깥에 있는 사람이라 해도 얼마든지 공익에 기여하는 행동을 할 수 있다는 것이다.

혹시 최고 의사결정권자와 유력자가 그 일에 관심이 있다는 이유만으로, 가짜 일을 하면서 가치 있음을 실감하지는 않았는가? 가짜 일을 하고 공동체에 유익한 일을 했다고 뿌듯해한다면 이는 안타까운 일이다.

혹시 진짜 일을 멋지게 해냈음에도 불구하고 칭찬은커녕 비판을 받은 일이 있는가? 마음이 많이 상하겠지만, 괜찮다. 복을 받을 것이다. 이 조직에는 벽에도 귀가 있다고 한다. 미담이 유통되는 속도가 비록 가십에 비해 형편없이 느리기는 하지만, 조직원들과 세상 사람들이 언젠가 여러분을 알아줄 것이다.

아들러는 자유로운 인생을 살기 위한 지침으로 '길잡이 별'을 제시했고, 그 별은 '타자 공헌'—남에게 도움을 주는 일—에 있다고 했다. 21세기 초엽의 한국 정부 조직은 '길잡이 별'을 잃었다. 사회적 약자에게 관심을 갖자, 어려움을 겪는 사람들에게 도움을 주자, 사회에 기여하자, 공익에 이바지하자, 이렇게 말하는 간부보다는, "내 말 잘 들어. 지금 구청장의 관심사는 이거야. 지금 이 일을 하지 않으면 다른 일 아무리 열심히 해도 소용이 없어"라고 말하는 간부가 더 많은 것이 현실이다. 그리고 진심으로 나라를 걱정하면서 고유 업무에 최선을 다하는 우국지사보다는 자신의 말에 충성된 반응을 보이는 야심가를 간부로 기용하고 싶어 하는 것이 최고 의사결정권자들의 마음이다.

정부 조직이 '길잡이 별'을 잃었다고 해서 우리까지 '길잡이 별'을 잃어서는 안 된다. 우리가 하는 '진짜 일'은 모두 시민과 공익에 기여하는 것이다. '가짜 일'에 동원될 때에는 한 템포 쉬어 가고, 부당한 지시를 받았을 때에는 하고 싶지 않다고 말하자.

고참과 관리자가 많은 것을 요구하겠지만, 그 기대에 부응하기 위해 억지로 자기 몸에 맞지 않는 옷을 입을 필요는 없다. 여러분은 여러분의 할 도리만 다하면 된다. 기본적인 예의와 공손한 태도, 상대방을 존중한다는 신호를 줄 수 있는 정중한 인사만으로도 여러분의 평판은 충분히 좋게 형성될 것이다.

민원인이나 상사의 윽박지르는 말에 순간적으로 위축되기보다는 법 규정을 면밀하게 검토하자. "제가 관계 법령을 잘 검토해서, 현명한 판단을 내릴 수 있도록, 제게 잠깐 시간을 주세요." 의젓하게 요구하자. 기계적으로 법 규정을 따르는 것이 옳은 것인지, 혹시 그렇지 않다면 실무자에게 숨 쉴 만한 재량의 틈은 있는 것인지 검토해 보자. 강경하고 무례한, 그래서 특별한 민원인이 아니라면 시민 고객을 정성스럽게 맞이하자. 여러분과 마찬가지로 이 힘든 시대에 이들 역시 너무나 많이 지쳐 있다.

너무나 고통스러워서 이 일을 그만두고 싶다면 자신의 성향과 필살기를 잘 생각해 보고 새로운 일에 도전하자. 타인을 돕고 공동체에 기여하는 일이 공무원에게만 주어지는 것은 아님을, 여러분도 잘 알고 있을 것이다.

**

모든 여건이 여러분에게 호의적이지만은 않습니다. 하지만 수십 대 일, 백 대 일이 넘는 경쟁률을 뚫고—보다 정확하게 표현한다면 자신과의 싸움에서 승리하고—공직에 입문한 여러분들입니다.

각자의 사연이 모두 다르겠지만, 합격에 이르기까지 여러분이 얼마나 많은 일을 겪었는지 짐작할 수 있습니다. 정말 합격할 수 있을까 하는 불안감, 이 수험생 시절은 언제 끝날까 하는 막연함, 돈 잘 벌고 있는 친구들 소식을 듣게 될 때 느끼게 되는 초라함, 금전적인 어려움, 부모님께 미안한 마음, 그리고 봄과 가을 저녁에 불현듯 다가오는 외로움……. 이 모든 어려움을 이겨 냈으니, 가히 꽃보다 아름답다는 시의 문장이 여러분에게 돌아가도 이상할 게 없습니다.

따라서 지금의 어려움은 여러분을 단련해서 더 좋은 사람으로 완성시키기 위한, 인생에 잠시 있는 고비라고 생각합니다. 여러분이라면 이 고비도, 능히 통과할 수 있으리라 믿습니다.

끝으로, 고용 불안 시대에 선 취준생, 공시생, 구직자에게 애틋한 위로를 전합니다. 이 시대 청춘들의 상황은 정말이지 쉽사리 답이 나오지 않습니다. 그 어느 때보다 어렵지만, 물질적으로 풍요로운 시절에 자랐다는 이유로 위로를 받지 못하고 있습니다.

공무원을 미래의 직업으로 선택한 여러분 대다수는 튀는 것을 그다지 달가워하지 않고, 업무 실적 압박을 받으며 일하는 것을 원치 않으며, 자신이 맡은 업무를 묵묵히 수행하는 것을 선호하는, 다소 수줍음이 있는 사람들일 것이라 짐작됩니다. 사회에 기여하겠노라는 소박한 사명감이 있을지언정 명성을 드높여 보겠노라는 야망으로 가득 찬 공시생은 많지 않을 것 같습니다. 명성을 원하지 않고 소박한 행복을 원하는 여러분에게 도전과 야심을 강요하는 것이 무슨 의미가 있을까요.

작은 행복을 꿈꾸는 여러분이지만, 9급이 되는 일은 쉽지 않습니다. 9급이 된 다음에도 문제입니다. 이 책에 끊임없이 주장했던 것처럼 이 일은 만만하지 않습니다.

하지만 초심을 간직하고, 규정을 세 번 읽고, 적절하게 전략적으로 행동하고, 상대방이 왜 그렇게 행동하는지 이해하고, 상대방을 소중한 인격체로서 존중한다면, 여러분에게 평화가 올 것이라 믿습니다. 이제 이 직업을 여러분의 미래로 삼았다면, 시민과 사회와 조직과 동료에게 도움이 되는 좋은 공직자가 되기를 바랍니다.

이 책을 읽은 분들 가운데 훗날 내가 소속되어 일하고 있는 정부 조직에서 함께 일하게 될 분들이 있을지도 모르겠습니다. 혹시라도 이 책이 여러분의 진로 의사결정과 슬기로운 공무원 생활에 도움이 되었다면, 정부 조직의 선배로서, 그리고 저자로서 더할 나위 없는 보람이 되겠습니다.

자신은 없지만, 여러분이 입직했을 때에는 이 책에 쓴 정부 조직의 부정적인 측면이 조금이라도 개선될 수 있도록, 내 자리에서, 내가 할 수 있는 최선을 다하면서 여러분을 기다리고 있겠습니다.

이제, 퇴근 시간이군요.

종장

최
주
사
보

　서기로 승진한 지 5년 반 만에 최 서기는 최 주사보가 되었다. 선 과장의 추천으로 감사과에서 일하게 된 그였지만, 그는 감사 업무가 그다지 적성에 맞지 않았다. 총무, 인사, 감사, 기획. 한 번 주요 부서에 발을 들여놓으면 회전문처럼 다시 주요 부서에 배치되는 것이 정부 조직 인사의 관행이다. 그는 이를 거부했다. 선 과장이 감사과장에서 총무과장으로 자리를 옮기자, 그는 인사고충을 써서 다시 동 주민센터로 자리를 옮겼다.

　주사보가 된 2020년 1월, 한국에 '코로나19 감염병' 위기가 닥쳤다. 감염병에 관한 지식이 전혀 없는 최 주사보였지만, 입직 후

2015년에 '메르스' 위기를 겪었던 그는 이 코로나 사태가 쉽게 걷히지 않을 것임을 직감했다.

1월에는 시민을 대상으로 손 씻기, 마스크 착용, 기침 예절 준수를 권하는, 캠페인 성격의 활동이 이루어졌다. '종업원들은 모두 마스크를 쓰고 일하세요.' 번화가에 있는 식당, PC방, 노래방에 홍보물을 돌렸다.

2월부터 분위기가 달라졌다. 2월 23일 대응 수준이 '경계' 단계에서 최고 수준인 '심각' 단계로 올라갔다. 당국에서 그토록 막고자 했던 바이러스의 지역사회 감염과 전파가 일어나고 말았다. 국내 확진자 수가 급격하게 증가했고, 바이러스가 세계적으로 유행하면서 외국에 있다가 입국하는 사람들도 많아졌다. 이제 지방정부가 방역의 최일선에 서게 되었다.

주민 가운데 확진자가 나왔다. 보건소 담당자가 굵직한 일을 처리했지만, 동 주민센터 직원들도 손과 발의 역할을 다해야 했다. 확진자를 국가 지정 격리병원으로 옮기는 일. 확진자의 집과 주변 시설, 그가 지나가고 머물렀던 곳을 확인하고 방역하는 일. 확진자와 접촉한 사람들, 확진자의 동선과 겹치는 장소에 있었던 시민들을 파악하는 일. 이로써 검사 대상 범위를 결정하고, 그 범위 안에 있는 대상자들에게 반드시 검사받을 것을 권하는 일. 역학조사 결과에 따라 확진자의 동선과 확진자가 머물렀던 시설을 구청 홈페이지에 공개하는 일. 확진자가 머물렀던 시설을 폐쇄하는 일. 직접 하기도 했고, 간접적으로 지원하기도 했다.

확진자가 나왔다는 소식에 이웃 모두가 큰 충격을 받은 듯했다.

'여러분의 집 가까운 곳에서 코로나 확진을 받은 환자가 있었습니다. 그 확진자는 국가 지정 격리병상으로 이송됐습니다. 여러분도 선별 진료소로 가셔서 필히 검사를 받으시기 바랍니다.'

무거운 내용의 안내문을 문 앞에 붙이자, 주민들은 놀라고 불안해했다. 어디 사는 누가 걸렸느냐 묻는 이들도 있었고, 이내 평정을 되찾아 검사받는 것에 대해 자세한 사항을 물어보는 이들도 있었다. 검사를 받으라고 전화로 안내하는 가운데, 어디서 감히 사기를 치느냐고 호통을 치는 아주머님이 계셨다.

외국에서 한국으로 입국한 이들에게는—한국인이든 외국인이든 관계없이—모두 자가격리의 의무가 주어졌다. 공항에 도착한 이후에는 다른 곳에 들러서는 절대 안 되고, 사람과의 접촉을 최대한 피하면서 집에 도착해야 하며, 14일 동안 집 밖으로 나가서는 안 된다. 이들을 관리하는 일 역시 지방공무원의 몫이었다.

최 주사보 역시 여러 명의 자가격리자를 관리해야 했다. 먼저 이들을 찾아가 자가격리 통지서와 함께 이들이 14일 동안 쓸 물품 상자를 전달했다. 상자 안에는 체온계, 마스크, 소독제, 쓰레기봉투, 즉석 밥, 라면과 생수, 그리고 그들의 마음을 위로해 주는 메시지가 있다. 자가격리자가 자신의 스마트폰에 자가격리 앱을 설치하도록 했다. 이로써 최 주사보가 이들의 위치를 파악할 수 있게 된다. 하지만 스마트폰을 집에 두고 클럽에 가 버리면 속수무책이다. 그래서 매일 두 번씩 이들의 집을 불쑥 찾아갔다. 모두 매뉴얼에 쓰여 있는 내용이다. 집 앞에서 전화를 걸어 열이 나거나 목이 아프거나 특별한 사항이 없는지 체크하고, 베란다로 나와서 손을 흔들어 보라고 했다.

다행히 최 주사보가 맡게 된 자가격리자들은 모두 통제에 잘 따랐다. 하루 종일 집에만 있다 보니 심심해서 그랬을까. 자신을 반가워하는 느낌까지 받았다. 아빠, 엄마, 아들, 딸. 네 명의 가족 모두가 격리된 케이스도 있었는데, 아이들이 특히 반가워했다. 역시 구김살 없는 아이들이 우리의 희망이다.

마스크 5부제가 실시된 초기에는 약국을 돌면서 약사와 시민들로부터 불편사항을 듣고 상급기관에 보고하는 일을 하기도 했다. 아파트 엘리베이터와 출입문 손잡이를 중심으로 소독제를 뿌리는 방역작업을 했고, 그 와중에 눈이 오면 제설작업을 했다. 강풍주의보가 발표됐을 때는 상가를 돌면서 바람이 세게 부니까 광고물이나 방치한 물건이 바람이 날아가지 않도록 미리 조치해 둘 것을 권했다. 대부분의 상인들이 수긍했지만, 코웃음을 치는 이들도 있었다. 관공서에서 뭐 그런 걸 걱정하고 앉아 있나. 예전에는 그들의 시선 폭력이 이따금 마음에 상처를 주기도 했지만, 이제는 무뎌졌다.

그리고 그해 4월, 국회의원 선거가 있었다. 어느덧 시간은 흘러 선거의 계절이 왔다. 3월부터는 선거 체제로 돌입하는 것이 마땅하지만, 코로나가 워낙에 강력한 이슈여서 선거 분위기가 나지 않았다. 게다가 최 주사보가 일하는 동 주민센터 직원의 절반 이상이 투표 관리 일을 해 본 적이 없었다. 투표소에서 직접 투표 관리 일을 하는 사무원들은 선거관리위원회 공무원이 아니라 지방자치단체 공무원이라는 사실을 아직 모르는 신참도 있었다.

이제 갓 주사보가 되었을 뿐인데, 어느덧 그가 일하는 곳에서 고참보다 후배가 더 많아졌다. 아니, 저출산·고령화 시대에 이게 대체 어떻게 된 일이야. 튀지 않는 성격, 조용한 말씨, 무채색의 옷을 즐겨 입는 패션 감각. 오지랖이 넓어서 좋을 일이 없음을 누구보다 잘 알고 있는 그였지만, 그는 후배들에게 투표 관리 업무의 무거움을 알려 줘야 한다고 생각했다.

"코로나 대응에 고생 많은 줄 압니다. 하지만 선거 일은 코로나와는 또 다른 일입니다. 우리가 선거 업무에 실수가 있을 때 '아유, 코로나 일로 얼마나 고생이 많으세요. 많이 힘든 줄 잘 알고 있어요. 상황이 이러니 실수가 나올 수 있다고 생각해요' 이렇게 위로해 줄 시민은 없습니다. 선거는 무겁고 민감한 업무입니다. 투표 관리 업무에 실수가 나오면 큰 이슈가 됩니다. 시민, 언론 모두 우리를 강하게 비판할 거예요. 지금도 힘들겠지만, 앞으로 지금보다 더 나사못을 꽉 조여서 일해야 합니다."

나름 조심스럽게 말했지만, 짐작한 대로 후배들의 반응은 좋지 않았다. 덕담을 해도 모자란 판에 더 힘들게 살아야 한다고 말하는 사람을 누가 좋아할까. 아예 미움받으려 작정을 한 것일까. 선거를 한 달가량 앞둔 시점, 최 주사보는 사내 인트라넷을 통해 후배들에게 보다 구체적인 업무 메모를 보냈다.

저를 포함해 선거 업무에 충분히 숙련되어 있지 않은 직원들이 많아서, 선거를 앞두고 업무 공유하려 합니다.

1. 우선 긴장이 필요하다고 생각합니다. 코로나로 사회가 복잡한 시점입니다. 이런 시점에 선거 업무에 실수가 발생하면 좋을 일이 없습니다.
2. 앞으로 4월 15일(수) 밤까지는 그냥 많이 힘들겠구나, 생각하고 일하는 게 정신 건강에 좋습니다. '선배들이 별 얘기 안 하는 거 보니, 별일 아닌가 보네.' 이렇게 방심하고 있다가 힘든 일이 닥치면 더 힘들게 느껴지기 때문입니다.

〈앞으로의 일정〉

★ 3월 18일(수)과 3월 23일(월)에 예비 선거인 명부 출력을 합니다. 3월 28일(토)은 선거인 명부 작성을 마감하는 날입니다. 4월 3일(금)은 선거인 명부 확정일입니다. 이즈음에는 본(本) 명부를 출력해서 구청에 들어가서 검사를 받아야 합니다.

★ 4월 3일(금)까지 선거 벽보를 붙여야 합니다. 4월 5일(일)까지 투표 안내문과 선거 공보(후보자와 정당 유인물)를 봉투에 담아서 유권자가 한 명이라도 있는 우리 동 모든 세대에 발송합니다.

★ 4월 10일(금)부터 11일(토)에는 사전 투표를 합니다. 사전 투표 이후에는 다시 선거인 본 명부를 출력합니다. 4월 15일(수)은 D—day입니다. 지금 말씀드린 날은, 평일에는 늦게 퇴근하고 휴일에는 아침 일찍 나와서 저녁 늦게 퇴근한다고 생각하는 게 정신 건강에 좋습니다. 정말 피치 못할 사연이 있다면 할 수 없겠지만, 일정과 체력을 잘 관리하시기 바랍니다.

사실 최 주사보는 투표 관리 일을 많이 했다. 입직 후에 대통령 선거, 국회의원 선거, 지방선거를 모두 치러 봤다. 주로 '투표관리관 직무대행'으로 일했다. 투표관리관은 투표소에서 발생한 모든 일에 대해서 공식적인 책임을 진다. 투표관리관 직무대행은 투표 관리관을 보조하고 투표록을 쓰는 일이 공식적인 업무지만, 실질 적으로는 이 직무대행이 투표소에서 가장 많은 역할을 한다. 경험 이 많이 쌓이면 자신감이 쌓여야 정상이다. 하지만 선거 일은 그렇 지 않았다. 선거 경험이 쌓일수록 최 주사보는 오히려 불안감을 느 꼈다.

왜 그럴까. 그럴 만한 이유가 있다. 해를 거듭할수록 시민들의 시민의식이 높아진다. 다른 표현으로 하면 날카로워진다는 말이 다. 해를 거듭할수록 선거 제도가 복잡해진다. 투표하기 어려운 개 인의 사연에 귀를 기울여, 유권자가 편하게 투표할 수 있도록 제도 가 발전한다. 거소투표, 선상투표, 재외투표, 귀국투표. 제도가 발 전할수록 신경 써야 할 일이 많아진다.

'선거 일은 잘해 봐야 본전'이라고 말하는 고참들이 많았다. 최 주사보는 그렇게 생각하지 않았다. 무사히 끝나면 모두가 함 께 하이파이브를 하고 환호성을 지를 일이 선거 업무라고, 그는 생각했다.

코로나 시국에도 선거는 치러졌다. 의료진의 헌신, 대규모 검사 가 가능한 진단 키트 개발과 정부의 긴급 사용 승인, 시민들의 자 발적인 활동 자제와 사회적 거리 두기 동참, 차분하고 유능한 관료 들의 전문성으로 방역 모범국이 된 한국은, 코로나 시국에 선거를 치름으로써 다시금 세계적으로 주목을 받게 되었다.

특별한 시기에 특별한 투표 관리 지침이 내려왔다. 투표 사무원은 모두 마스크를 쓰고 위생 장갑을 낀다. 유권자 역시 모두 마스크를 써야 하고, 발열 체크를 받아야 하며, 손 소독제를 바르고, 투표소에서 주는 비닐장갑을 낀 다음에 투표소에 들어와야 한다. 투표소 환기, 다 쓴 비닐장갑 처리, 대기자 간격 일 미터 유지. 투표 관리 일만으로도 충분히 부담되는 일인데, 이런 민감한 일까지 관리해야 하는 상황. 최 주사보는 부담감을 느꼈다. 투표 장소를 제공한 학교 측에서도 궁금해하는 일이 많았는데, 이에 대해 설명하는 일도 모두 투표관리관 직무대행 최 주사보의 일이었다.

모든 일에 무게감이 더해지고 있었다. 투표소에서 함께 일할 사무원들에게 긴장감을 줘야 했다. 선거관리위원회 유튜브 채널에 가서 투표 관리 교육 동영상을 세 번 보세요. 투표 관리 매뉴얼—70페이지가 넘는 분량이다—을 두 번 읽으세요. 코로나19 투표 관리 특별 지침을 읽으세요.

선거 사흘 전인 일요일. 열이 없고 목이 아프지 않은 자가격리자 가운데 투표 의사가 있는 유권자를 대상으로 자가격리를 일시적으로 풀어서 참정권을 보장한다는 정부의 결정이 발표됐다. 이들은 투표가 마감되는 저녁 여섯 시부터 투표하는 것으로 정해졌다. 이들의 최종 명단을 받은 날은 선거 당일 새벽이었다. 최 주사보가 일하는 투표구에는 다섯 명의 자가격리자가 투표 의사를 밝혔다.

마침내 선거일이 되었다. 전날 사무실에서 투표용지와 함께 숙직한 최 주사보는 새벽 네 시에 일어났다. 동료 두 사람과 함께 트럭에 투표용지를 싣고 각 투표소에 배달했다. 그리고 다섯 시에 자신이 맡은 투표소에 정위치했다. 사무원과 각 정당으로부터 추천을 받은 투표참관인이 모두 출근했는지 확인했다. 사무원들은 투표관리관 앞에서 '헌법과 법규를 준수하고 양심에 따라 공정하고 성실하게 그 직무를 수행할 것을 엄숙하게 선서'한다. 투표관리관과 참관인은 투표함 이상 여부를 확인한 뒤, 봉인 스티커에 서명을 하고, 투표함에 봉인 스티커를 붙임으로써, 투표함을 봉한다.

새벽 여섯 시에 투표가 시작됨에도 불구하고 다섯 시 반이면 이미 줄이 길게 서 있다. 언제나 그랬다. 여섯 시 정각. 투표관리관의 투표 개시 선언으로 선거가 시작됐다.

최 주사보의 걱정과는 달리 선거는 큰 소란 없이 진행됐다. 지금까지 투표 관리 일을 하면서 기다림에 지친 유권자가 큰소리를 내며 투표사무원에게 화를 내지 않은 적은, 단 한 번도 없었다. 왜 이렇게 오래 걸리냐? 왜 우리가 이렇게 줄을 서야 하냐? 한심한 놈들. 무능한 놈들. 탁상행정밖에 할 줄 모르는 놈들. 시민들의 시각에서 우리는 언제나 무능했다. 하지만 발열 체크, 손 소독, 비닐장갑 착용, 대기자 사이 일 미터 간격 유지…… 아이러니하게도 다른 선거 때보다 더 복잡하고 번거로운 절차를 요구했던 이날 선거에서, 큰소리를 낸 유권자가 아무도 없었다. 성숙한 시민의식은 위기의 시간에 오히려 빛을 발하는 것인가.

저녁 여섯 시. 투표는 종료됐다. 이제 격리가 일시 해제된, 자가격리자 다섯 명의 투표가 남았다. 매뉴얼에 따라 최 주사보는 전신

방호복을 입었다. 이어지는 매뉴얼은 다음과 같다. 다섯 사람의 투표용지를 들고 투표소 바깥에 설치되어 있는 기표소로 간다. 그들은 그곳에서 투표한다. 체온을 잰다. 그들이 소독제로 자신의 손을 씻도록 한다. 비닐장갑을 준다. 도착한 순서대로 한 사람씩 투표용지를 교부한다. 투표용지에 자신이 선택한 후보자와 정당에 기표하고, 기표한 투표지를 임시 봉투에 넣는다. 최 주사보는 그렇게 다섯 사람에게 다섯 개의 임시 봉투를 받는다. 다시 투표소로 들어와 봉투에서 투표지를 빼어 투표함에 넣는다. 이 모든 과정을 참관인이 함께한다.

이제 투표록을 쓰는 일과 투표지가 담긴 투표함을 개표 장소로 옮기는 일이 남았다. 투표록은 중요하다. 투표록을 정확하게 쓰지 않았을 때의 불이익은 크다. 가장 작은 불이익은 개표장에서 '이거 제대로 안 쓰셨네요. 저 뒤로 가서 줄 서세요'라는 말을 듣는 것이고, 가장 큰 불이익은 '부정 선거' 의심을 받아 조사를 받는 일이다. 소심하고 꼼꼼한 최 주사보는 방호복을 벗고 차분하게 투표록을 써 내려갔다. 이따금 이를 못마땅하게 여기는 투표관리관이 있었는데, 이번 투표관리관은 차분하게 쓸 것을 권했다. 참 오랜만에 의지할 만한 관리관을 만났다고, 최 주사보는 생각했다.

남아 있는 사무원들에게 투표소 정리를 부탁했다. 그리고 어떻게 처리해야 할지 판단하기 어려운 서류는 모두 자신의 책상에 올려 두라고 말했다. 투표함을 차에 태우고, 투표관리관, 참관인, 호송 경찰과 함께 차에 올랐다.

개표 장소에 도착한 시각은 저녁 일곱 시 반. 최종적으로 개표

사무원에게 투표함을 인계한 시각은 밤 열 시. 보통 아무리 늦어도 저녁 여덟 시를 넘긴 적이 없었는데, 이번 선거는 그랬다. 투표관리관, 참관인, 경찰. 모두 저녁을 먹지 못했다. 최 주사보는 공무원이 아닌 참관인 두 명에게 고생하셨다고, 죄송하다고 말씀드렸다. 참관인들은 웃으면서 괜찮다고 했다. 이곳에 있는 그 누구의 잘못도 아님을 알기 때문이다. 다른 투표소 직무대행들도 모두 투표함을 인계했다. 사고는 없었다.

투표함을 함께 옮긴 이들 모두 각자의 목적지로 향했다. 투표관리관과 참관인은 집으로, 경찰은 근무지로. 고생 많으셨습니다. 모두와 인사를 나눴다. 이제, 모든 일이 끝났다.

***

최 주사보는 사무실로 복귀했다. 책상에는 오늘 투표소에서 썼던 투표 사무용품과 투표 관리 매뉴얼, 그리고 역시나 오늘 투표소에서 썼던 여러 가지 서류가, 질서 없이 쌓여 있었다. 시간은 어느덧 밤 열한 시였다. 잠시 눈을 감고 오늘 하루를 복기해 봤다. 새벽 네 시부터 밤 열한 시까지, 열아홉 시간을 일했다. 아무 사고 없이 선거를 마쳤다.

오늘 마지막으로 투표한 자가격리자가 떠올랐다. 투표지가 담긴 임시 봉투를 받은 최 주사보는 자가격리자 다섯 사람에게 인사를 전했다.

다른 곳에 들르시면 안 되고, 곧장 댁으로 가셔야 합니다.

어서 건강하게 격리 해제되셔서, 일상으로 복귀하시길 바랍니다.

성실한 공직자인가, 딱딱한 사무원인가. 진심을 담아 말했지만, 그의 말과 행동은 언제나 공식적이고 사무적인 태도를 유지했다. 정성스러운 충신인지 권모술수의 정치가인지 분간하기 어려운 삼국지 최후의 승자, 사마의가 그랬던 것처럼, 이제는 최 주사보도 어느 것이 자신의 참모습인지 분간할 수가 없었다.

자신의 일에 나름 최선을 다했다. 민원인에게 관계되는 법령을 찾아서 알려 주고, 규정에 입각해서 내린 판단을 자세하게 전했다. 하지만 미소와 친절을 함께 전한 일은 없었다. 규정에 없는 내용은 상식에 따라 부가적인 정보를 역시나 자세하게 안내했다. 하지만 언제나 '선생님이 말씀하신 정보가 사실과 다르지 않다면'이라는 대사로 디펜스를 쳤다. 민원인의 말이 사실과 다른 경우가 많다는 것을 충분히 경험한 그였기에, 자연스럽게 형성된 언어 습관이었다. 공무원이 되기 전에 사람들을 어떻게 대했는지, 이제는 기억이 나지 않는다.

마지막 선거인이 인사를 전했다.

감사합니다.

건강 각별히 조심하세요.

자가격리자들이 썼다가 벗어 둔 비닐장갑을 별도의 폐기물 봉투에 집어넣어 정리하고 있던 최 주사보는 흠칫 놀라 목소리가 들리는 쪽으로 고개를 돌렸다. 멍청한 놈들. 갑갑한 놈들. 융통성 없는 세금충들. 9급 공채생에게 익숙한 대사는 이런 것이다. 방호복을 입은 투표사무원이 바이러스에 감염되지 않기를 바라는 마음이 내재되어 있는, 차분하고도 정성스러운 인사는, 그에게 무척이나 낯선 것이었다. 20대 초반의 대학생으로 보이는 선거인이었다. 그는 최 주사보에게 고개를 숙여 인사했다.

***

사무실에는 아무도 없었다. 특별한 직업을 가진 주인공이 등장하는 미국 드라마의 끝 장면처럼 불을 끄고 스탠드를 켜서 잠깐이라도 감정의 사치를 누려 볼까 생각했던 그였지만, 미국 드라마의 마지막 장면에서처럼 알 듯 모를 듯, 이어질 듯 말 듯, 뭔가 멋있는데 저게 도대체 뭔 소리인지 알 수 없는, 오묘한 대사를 함께 나눌 동료는 없었다. 새벽 다섯 시에 출근한 사람들이다. 피곤해서 다 집에 갔다. 자신의 외모 역시 미국 드라마 남주인공의 외모에 크게 못 미친다. 9급 공채생을 주인공으로 하는 드라마는 방영되지 않을 것이다. 누가 우리의 일상을 궁금해할까. 시청률이 나오지 않을 테니, 기획 회의에서 통과될 리가 없다.

잠시 눈을 감고 영양가 없는 생각을 이어 갔던 최 주사보의 머리에 내일 출근해서 선거 벽보를 철거해야 한다는 미션이 떠올랐다. 선거와 관련해서 상급기관에 제출해야 할, 자잘한 보고사항도 많이 남아 있을 것이다. 선거가 끝났을 뿐, 코로나가 끝난 것도 아니다.

스칼렛 오하라는 내일은 내일의 태양이 뜰 거라고 말했지만, 내일은 내일의 일이 우리를 기다리고 있을 것이다. 창문을 닫고, 블라인드를 내리고, 커피포트의 플러그를 뽑았다. 문서 세절기의 전원을 끄고, 전등을 껐다. 마지막으로 어둠 속에서 사무실 전체를 눈으로 훑어본 뒤 보안업체 단말기에 손가락을 대서 지문을 입력했다.

경비가 개시되었다는 메시지를 들으며,

최 주사보는 사무실을 나섰다.

추
천
사

2013년 2월 4일 월요일 입춘, 동 주민센터에서 구청으로 발령을 받게 된 저의 후임으로 남자 직원 한 명이 들어왔습니다. 그는 다른 구청에서 일하다가 이곳으로 왔다고 하면서 간단하게 자기소개를 했습니다. 첫인상은 평범해 보였고, 적어도 뺀질이는 아닌 것 같아 좋았습니다. 공직 생활을 하면서 후임자 복이 지지리도 없던 터라, 후임자가 어떤 사람인지 각별히 경계하는 저로서는 마음이 놓였습니다.

그날은 마침 근래에 보기 드물게 폭설이 내린 날이었습니다. 처음 얼굴을 마주한 우리는 업무 인수인계 겸 함께 제설작업에 들어

갔습니다. 다른 구청에서 전입해 온 제설 담당이 동네 지리에 밝지 못하면 많은 어려움과 민원에 시달릴 것이 불 보듯 뻔하여 다소 무리를 해서라도 최대한 완결하는 방향으로 작업을 진행하다 보니, 저녁 여덟 시에 시작한 작업은 새벽 다섯 시가 되어서야 마무리되었습니다. 중간중간 각 골목의 특성과 문제점, 일방통행 구간, 조심하고 챙겨야 할 사항 등을 설명하느라 그랬는지 그렇게 오랜 시간 동안 작업한 줄도 몰랐습니다. 하지만 저와는 달리 그는 아마 첫날부터 미친 선임자를 만났다고 생각했을 것입니다. 이것이 저자와의 첫 만남이었습니다.

그 이후로 우리 두 사람은 구청과 동 주민센터, 각자의 소속 부서에서 각자 맡은 바 임무에 충실하면서 조직의 구성원으로 생활했습니다. 2년 반이 지난 후 저는 기획예산과로 인사이동을 했는데, 얼마 지나지 않아 저자가 동 주민센터에서 제가 일하고 있는 부서로 인사 배치를 받았습니다. 그리고 운명처럼 같은 팀원으로 근무하게 되었습니다.

우리가 함께 근무했던 부서는 365일 24시간 사무실의 불이 꺼지지 않아서 '등대'라는 별명이 붙을 정도로 업무량이 많고, 업무 강도가 강한 부서였습니다. 저자와 함께 일했던 팀은 구청의 모든 정책 사업들에 대한 평가를 담당했는데, 매월 구청장 이하 모든 간부와 부서장, 동장, 구청 산하 모든 기관장들이 참석한 가운데 업무 추진 실적에 대한 '평가 보고회'를 열었습니다. 평가 자료 수집, 보고서 작성, 보고회 진행, 구청장을 비롯한 간부 의전까지. 그 업무 강도는 이루 말할 수 없었습니다.

그 와중에 저자는 대학원에서 석·박사 통합과정을 마치고 박사 학위를 취득하는 열정을 보였습니다. 부서 직원 모두 놀랐습니다. 팀장님은 학업과 일을 병행하는 것에 대해 많은 걱정과 우려를 표시했지만, 저는 전문성을 쌓기 위해 노력하는 저자의 열정에 내심 많은 응원의 박수를 보냈습니다. 빡빡한 일상 속에서 촌음을 아껴 가며 형설지공螢雪之功의 결과를 이루어 내기까지 남모르는 수고로움과 애환이 있었음에 틀림없습니다. 그 노력과 결실에 높은 점수를 주고 싶습니다.

저자는 차분한 성격의 소유자로서, 대부분의 일을 조용하게, 무리 없이 처리하는 업무 스타일을 갖고 있습니다. 사내 정치에 발을 들여놓지 않았고, 남의 일에 큰 관심을 두지 않아서 어떻게 보면 상당히 무심한 캐릭터라고도 볼 수 있습니다. 이런 성향과는 달리, 그는 보이지 않는 열정을 갖고 있었고, 어떤 사안에 대해 지적 호기심이 발동하면 깊이 있게 천착하는 스타일이기도 했습니다.

무엇보다 그는 거대 관료제 안에서 신입 공채생들이 겪는 어려움에 자주 안타까움을 표하곤 했습니다. 완고한 조직문화, 과도한 업무량, 민원인의 폭언에 쉽게 적응하지 못하는 그들의 모습에 측은지심을 갖고 있는 것 같았습니다.

또한 신입 구성원의 업무 역량을 높이기 위한 실전 교육 프로그램 체계가 의외로 허술한 것에 대해서도 그는 매우 비판적인 입장이었습니다. "주민등록법이나 인감증명법 같은, 체계적인 사전 교육 없이 신참들을 민원 창구에 앉혀 놓는 건, 군사 훈련을 제공하지 않고 소년병을 최전선에 배치하는 것과 똑같다고 봅니다!" 그가 자주 했던 말입니다. 이러한 주장 역시 후배들을 향한 측은지심에서 비롯된 것이 아니었나, 생각해 봅니다.

익히 알려져 있는 것처럼 공무원 조직은 갑갑합니다. 무척 수직적이고 경직적이고 폭압적입니다. 조직 구성원들은 합리적인 의견 제시와 양방향 대화를 통해 조직의 문제점을 개선해 보려 하지만, 그러한 시도는 매번 완고한 계층제의 조직문화에 번번이 참패를 당하고, 작은 외침들은 찻잔 속의 태풍이 되어 유혈이 낭자한 흔적을 주홍 글씨처럼 남긴 채 사라지고 있습니다. 이러한 울분을 삭이기 위해 소시민들은 퇴근 후 쓰디쓴 소주잔을 기울이거나 치맥 한 잔을 하면서 폭력적인 조직문화를 한탄하고 원망하다가, 마침내 개혁의 의지를 스스로 거둬들입니다. 이것이 제가 지금까지 봐 왔던, 거대 조직 앞에 선 개인의 일반적인 모습이었습니다.

신입 공무원이 입사하자마자 곧바로 직면하게 될 문제와 실용적인 극복 방안에 대한 저자의 고민은 장기간 계속되었습니다. 어떻게 하면 그들이 이 조직에 잘 적응할 수 있을지, 어떻게 하면 가족보다 더 많은 시간을 보내는 구성원들과 원만한 관계를 맺을 수 있을지, 어떻게 하면 개인의 능력과 조직의 생산성을 높일 수 있을지, 어떻게 하면 일에서 의미를 찾을 수 있을지, 어떻게 하면 패잔병의 푸념과 넋두리를 타파할 수 있을지. 이러한 저자의 성실하고 진지한 시행착오와 깊은 성찰의 결과가 마침내 이 책을 통해 표출되어 세상에 그 모습을 드러내게 되었습니다.

보시다시피 이 책은 기존에 나와 있는 흔한 자기계발서나 나이가 많은 인생의 선배로서 후배들을 위해 원론적인 이야기를 풀어놓는 개론서와는 다릅니다. 그야말로 공직 생활의 체험과 실존적 반성의 기록이며, 저자가 살아온 온축蘊蓄의 생생한 과정입니다. 호소력 없는 단순한 단어의 조합이 아닌, 원석에서 빛나는 보석으로 다듬어지기까지 저자의 수많은 고통과 좌절, 번민을 통해 일구어 낸 알짜배기의 유용한 정보들을 팽팽한 긴장감을 바탕으로 제시하고 있습니다. 이 책의 독자들은, 진정으로 저자가 하고 싶어 하는 말이 무엇인지를 실감했으리라 믿습니다.

흔히들 공직은 '안정된 직장'이라고 말합니다. 그러나 그 안정된 직장 속에는 항상 언제 폭발할지 모르는 활화산 같은 것들이 복합적으로 내재해 있고, 다양한 인간관계 속에 조직의 문화와 룰이 정해져 있으며, 조직은 일사불란한 체계 속에서 목표를 향해 쉼 없는 전진을 하고 있습니다.

게다가 공무원과 공직사회를 표방하는 다양한 말 속에 담긴 것들은 정작 허상인 경우가 많습니다. 실상이 무엇인지를 제대로 알려 주기는커녕 도리어 개념적 허상만을 주입해서 혼란을 가중시키는 경우가 더 많은 듯합니다.

고용 불안의 시대에 안정된 직장이라는 이유만으로 공직에 대한 깊은 이해 없이 공채 시험을 통해 조직에 들어온 공채생 대다수가 이 완고한 조직에 적응하지 못하고 혼자서 많은 고민과 갈등을 겪는 안타까운 모습을, 저는 수없이 많이 봐 왔습니다. 공직에 들어와서 대체 무슨 일을 하는지, 어떻게 조직 생활을 해야 하고, 선

후배 간에는 어떻게 인간관계를 맺어야 하는지, 그리고 어떻게 일해야 하는지 현장의 목소리를 담아내어 알려 주는, 그야말로 살아 숨 쉬고 있는 밀도 있는 책은 찾기 어려운 것이 사실입니다.

그러한 현실 속에서, 공직에 뜻을 두고 열심히 공부하는 수많은 공시생에게는 예습서 역할을, 이제 막 공직을 시작하는 새내기에게는 어둠 속에서 헤매지 않도록 환하게 밝혀 주는 길잡이 역할을 하는 책 한 권이 나타난 것 같습니다.

이 책을 정독함으로써 슬럼프에 빠진 취준생은 자극제를 얻고, 현재 공직에 입문하여 열심히 일하는 초급 공무원은 자신이 담당하는 업무에서만큼은 최고의 전문지식을 가지고 뜨거운 가슴과 열정으로 공직자로서 보람되고 의미 있는 삶을 살아간다면, 이 책에 추천사를 쓴 사람으로서 더할 나위 없는 기쁨이겠습니다.

건승을 빕니다.

2020년 9월
저자의 동료, 김산

부록

공단 간부 인건비 삭감 관련 보고

4장 〈신참 공무원이 하는 일 I〉에 소개한 보고서

■ 경과

○ 2015. 12. 17. 새벽 02:30경 제***회 제2차 정례회 예산결산특별위원회
○ 공단 간부 인건비 삭감 내역

사업명	삭감액	내 용
○○구 도시관리공단 운영 관리	Δ68,295천 원	인건비 중 일부 68,295천 원 삭감 (이사장 7%, 본부장 9%, 3급·4급 4% 삭감)

■ 쟁점

★ 삭감 결정의 대상이 구청의 예산액 삭감에 있는지 or 공단 간부 각 개인의 보수액 삭감에 있는지 ⇒ 필요시 구의원 방문·확인
○ 구청 기획예산과 예산액 삭감인 경우: 2016년 예산 의결로 상황 종료
○ 공단 간부 개인의 보수액 삭감인 경우: 법적 검토 필요
  - 구의원에게 공단 간부 개인의 보수액을 삭감할 수 있는 권한이 있는지
  - 권한이 있어서 공단과 공단 간부들은 구의원의 의견에 따라야 할 구속성이나 강제성이 있는지

■ 공단의 법적 검토 상황

○ 노무사 자문
  - 예산 심의 과정에서 구의회가 인건비 예산액을 삭감 결정하는 것은 정당
  - 하지만 구의회 의결에 따른 금액을 임금으로 지급해야 할 의무는 없음
  - 임금이 정당하게 변경되지 않는다면 공단은 현재의 임금을 지급할 의무가 있으며 예산이 편성되지 않았다는 이유로 임금을 지급하지 않는다면 임금 체불
○ 변호사 자문
  - 공단의 보수규정, 연봉제규정에 반하는 것으로서 이러한 규정을 위반

하여 삭감된 보수가 지급될 경우 임금 체불로서 근로관계 법령 위반의 문제가 될 것
- 이사장과 본부장의 경우에도 구의회가 가진 범위를 넘어선 것

■ 선택 가능한 대안

대안	내 용	장점	단점
1안	**근로관계 법령 준수+의원 존중** 의원 방문하여 개인의 보수액 삭감이 아닌 구청의 예산액 삭감임을 확인. 필요시 위법 소지 있음을 친절하게 설명.	법령 준수, 구민의 대표인 구의원 존중, 의회와의 관계 원활	구의회 설득을 위한 간부들의 노고
2안	**근로관계 법령 준수** 의원 의견은 논외로 하고 공단에서 기존의 유효한 규정에 의거하여 개인의 보수액 지급.	법령 준수	구의회 의견 경시 오해
3안	재의 요구	없음	아래 '재의 요구를 해서는 안 되는 이유'와 동일

■ 절대로 재의 요구를 해서는 안 되는 이유
○ 민주주의를 저해한다는 비판 가능성: (구의원의 의견이 합리적인지 비합리적인지를 떠나) 구민 대표의 의견을 경시하면 민주주의를 저해한다는 비판을 받을 수 있음
○ 소득 불평등을 고착화한다는 비판 가능성: (근로관계 법령 위반이나 지자체 권한 침해라는 오류가 있다 해도) '상후하박(上厚下薄)'을 완화하자는 논리가 기반이 된 상황에서 이에 대해 재의를 요구할 경우 소득 불평등을 고착화하겠노라는 선언으로 오해를 받을 수 있음
- 이번 '공단 간부급 보수액 삭감' 이슈가 〈지방의회 권한 남용 vs. 지자체 권한 침해〉 또는 〈근로관계 법령 위반 vs. 근로관계 법령 준수〉라는 프레임으로 형성되지 않고, 〈소득 불평등 고착 vs. 소득 불평등 완화〉라는 프레임으로 형성될 경우 '헬조선', '금수저 흙수저' 이슈가 수면 위로 떠오른 현 상황에서 강한 비판을 받을 수 있음

〈100권 책 읽기〉 독서운동 추진계획

13장 〈문서, 정부 조직의 공식 언어〉에 소개한 계획서

입시만을 위한 교육에서 벗어나 다독(多讀)을 통해 감수성, 건전한 가치관, 생각하는 힘, 그리고 특별한 개성을 길러 스스로의 힘으로 자기계발을 하도록 함

I. 추진개요

■ 관련근거: 민선5기 구청장 공약사업 추진계획 1-2-7 〈책 읽는 ○○○〉

■ 추진방향

  ○ 100권이라는 상징적이면서도 구체적인 목표를 통해 다독 장려

  ○ 권장도서를 선정하여 양서에 접근할 수 있도록 배려

    *반드시 권장도서만을 읽어야 하는 것이 아님

  ○ 책을 읽은 학생들이 독서기록장에 독서감상화 그리기, 독후감 작성, 인상 깊었던 구절 옮겨 적기 등 자유로운 방식으로 독후활동

  ○ 독서지도 교사와 함께 대화한 뒤, 독서기록장에 완독 확인 도장을 찍어 줌으로써 학생들이 작은 성취감과 재미를 느끼도록 함

〈염두에 두어야 할 점〉
1. 독서인증에 거부 반응을 보이는 이들에게: 대면과 대화를 통해 독후활동이 이루어지는 사업이며, 진해 기적의 도서관에서 성공적으로 시행되고 있는 사업임을 설명. 또한 막연한 다독 강제, 창의력을 누를 수 있는 독후감 작성 강제 사이에 절묘하게 자리 잡고 있는 사업임을 설명
2. 권장도서, 추천도서 등의 용어에 거부 반응을 보이는 이들에게: 양서에 접근할 수 있는 길을 제안하는 것이며, 제시된 권장도서만을 읽어야 하는 독서운동이 아님을 설명

★ 진해 기적의 도서관, 〈추천도서 읽고 도장 받기〉 독서운동 벤치마킹
• 2010년 10월, 책 읽는 사회 문화재단 ○○○ 간사로부터 사업 취지, 현황, 절차 확인
• 2010년 11월, 현장 견학 실시
• 막연한 다독 강제, 창의력을 누를 수 있는 독후감 작성 강제 사이에 절묘하게 자리 잡고 있는 사업이라 판단

Ⅱ. 추진계획

■ 시행일시: 2011년 5월 2일(월)부터

■ 기간

ㅇ 초등학생을 대상으로 하는 독서 후 완독 도장 받기
  - 2011년 5~11월: 독서운동, 독후활동
  - 2011년 12월: 독후활동이 남겨진 독서기록장을 토대로 다독 학생, 우수 독후활동 학생 선정

■ 대상

ㅇ 〈100권 책 읽기〉 독서운동: ㅇㅇㅇ구민

ㅇ 독서 후 완독 도장 받기: ㅇㅇㅇ구 거주 초등학생 1학년~6학년

■ 〈100권 책 읽기〉 독서운동 참여 방법

구립도서관
• 독서기록장 배포 • 독서지도 교사가 방문 학생의 독서기록장을 보고, 책에 대해 함께 대화 나눔. 독서기록장에 완독 확인 도장을 찍어 줌

▼

독서운동 참여자(초등학생)
• 책을 읽은 후, 독서기록장에 독서감상화 그리기, 독후감 작성, 인상 깊었던 구절 옮겨 적기 등의 독후활동 • 독후활동이 기록된 독서기록장 지참하여 해당 시간에 해당 도서관 방문 • 독서지도 교사에게 읽은 책에 대한 이야기 구연(口演), 독서지도 교사와 책에 대해 대화 나눔

■ 독서지도 교사의 임무

ㅇ 책을 읽은 학생들이 읽은 내용을 자연스럽게 구술할 수 있도록 유도

구분	임 무
지적인 측면	권장도서 숙독, 대화의 물꼬를 틀 수 있는 화제와 질문 준비
정적인 측면	학생들이 책에 대해 편안하게 이야기할 수 있도록, 날카로운 비판보다는 따뜻한 공감으로 함께 독후활동

ㅇ 〈100권 책 읽기〉 독서운동 실적 관리 및 월 1회 보고

ㅇ 공기관 소속 인력으로서의 일반적 태도 견지

Ⅲ. 세부 추진사항

■ 독서기록장 제작
  ○ 규격: 4×6배판(188㎜×257㎜)
  ○ 구성: 본문 128페이지
  ○ 수량: 2천 부
  ○ 수록 내용: 〈100권 책 읽기〉 참여 방법, 독서기록장 이용 방법, 구립 도서관 소개, 권장도서 100권 목록, 독서기록장 100페이지, 책 속의 명문구 50구절
  ○ 독서기록장 배포 공직선거법 저촉 여부 확인: 해당 없음 통지

■ 권장도서 100권 자료 선정 및 비치
  ○ 2011년 2월: 권장도서 자료 선정을 위한 주민 의견 수렴
  ○ 2011년 2월: 구립도서관 자료선정위원회에 선정 의뢰. 권장도서 목록 접수 완료
  ○ 2011년 3월: 선정된 권장도서 100권 구입 및 비치

■ 독서기록장, 홍보 포스터 제작·배포
  ○ 독서기록장: 구립도서관 각 100부
  ○ 홍보 포스터: 각 도서관별 5부(현관, 게시판 등 청사 내 주요지점 부착)

■ 소요예산: 총 32,932천 원
  ○ 독서지도 교사 활동비·여비: 22,080천 원
    – 독서지도 교사 활동비: 19,200천 원(5,000원×4시간×20일×6명 ×8월)
    – 독서지도 교사 여비: 2,880천 원(3,000원×20일×6명×8월)
      *예산과목: 문화과, 문화 인프라 확충 및 다양한 문화행사 개최, 문화시설 관리 및 효율적 운영, 주민문고 운영 지원, 일반보상금, 기타보상금
  ○ 독서기록장 제작: 9,594천 원
    *예산과목: 문화과, 문화 인프라 확충 및 다양한 문화행사 개최, 문화시설 관리 및 효율적 운영, 주민문고 운영 지원, 일반운영비, 사무관리비
  ○ 표창장 제작: 440천 원

＊예산과목: 문화과, 문화 인프라 확충 및 다양한 문화행사 개최, 문화시설 관리 및 효율적 운영, 주민문고 운영 지원, 일반운영비, 사무관리비

○ 홍보비 및 완독 확인 도장 제작: 818천 원

＊예산과목: 문화과, 문화 인프라 확충 및 다양한 문화행사 개최, 문화시설 관리 및 효율적 운영, 주민문고 운영 지원, 일반운영비, 사무관리비

Ⅳ. 행정사항

부서	추진사항
구립도서관	– 〈100권 책 읽기〉 독서운동 참여 절차 숙지 – 독서기록장 배포, 홍보 포스터 부착 – 권장도서 100권 비치 – 독서지도 교사 관리 – 독서 확인 도장 관리 – 〈100권 책 읽기〉 독서운동 월 1회 실적 보고
경제발전기획단	– 청년희망근로자, 전문인력 선발 및 배치

출자·출연 기관 운영 조례 관련 검토 결과

14장 〈후회하지 않을 결정을 내리자〉에 소개한 보고서

■ ○○구 산하기관 조직 현황

구분	지방공기업 1개	출자·출연 기관 2개
기관명	도시관리공단	복지재단, 문화재단
부서	기획예산과	복지정책과, 문화체육과
관련 법령과 조례	지방공기업법	지방자치단체 출자·출연 기관 운영에 관한 법률
	지방공기업법 시행령	지방자치단체 출자·출연 기관 운영에 관한 법률 시행령
	• 서울특별시 ○○구 도시관리공단 설립 및 운영 조례	• 서울특별시 ○○구 복지재단 설립 및 운영에 관한 조례 • 서울특별시 ○○구 문화재단 설립 및 운영에 관한 조례

■ 출자·출연 기관 운영 조례에 규정하도록 위임된 사항

법령 조항	규정 위임된 사항
법 제4조 제3항	기관의 설립 목적, 주요 업무, 출자·출연의 근거와 방법, 그 외 기본적인 사항
법 제11조 제3항	기관장 성과계약, 성과계약서 작성·평가에 관한 사항
법 제21조 제2항	우리 구 사무에 관한 경비의 범위, 비용 부담 방법·절차
법 제31조	경영실적 평가와 경영진단에 관한 구체적인 사항

■ 판단해야 할 사안: 총괄 조례인가, 개별 조례인가

■ 간단 요약

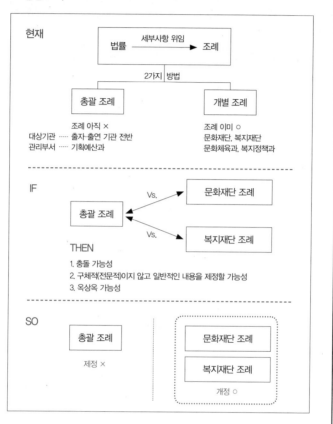

현재

법률 ──세부사항 위임──▶ 조례

2가지 방법

총괄 조례
조례 아직 ×
대상기관 ····· 출자·출연 기관 전반
관리부서 ····· 기획예산과

개별 조례
조례 이미 ○
문화재단, 복지재단
문화체육과, 복지정책과

IF

총괄 조례 ──Vs.──▶ 문화재단 조례

총괄 조례 ──Vs.──▶ 복지재단 조례

THEN
1. 충돌 가능성
2. 구체적(전문적)이지 않고 일반적인 내용을 제정할 가능성
3. 옥상옥 가능성

SO

총괄 조례
제정 ×

문화재단 조례
복지재단 조례
개정 ○

■ 판단해야 할 사안

○ 총괄 조례 제정이 바람직한가, 아니면 개별 조례 보완 개정이 바람직
한가

○ 총괄 출자·출연 기관 심의위원회 구성·운영이 바람직한가, 아니면
(복지재단·문화재단 심의위원회 등) 개별 심의위원회 구성·운영이 바
람직한가

⇒ 개별 조례 보완 개정이 바람직하다고 판단됨

  *조례로 규정하는 내용(기관의 목적, 주요 업무, 성과계약, 비용 부담, 경영실적 평가, 심의위원회)들이 일반적인 내용으로 총괄 조례에 규정되어 있다면 실용성이 없음. 구체적인 내용으로 개별 조례에 규정되어 있는 것이 보다 실용성이 높음

  *개별 조례가 많지 않을 경우 이에 대한 기본 조례를 두는 것이 오히려 중복 규정이 되어 주민들에게 혼란을 초래할 가능성도 있음

  *규율 대상 조례의 수가 많지 않고 앞으로도 규율 대상이 확대될 가능성이 낮을 것으로 예상된다면 현행 개별 조례를 개정하여 시행하는 것이 입법경제적 측면에서 바람직함

  *지방자치단체 출자·출연 기관의 운영에 관한 법률 제2조 제2항은 '지방공단'이 해당 법의 적용 대상이 아님을 명시하고 있음

  *향후 기획예산과에서 공단뿐 아니라 산하기관 전반적인 업무를 총괄하게 된다면 업무 필요에 따라 복지재단 조례, 문화재단 조례도 일부 관리하게 되므로 총괄 조례가 더더욱 필요 없게 됨

⇒ 개별 심의위원회 구성·운영이 바람직하다고 판단됨

  *총괄 심의위원회와 개별 심의위원회 의결 내용의 충돌 및 서열 문제 발생 가능

  *일반적인 심의위원회보다는 구체적인 개별 심의위원회가 구성되어 운영되는 것이 출자·출연 기관 운영에 있어 바람직함

  *특히 기관장 성과계약, 경영실적 평가, 경영진단에 관한 내용은 개별 조례에 규정될 때에 보다 더 구체적이고 실질적으로 규정될 수 있음

  *향후 출자·출연 기관 설립 수요나 계획이 없다면 총괄 심의위원회의 실효성이 없음

  *향후 출자·출연 기관이 설립된다 하더라도 설립에 대해 논의하기 위해서는 일반적인 위원으로 구성된 총괄 심의위원회가 상설되어 있는 것보다는 해당 출자·출연 기관의 업무 내용에 전문성을 가진 위원회가 구성되어 해당 전문가 위원들이 설립에 대해 논의하는 것이 바람직함

■ 각 대안의 장점과 단점

구분	부서, 조례, 심의위	장점과 단점
1안	기획예산과 총괄 조례 × 총괄 심의위 × 복지정책과 문화체육과 개별 조례 ○ 개별 심의위 ○	〈장점〉 – 주무부서의 업무 자율성 보호 – 업무 복잡성 발생(옥상옥) 가능성 낮아짐 – 개별 심의위원회의 전문성이 총괄 심의위원회의 전문성보다 높음 – 개별 조례에 기관장 성과계약, 경영실적 평가, 경영진단 등 구체적인 내용을 기재하여 업무 전문성을 높일 수 있음
2안	기획예산과 총괄 조례 ○ 총괄 심의위 ○ 복지정책과 문화체육과 개별 조례 ○ 개별 심의위 ×	〈단점〉 – 향후 출자·출연 기관이 다양한 분야에 다수 설립될 경우에 총괄 심의위원회의 전문성이 낮을 수 있음(예를 들어 안전재단, 교통재단 설립) – 총괄부서는 주무부서보다 해당 기관과 해당 분야에 대한 이해 및 업무 전문성이 낮음 – 주무부서와 심의위원회 사이에 주무부서보다 업무 전문성이 낮은 총괄부서가 위치하여 위원회를 관리할 경우 주무부서의 업무 자율성 저하 우려 – 업무 복잡성 발생(옥상옥) 가능성 – 개별 조례에 기관장 성과계약, 경영실적 평가, 경영진단 등 구체적인 내용을 총괄 조례에 미루게 될 가능성이 높아지고 이때 업무 구체성 낮아짐 ⇒ 선택하지 않는 것이 바람직함

참고자료

▲ 법제처 의견 15−0147(2015. 6. 12.)
   ○ 개별 조례가 많지 않을 경우 이에 대한 기본조례를 두는 것이 오히려 중복 규정이 되어 주민들에게 혼란을 초래할 가능성도 있음
   ○ 규율 대상 조례의 수가 많지 않고 앞으로도 규율 대상이 확대될 가능성이 낮을 것으로 예상된다면 현행 개별 조례를 개정하여 시행하는 것이 입법경제적 측면에서 바람직함
▲ 〈법제처 지원, 법제역량 강화를 위한 찾아가는 자치법규 입안교육 및 법제상담〉
   (2015. 8. 26. 16:30 ○○구청 별관 교육장. 상담관: 법제처 자치법제지원과장)
   ○ 총괄 심의위원회 또는 개별 심의위원회 구성·운영은 총괄 조례나 개별 조례 규정 여부에 관계없이 법과 시행령을 근거로 구성·운영할 수 있음(시행령 외에 규정할 특별한 사항이 없을 경우)

인사고충 심사 청구서

1. 청구인

소속		직렬·직급	
성명		생년월일	
주소		집전화	
휴대전화		현부서전입일	
공무원임용일		직전부서	

2. 청구의 취지 및 이유

①	출산·육아	②	장애·질병	③	승진·근평	④	업무부담
⑤	출퇴근 편의	⑥	자기계발	⑦	가사 사정	⑧	기타

고충 취지 요약 기재:

3. 고충 사유(상세 기재)

*증빙서류: (질병, 간병의 경우 진단서 또는 소견서)

*희망부서:

①_____ ②_____ ③_____ ④_____ ⑤_____

2020. . .

청구인   (서명)

○○구청장 귀하

휴직 신청서

○ 소속:
○ 직급:
○ 성명:
○ 휴직기간:

위 본인은 지방공무원법 제63조 제1항 제1호에 의거, 상기와 같이 휴직(장기요양)을 신청합니다.

2020.   .   .

신청인: (서명)
(연락처:)

○○구청장 귀하

출처

1. 국민일보. 〈[경제시평—장민] 7포 세대에 희망 주려면〉. 장민 한국금융연구원 선임연구원. 2019. 4. 9.

2. 2017년 한국의 55~79세 고령 인구가 가장 오래 근무한 일자리에서 퇴직하는 연령은 49.1세(남자 51.4세, 여자 47.2세). 통계청. 2017. 〈2017년 5월 경제활동인구조사 고령층 부가조사 결과〉. 통계청 보도자료. 2017. 7. 24.

3. 한국일보. 〈철밥통 깨고 나오는 청춘, 그들은 왜…〉. 박지연 기자, 김가현 인턴기자. 2019. 2. 23.

4. 서울신문. 〈자살률 급증…'젊은 도시' 세종시의 그늘〉. 박찬구 선임기자. 2017. 3. 29.

5. 서울신문. 〈꿈꾸던 공무원 됐는데…왜 삶을 포기했을까〉. 유대근·김헌주·이범수·홍인기·오세진 기자. 2017. 10. 17.

6. 서울신문. 〈폭언·폭행 급증…떨고 있는 복지공무원〉. 강국진 기자. 2013. 10. 22.

7. 경기일보. 〈소방서 앞에 주차했다 과태료 부과되자 소방대원 폭행한 50대,

집행유예〉. 김경희 기자. 2019. 7. 14.

8. ○○○구 정책기획담당관. 2012. 《○○○구 공무원 인권 침해 사례 및 공무원 인권 보호에 대한 내부 인식 조사서》.

9. Romzek & Dubnick. 1987. Accountability in the Public Sector: Lessons from the Challenger Tragedy. *Public Administration Review*. 47(3): pp.227–238.

10. 윤태호. 2013. 《미생 5: 요석》. 위즈덤하우스. p.228.

11. 동아일보. 〈서류 가방에 넥타이 메고 '등산 출근'…"나는 일하고 싶다"〉. 이명재·이용재 기자. 1997. 9. 12.

12. 강준만. 2010. 《영혼이라도 팔아 취직하고 싶다: 한국 실업의 역사》. 개마고원.

13. 임홍택. 2018. 《90년생이 온다》. 웨일북.

14. Doeringer. P. & Piore. M. 1971. *Internal Labor Market and Manpower Analysis*. Lexington. D.C. Heath.

15. 이중 노동시장이론에 대해서는 *Internal Labor Market and Manpower Analysis*와 함께 다음 문헌을 참고했다. 황수경. 2003. 〈내부자(Insiders) 노동시장과 외부자(Outsiders) 노동시장의 구조 분석을 위한 탐색적 연구〉. 《노동정책연구》. 3(3): pp.49–87; 이정우. 2010. 《불평등의 경제학》. 서울: 후마니타스; 이호연·양재진. 2017. 〈퍼지셋 분석을 통해 본 한국 노동시장의 이중구조와 불안정 노동자〉. 《한국정책학회보》. 26(4): pp.65–103.

16. 허태균. 2015. 《어쩌다 한국인: 대한민국 사춘기 심리학》. 중앙북스. pp.152–154.

17. 행정학용어 표준화연구회. 2010. 《이해하기 쉽게 쓴 행정학 용어사전》. 새정보미디어.

18. 지방정부의 자치사무, 단체위임사무, 기관위임사무에 대한 내용은 유민봉 (2014) 《한국행정학(제4판)》과 신용한(2018) 《2018 신용한 COMPASS 행정학 개론》을 참고했다.

19. 행정자치부. 2017. 《주민등록 사무편람》. p.65.

20. Rittel & Webber. 1973. Dilemmas in a General Theory of Planning. *Policy Sciences*. 4: pp.155–169.

21. 코로나19 대응을 위한 정부 정책은 다음 자료를 참고했다. 중소벤처기업부. 〈소상공인 1천만 원 긴급대출 본격 시행〉. 2020. 3. 31. 중소벤처기업부 보도자료; 기획재정부. 〈코로나19 극복을 위한 긴급재난지원금 원 포인트 추경예산안 편성(2020년도 제2회 추가경정예산안)〉. 2020. 4. 16. 기획재정부 보도자료; 기획재정부. 〈2020년도 제2회 추가경정예산 국회 확정〉. 2020. 4. 30. 기획재정부 보도자료; 관계부처 합동(기획재정부·고용노동부·금융위원회). 〈일자리 위기 극복을 위한 고용 및 기업 안정 대책〉. 2020. 4. 22. 제5차 비상경제회의. 고용노동부 보도자료; 고용노동부. 〈특고·프리랜서, 영세 자영업자, 무급휴직 근로자의 생계안정을 위한 코로나19 긴급 고용 안정 지원금 지원〉. 2020. 5. 18. 고용노동부 보도자료; 기획재정부. 〈경제위기 조기극복과 포스트 코로나 시대 대비를 위한 2020년도 제3회 추가경정예산 국회 확정〉. 2020. 7. 3. 기획재정부 보도자료.

22. 공무원 수당 등에 관한 규정 제18조의 5(연가보상비) ③ 연가보상비는 다음 각 호의 구분에 따라 지급하되, 6월 30일 기준 연가보상비는 6월 30일 현재 연가잔여일수가 10일 이상인 사람에 대하여 지급한다.
    1. 6월 30일 기준 연가보상비: 6월 30일 현재의 월봉급액의 86퍼센트×1/30×5일
    2. 12월 31일 기준 연가보상비: [12월 31일 현재의 월봉급액의 86퍼센트×1/30×연가보상일수]−제1호에 따라 이미 지급한 연가보상비

23. 공무원 수당 등에 관한 규정 제15조(시간외근무수당) ② 시간외근무수당은 매 시간에 대하여 해당 공무원에게 적용되는 기준호봉의 봉급액 …… 의 55퍼센트 …… 의 209분의 1의 150퍼센트를 지급한다.

24. 인사혁신처 홈페이지〉공무원 인사제도〉성과·보수제도〉보수체계. http://www.mpm.go.kr/mpm/info/resultPay/bizPay01/ 검색일: 2020. 8. 29.

25. 공무원 여비 규정 제18조(근무지 내 국내 출장 시의 여비) ① 근무지 내 국내 출장의 경우에는 …… 출장 여행 시간이 4시간 이상인 공무원에게는 2만 원을 지급하고, 4시간 미만인 공무원에게는 1만 원을 지급한다.

26. 조선일보. 〈소상공인 16% 3월 매출 0원〉. 진중언 기자. 2020. 4. 11.

27. 2010년 공무원연금 개혁 내용은 행정안전부(2009) 《공무원연금 이렇게 바뀝니다》와 행정안전부(2012) 《공무원 연금복지 이해》를 참고했고, 2016년 공무원연금 개혁 내용은 공무원연금공단 블로그〉연금〉2016년 개정 공무원연금법 시행 안내를 참고했다. https://blog.naver.com/geps_

hongbo/220575929410 검색일: 2020. 3. 10.

28. 공무원연금공단. 2019.《공무원연금통계 2018》. pp.204-205.

29. 우석훈. 2018.《민주주의는 회사 문 앞에서 멈춘다》. 한겨레출판사.

30. 한국경제.〈지방개조가 먼저다〉. 강경민 기자. 2014. 6. 11. A13.

31. 서울대학교 교육연구소. 2011.《교육학용어사전》. 하우동설. 이 문헌의 정의를 참고하되 일부 내용을 쉬운 말로 수정했다.

32. 최동석. 2014.《똑똑한 사람들의 멍청한 짓: 최악의 의사결정을 반복하는 한국의 관료들》. 21세기북스. pp.195-209.

33. 최규석. 2017.《송곳》. 창비. 6권 완결. 2013년 12월부터 2017년 8월까지 네이버 웹툰에 연재되었던 웹툰.

34. 인사혁신처. 2019.《2019 인사혁신통계연보》. p.3.

35. 친타오. 2018.《결국 이기는 사마의》. 박소정 譯. 더봄. pp.102-103.

36. 사마천. 2018.《사기 열전 1》. 신동준 譯. 올재. pp.257-258.

37. 하우석. 2008.《능력보다 큰 힘, 평판》. 한스미디어. p.89.

38. 한비자. 2016.《한비자: 법치의 고전》. 김원중 譯. 휴머니스트. pp.193-197.

39. 박민규. 2003.《삼미 슈퍼스타즈의 마지막 팬클럽》. pp.251-252.

40. 기시미 이치로·고가 후미타케. 2014.《미움받을 용기》전경아 譯. 인플루엔셜.

41. 공직선거법 제187조(대통령 당선인의 결정·공고·통지).

42. 노무현 대통령 비서실 보고서 품질향상 연구팀. 2007.《대통령 보고서: 청와대 비서실의 보고서 작성법》. 위즈덤하우스.

43. 남충희. 2011.《7가지 보고의 원칙: 성공과 실패 사례로 엮은 경영 다큐멘터리》. 황금사자.

44. 남궁근. 2017.《행정조사방법론(제5판)》. 법문사.

45. 아서 코난 도일. 2002.〈너도밤나무집〉.《셜록 홈즈 전집 5: 셜록 홈즈의 모험》. 백영미 譯. 황금가지. pp.427-428.

46. 과학기술정보통신부, 산업통상자원부, 중소벤처기업부, 특허청 등 관계부처 합동. 2019.〈핵심 원천기술 자립역량 강화를 위한 소재·부품·장비 연

구개발 투자전략 및 혁신대책〉. 그리고 KDI. 2019. 《나라경제》. 2019년 9월호. 제346호 참고.

47. 조규형·정철영. 2016. 〈국가공무원 지원자의 진로의사결정에 대한 내러티브 탐구: 7급 및 9급 공무원 지원자를 중심으로〉. 《직업교육연구》. 35(1): pp.97–118.

48. 엠제이 드마코. 2013. 《부의 추월차선》. 신소영 譯. 토트. p.176.

49. https://www.silla.ac.kr/ko/index.php?pCode=founding 신라대학교 홈페이지〉신라 소개〉대학 소개〉건학 이념. 검색일 2019. 11. 11.

50. 공원국. 2010. 《춘추전국 이야기 1: 최초의 경제학자, 관중》. 역사의아침.

51. 사마천. 2018. 《사기 세가》. 신동준 譯. 올재. pp.484–487.

52. "호남의 일에 대해서는 신이 이미 서필원을 추천하여 맡겼는데, 이는 신이 만일 갑자기 죽게 되면 하루아침에 돕는 자가 없어 일이 중도에서 폐지되고 말까 염려되어서입니다. 그가 사은하고 떠날 때 전하께서는 힘쓰도록 격려하여 보내시어 신이 뜻한 대로 마치도록 하소서." 효종실록 20권, 효종 9년 9월 5일 기해 첫 번째 기사. 국사편찬위원회 조선왕조실록 홈페이지. 검색일 2019. 11. 14.

53. 이정철. 2011. 《대동법: 조선 최고의 개혁》. 역사비평사.

54. 이장규. 2008. 《경제는 당신이 대통령이야》. 올림; 강경식. 2010. 《국가가 해야 할 일, 하지 말아야 할 일》. 김영사; 이헌재. 2012. 《위기를 쏘다》. 중앙북스; 고승철·이완배. 2013. 《김재익 평전》. 미래를소유한사람들; 고건. 2013. 《국정은 소통이더라》. 동방의빛; 강만수. 2015. 《현장에서 본 경제위기 대응실록》. 삼성경제연구소.

55. 최덕림. 2017. 《공무원 덕림씨》. 컬쳐코드.

56. 김가성. 2017. 《180억 공무원》. 쌤앤파커스.

57. 윤견수. 2001. 〈약자의 설득전략: 어느 하위직 지방공무원의 개혁활동에 대한 현상학적 보고서〉. 《한국행정학보》. 35(1): pp.143–160.

58. 백운광. 2016. 〈공무원연금 개혁, 평가와 과제〉. 《민주사회와 정책연구》. 29: p.30.

59. 장강명. 2018. 《당선, 합격, 계급: 문학상과 공채는 어떻게 좌절의 시스템이 되었나》. 민음사.

60. 김응준. 2019. 《그놈의 소속감》. 김영사. p.184.

61. 기시미 이치로·고가 후미타케. 2014. 《미움받을 용기》. 전경아 譯. 인플루엔셜. p.221.

62. 행정안전부. 2017. 〈2017년 8월 말 주민등록 인구 수 5,175만 명: 65세 이상 인구 7,257,288명으로 전체 인구의 14.0% 차지〉. 행정안전부 보도자료. 2017. 9. 4.

63. 박지훈. 2019. 《사회복지 공무원이 설명하는 국민기초생활보장제도》. 북랩.

64. 윤혁경. 2019. 《알기 쉽게 풀어 쓴 160개의 건축+법 이야기》. 기문당.

65. 윤혁경. 2020. 《건축법·조례 해설》. 기문당.

66. 조선일보. 〈[김지수의 인터스텔라] "혼자 사회 가속화…좋아하는 일 해야 살아남는다" 송길영〉. 김지수 문화전문기자. 2020. 1. 4. "전 무조건 자신이 좋아하는 걸 하라고 해요. 기존 직업 중 평균적인 일은 다 A.I.로 대체되고, 이젠 깊게 공부하고 수련하는 사람만이 직업 세계에서 살아남아요. 덕후들의 시대죠. 그런데 오래 그 일을 파고들려면 그 일을 좋아해야 해요. 싫어하는 일은 절대 길게 잘할 수 없잖아요."

67. 전국공무원노동조합 서울시 ○○구지부 가입 권유문 참고. 2019. 7. 14.

68. 브렌트 피터슨·개일런 닐슨. 2016. 《가짜 일 vs 진짜 일》. 송영학·장미자·신원학 譯. 세종서적.

69. 기시미 이치로·고가 후미타케. 2014. 《미움받을 용기》. 전경아 譯. 인플루엔셜. pp.287-288.

슬기로운 공무원 생활
생각보다 방대하고 의외로 전문적인 공직 라이프

초판 1쇄 발행 2020년 9월 25일
초판 7쇄 발행 2023년 6월 30일

지은이   김철원
펴낸이   서재필
책임편집   박우주

펴낸곳   마인드빌딩
출판신고   2018년 1월 11일 제395-2018-000009호
주소   서울특별시 마포구 월드컵북로 400(상암동) 5층 5호
전화 02)3153-1330 **이메일** mindbuilders@naver.com

ISBN 979-11-90015-18-9 (03190)
ⓒ 김철원, 2020

이 도서의 국립중앙도서관 출판예정도서목록(CIP)은 서지정보유통지원시스템 홈페이지(http://
seoji.nl.go.kr)와 국가자료공동목록시스템(http://www.nl.go.kr/kolisnet)에서 이용하실 수 있습니다.
(CIP제어번호: CIP2020033688)

마인드빌딩에서는 여러분의 투고 원고를 기다리고 있습니다. 출판하고 싶은 원고가 있는 분은
mindbuilders@naver.com으로 기획 의도와 간단한 개요를 연락처와 함께 보내주시기 바랍니다.